高等学校审计学专业系列教材

审计学原理

Principles of Auditing

主　编　党夏宁

副主编　冯　颖　蓝　莎　李普玲
　　　　李丹丹　刘聪粉　刘维政

WUHAN UNIVERSITY PRESS
武汉大学出版社

图书在版编目(CIP)数据

审计学原理/党夏宁主编. —武汉:武汉大学出版社,2022.9
高等学校审计学专业系列教材
ISBN 978-7-307-23055-2

Ⅰ.审… Ⅱ.党… Ⅲ. 审计学—高等学校—教材 Ⅳ.F239.0

中国版本图书馆 CIP 数据核字(2022)第 065852 号

责任编辑:詹 蜜 责任校对:汪欣怡 版式设计:马 佳

出版发行:**武汉大学出版社** (430072 武昌 珞珈山)
(电子邮箱:cbs22@ whu.edu.cn 网址:www.wdp.com.cn)
印刷:武汉中远印务有限公司
开本:720×1000 1/16 印张:17.5 字数:312 千字 插页:2
版次:2022 年 9 月第 1 版 2022 年 9 月第 1 次印刷
ISBN 978-7-307-23055-2 定价:48.00 元

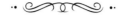

作者简介

　　党夏宁，女，教授，西北农林科技大学博士，北京交通大学博士后，美国佐治亚州立大学访问学者；西北政法大学商学院学术委员会委员，硕士研究生导师。主要研究领域为财务管理与公司治理、审计理论与实务，发表学术论文30余篇，主持并完成国家社科基金项目1项、中国博士后基金项目1项、省部级纵向和横向课题8项，出版专著《风险投资业财务风险控制研究》和《转轨期创业就业问题研究》等，主讲课程为"审计学原理""会计学原理""财务报告分析"和"审计理论与法规"等，多次为陕西省审计厅等单位和部门做专题培训。

前　言

《中华人民共和国国民经济和社会发展第十四个五年规划和2035年远景目标纲要》为我国全面建成小康社会决胜阶段描绘了新蓝图，提出了新愿景。在政治、法律、经济和文化环境变革的背景下，审计行业的理论和制度建设也迈入了新征程。而中央审计委员会的成立和《"十四五"国家审计工作发展规划》的发布，对审计行业的发展与推动提出了更新要求。

世界经济逐渐向多元化格局迈进，我国各方面制度更加成熟更加定型，国家治理体系和治理能力现代化取得重大进展。在新时代审计定位的指引下，国家审计、内部审计、社会审计的内容全面拓展，远远超出了传统审计内容的范畴。审计在党和国家事业中发挥的作用越来越大。对审计的空前重视，已引起学界和业界的持续关注，也刺激了对高质量审计人才的需求。而这种需求又推动着审计学科的建设进程。随着审计内容的拓展，审计学科研究对象边界的模糊性加剧，团队认为，师资和教材等配套体系也亟待更新。怀着对学科发展的期待与关怀之心，我院教师队伍基于课程讲授、实务经验等多方感悟与充分思考，围绕西北政法大学治学理念和人才培养的新要求，开始了编写工作，试图尽我们的绵薄之力为渴望学习审计的人们提供一本好的教科书。

基于上述目标，我们将《审计学原理》定位为审计专业的基础教材，为本专业学生初次进入专业领域奠定基础。本书总共包含9章内容，循序渐进介绍和论述了审计学的基础理论、法律法规、程序规则、方法技术和审计管理。本教材在结构设计中增加了审计需求理论、审计环境理论和审计管理理论三部分内容，这也是本教材与其他同类教材在内容安排上的亮点和特色之一。

（1）审计需求理论（第2章）从产权经济学、信息经济学、保险理论等方面分别解释了审计的本质，以及审计为什么产生、为什么发展和为什么存在差异等审计学自身无法解释的根本问题，把审计学与其他学科联系起来，目的是提升学生对知识的融会贯通，以及学科之间的相互联系。

（2）审计环境理论（第3章）是把审计放在一个开放和发展的环境中，尤其是审计面临的复杂环境和大数据时代为审计变革带来了挑战和机遇，增加了审计环境风险，并要求审计提升风险防范意识和能力。随着审计环境和审计对象国际化、数字化以及国家审计全覆盖，本教材中增加审计环境理论很有必要。

（3）审计法规与审计依据（第4章）比较全面介绍了我国审计法律、规范及准则体系，是审计工作和审计人员立命和立身的根本，熟知并遵守审计法律规范是每一位审计工作者必须恪守的红线，是审计质量和审计安全的保障。

（4）审计方法（第6章）除了介绍传统的和基础的审计方法外，随着社会环境的变化和科技手段的快速提升，云计算以及数据挖掘等方法正逐渐进入审计领域，促进了审计方法乃至审计理论的变革和现代化。如果说计算机审计是审计工具的革新，那么大数据审计将是审计观念的变革。

（5）审计管理理论（第9章）着眼于加强审计组织自身的内部控制和管理，从计划管理、资源管理、信息管理、风险管理、质量管理和档案管理等关键点探索和优化审计组织的内部控制和管理问题，以期提升审计组织自身的风险预防和应对能力，增强审计组织的核心竞争力。

本书在编写过程中，曾参考和引用了部分国内外有关研究成果和文献，在此一并向所有曾经帮助过本书编写和出版工作的朋友表示诚挚的感谢！路漫漫其修远兮，吾将上下而求索。我们正在进行积极的工作，也恳请同行专家教授及广大读者的指教和帮助。让我们共同努力，为我国审计事业的发展做出自己应有的贡献。

目　　录

第1章　总　　论

📝 **学习目标**

1. 了解审计的产生与发展；
2. 理解和掌握审计的概念和特征；
3. 理解和掌握审计的职能与分类；
4. 理解和掌握审计的对象与目标；
5. 了解审计的组织形式。

💬 **重点与难点**

1. 审计的产生和发展；
2. 审计的定义、属性和分类；
3. 审计的职能和作用。

📖 **引导案例**

世界上第一例上市公司审计案例

大约在 200 年前，英国成立了南海股份有限公司。1719 年年中，南海公司股价为 114 英镑。到了 1720 年 3 月，股价劲升至 300 英镑以上。而从 1720 年 4 月起，南海公司的股票更是节节攀高，到了 1720 年 7 月，股票价格已高达 1050 英镑。当年 6 月，为了制止各类"泡沫公司"的膨胀，英国国会通过了《泡沫公司取缔法》。从 7 月份开始，外国投资者首先抛出南海股票，撤回资金。从 1720 年 8 月 25 日到 9 月 28 日，南海公司的股票价格从 900 英镑下跌到 190 英镑。12 月份最终仅为 124 英镑。

为了平息南海公司所引发的经济恐慌，1720 年 9 月，英国议会组织了一个由 13 人参加的特别委员会，对"南海泡沫"事件进行秘密查证。在调查过程中，由于牵涉许多财务问题及会计记录，特别委员会特邀了一位精通会计实务的会计师名叫查尔斯·斯耐尔（Charles Snell），于 1721 年提交了一份名为《伦敦市彻斯特·莱恩学校的书法大师兼会计师对布里奇顿商社的会计账簿进行检查的意见》。在该份报告中，查尔斯指出了公司存在舞弊行为、会计记录严重不实等问题。英国南海公司的舞弊案例，对世界民间审计史具有里程碑式的影响。

英国南海公司审计案例的发生，进一步说明，建立在所有权与经营权相分离基础上的股份有限公司，必须要有一个了解、熟悉会计的第三者，站在公正、客观的立场，对表达所有者与经营者利益的财务报表，进行独立的检查，通过提高会计信息的可靠性，来协调、平衡所有者与经营者之间的经济责任关系。可见，注册会计师行业生来就是为稳定社会经济秩序而存在的，稳定社会经济秩序应该成为注册会计师行业的天职。

1.1　审计的产生与发展

审计是由独立的专职机构或人员根据授权或者接受委托，对国家机关、企事业单位及其他经济组织的会计报表和其他资料及其所反映的经济活动进行审查并发表意见。审计自产生以来，经过不断的完善和发展，已经形成了一套比较完备的科学体系，为经济的发展发挥着越来越重要的作用。按照审计主体的不同，审计分成国家审计、民间审计和内部审计。

1.1.1　我国审计的产生和发展

1. 我国国家审计的发展

（1）古代审计（公元前 11 世纪至 1840 年）

①西周时期初步形成阶段

我国国家的审计，起源于西周。西周时代，主要标志是"宰夫"一职的出现。在西周时期，周王下设天、地、春、夏、秋、冬六个总理级的官职，在天官总宰下设司会和小宰，在小宰下设宰夫。西周初期国家财计机构分为两个系统：一是地官大司徒系统，掌管财政收入；二是天官家宰系统，掌管财政支出。天官所属中大夫司会，为主宰之长，主天下之大计，分掌王朝财政经济收支的全面核算。然司会又总司审计监督的大权，进行财务收支的审核和监督。《周礼》记载："凡上之用，必考于司会。"即凡帝王所用的开支，都要受司会的检查，可见司会的权力很大。而且还说："以参互考日成，以月要考月成，以岁会考岁成。"即司会每旬、每月、每年都要对下级送上来的报告加以考核，以判断每一个地方官吏每月和每年所制的报告是否真实、可靠，再由周王据此决定赏罚。我国政府审计的起源，基于西周的宰夫。《周礼》云："宰夫岁终，则令群吏正岁会。月终，则令正月要。旬终，则令正日成。而考其治。治以不时举者，以告而诛之。"即年终、月终、旬终的财计报告先由宰夫命令督促各部门官吏整理上报，宰夫就地稽核，发现违法乱纪者，可越级向天官家宰或周王报告，加以处罚。由此可见，宰夫是独立于财计部门之外的职官，标志着我国政府审计的产生。西周的国家系统如图1-1所示。

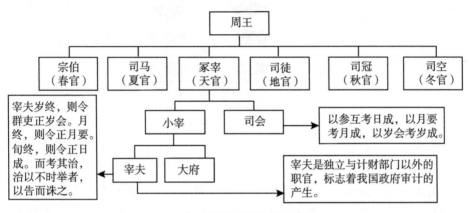

图1-1　西周的国家统治系统

②秦汉时期最终确立阶段

秦汉时期是我国审计的确立阶段，主要表现在以下三个方面：一是初步形成了统一的审计模式。秦汉时期是我国封建社会的建立和成长时期，封建社会经济的发展，促进了秦汉时期逐渐形成全国审计机构与监察机构相结合、经济法制与审计监督制度相统一的审计模式。秦朝的中央设"三公""九卿"辅佐政务。御史大夫为"三公"之一，执掌弹劾、纠察之权，专司监察全国的民政、财政以及财物审计事项，并协助丞相处理政事。汉承秦制，西汉初中央仍设"三公""九卿"，仍由御史大夫领掌监督审计大权。二是"上计"制度日趋完善。所谓"上计"，就是皇帝亲自参加听取和审核各级地方官吏的财政会计报告，以决定赏罚的制度。三是审计地位提高，职权扩大。御史制度是秦汉时代审计建制的重要组成部分，秦汉时代的御史大夫不仅行使政治、军事的监察之权。还行使经济的监督之权，控制和监督财政收支活动，钩稽总考财政收入情况。应该指出的是，秦汉时期审计制度确立，但仍属初步发展时期。秦汉时期的国家统治系统如图 1-2 所示。

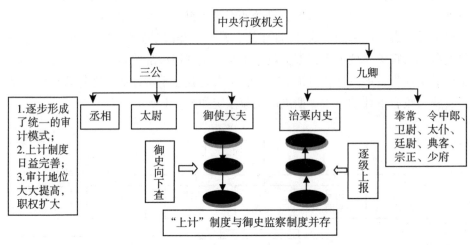

图 1-2　秦汉时期的国家统治系统

③隋唐至宋日臻健全阶段

隋唐时代是我国封建社会的鼎盛时期，宋代是我国封建社会经济的持续发展时期。隋唐及宋中央集权不断加强，官僚系统进一步完善，审计制度也随之日臻健全。隋开创一代新制，设置比部，隶属于部官或刑部，掌管国家财计监督，行使审计职权。唐改设三省六部，六部之中，刑部掌天下律令、刑法、徒隶等政令，比部仍隶属于刑部，凡国家财计，不论军政内外，无不加以钩稽，无不加以查核审理。比部审计之权通达国家财经各领域，而且一直下伸到州、县。由此可见，唐代的比部审查范围极广、项目众多，而且具有很强的独立性和较高的权威性。宋代审计，一度并无发展。宋代设置"审计司"，隶属于太府寺，后改称为"审计院"。宋审计司（院）的建立，是我国"审计"的正式命名，从此，"审计"一词便成为财政监督的专用名词，对后世中外审计建制具有深远的影响。元丰改制后，财计官制复唐之旧。审计之权重归刑部之下的比部执掌，审计机构重获生机。

④元明清停滞不前阶段

元、明、清各期，君主专制日益强化，审计虽有发展，但总体上说是停滞不前。元代取消比部，户部兼管会计报告的审核，独立的审计机构即告消亡。

明初设比部，不久即取消，洪武十五年设置都察院，以左右都御史为长官，审察中央财计。清承明制，设置都察院，职掌为"对君主进行规谏，对政务进行评价，对大小官吏进行纠弹"，成为最高的监察、监督、弹劾和建议机关。虽然明清时期的都察院制度有所加强，但其行使审计职能，却具有一揽子性质。由于取消了比部这样的独立审计组织，其财计监督和政府审计职能严重削弱，与唐代行使司法审计监督职能的比部相比，后退了一大步。

（2）中华民国不断演进阶段（1840—1949年）

辛亥革命结束了清王朝的封建统治，成立了中华民国。1912年在国务院下设审计处，1914年北洋政府改为审计院，同年颁布了《审计法》。中华民国国民政府根据孙中山先生五权分立的理论，设立司法、立法、行政、考试、监察五院。在监察院下设审计部，各省（市）设审计处，分别对中央和地方各级行政机关以及企事业单位的财政和财务收支实行监督。国民党政府也于1928年颁布过《审计法》和实施细则，次年还颁布了《审计组织法》，审计人员有审计、协审、稽查等职称。

（3）中华人民共和国振兴阶段（1949年以后）

中华人民共和国成立以后，国家没有设置独立的审计机构，对企业的财税监督和货币管理，是通过不定期的会计检查进行的。十一届三中全会以来，国家把工作重点转移到经济建设上来，并实施了一系列相关的方针政策。为适应这种需要，我国在1980年恢复重建了注册会计师制度，财政部颁发了《关于成立会计顾问处的暂行规定》，并且在改革开放中得到了迅速发展。我国1982年修改的《中华人民共和国宪法》规定，建立政府审计机构，实行审计监督，并且于1983年9月成立了我国政府审计的最高机关——审计署，在县以上各级人民政府设置各级审计机关。1985年8月发布《国务院关于审计工作的暂行规定》，1988年11月颁发了《中华人民共和国审计条例》，1994年10月颁布了《中华人民共和国审计法》（2006年修订），1995年1月1日《中华人民共和国审计法》的实施，这从法律上进一步确立了政府审计的地位，为其进一步发展奠定了良好基础。2000年1月28日，审计署发布并实施审计长李金华签署的《中华人民共和国国家审计基本准则》《审计机关审计处理处罚的规定》《审计机关审计听证的规定》《审计机关审计复议的规定》《审计机关审计项目质量检查暂行规定》，1996年12月6日发布的《中华人民共和国国家审计基本准则》同时废止。2010年9月1日，刘家义审计长签署了《中华人民共和国国家审计准则》，2011年1月1日起施行。随着我国社会主义民主的进一步发展，监督政府行为的国家审计必定会更加重要。

中国国家审计发展的历程可见表1-1。

表1-1 中国国家审计发展历程表

时期	国家治理状况	审计制度	相关规定及审计理念与做法
周期	崇尚礼治，开启华夏文明，开创礼仪之邦。	官听审计制度 西周设宰夫一职，掌治朝之法，叙群吏之治，以正王及三公、六卿、大夫、群吏之位。	东周时期，颁布《效律》等专门性审计监督律法。管仲提出："计凡付终，务本饬末则富；明法审数，立常备则能治。"
汉朝	承秦制，推行中央集权，推崇内法外儒、礼法融合的治国方略。	三级御史审计制度 在中央、郡、县三级御史监察制度中植入审计监督，开启了"职无不监、无所不纠、监审合一"的审计模式。	颁布《上计律》《监御史九条》《刺史六条》等审计律法。《汉书》："惧宰官之不修，立监牧以董之；畏监督之容曲，设司察以纠之。"
唐朝	实行"中书主受命，门下主封驳，尚书主施行"三省六部制，决策权、执行权、监督权分设制衡，创贞观之治、开元盛世。	比部审计制度 比部独立于财政，专职从事审计监督并具有一定司法权限，与御史、三司共同形成"比部专审、御史兼审、三司内审"的国家审计监督体系，堪称完备。	颁布《比部格》《比部式》等专门审计律法，对审计范围、内容、程序、时间、方式、结果处理等都有明确规定。《新唐书》："访察精审，弹举必当，为纠正之最；明于勘复，稽失无隐，为勾检之最。"
宋朝	效唐制，崇文抑武，封建社会商品经济发展的鼎盛时期。	审计院审计制度 南宋设审计院，是我国第一次以"审计"命名的专职审计机构，范围覆盖皇室、军队、群吏等，功能拓展至决策咨询。	元丰年间，曾规定"钩考隐漏官钱，督及一分者赏三厘"。"凡有司议调度、会赋出，则谘焉"；"凡赋禄者，以式法审其名数"。
明朝	废除丞相、御史台和比部，六部尚书直接对皇帝负责，君主专制空前强化。前期国力强盛，中后期政治腐败、社会动荡。	科道审计制度 撤销独立的专职审计机构，实行监审合一。都察院、六科给事中兼职行使审计权力，前者纠劾百司，考核百官，提督各道；后者掌侍从、规谏、补缺、拾遗、稽查六部百司之事。	颁布《大明律》《御制大诰》，审计法治趋于弱化。明中后期，令科道官互相监察、纠举，导致纷争不已。

续表

时期	国家治理状况	审 计 制 度	相关规定及审计理念与做法
清朝	袭明制,君主专制空前强化。中后期政治僵化、文化专制、思想停滞、闭关锁国。清晚期,审计流于形式。	都察院审计制度 沿袭明朝监审合一的审计模式,都察院(雍正元年(1723)合并六科给事中)统一行使审计监督权,负责弹举官邪,敷陈治道,稽考庶政,刷卷审查、巡盐、巡漕等。	雍正年间颁行《大清律集解》,都察院统一行使审计监督权。清末五大臣《奏请改定全国官制以为预备立宪折》称:"考各国财政,均操之户部大臣,而监督之者则为国会及会计检查院。此院之职务,殆与司法裁判同为独立之性质,故能破除一切弊端。"
民国	辛亥革命推翻了君主专制,建立起中华民国。在五院制架构下,南京国民政府确立了审计机关的监督地位,但军队等机构屡屡拒绝接受审计监督。	监察院审计制度 民初,曾独立设置与行政、监督、司法等并列的审计院,后将审计院改组为监督院审计部,实行监审合一制度。审计工作有力支持了国民革命和抗日战争。	《中华民国宪法》(1923)明确规定了审计的法律地位和审计机关的职责。据此,民国时期先后颁布了四部审计法。孙中山提出行政、立法、司法、考试、监察五权分立的政治思想,为独立审计、依法审计奠定了基础。
新民主主义时期	中国共产党领导中国人民历经大革命、土地革命、抗日战争和解放战争,推翻"三座大山",于1949年建立中华人民共和国,中华民族重新屹立于世界民族之林。	审计委员会制度 1924年,安源路矿工人俱乐部成立经济审查委员会。1927年,中共五大后设立中央审计委员。1934年,中央执行委员会下设中央审计委员会,与人民委员会、革命军事委员会等并列。审计工作在防止贪污浪费、保持廉洁奉公的革命本色等方面发挥了重要作用。	1926年,省港罢工委员会制定《审计局组织法》;1934年,颁布《中华苏维埃共和国中央政府执行委员会审计条例》。强调审计的政治属性,毛泽东将带有审计性质的"清算和罚款"列为第二件大事,即政治上打击地主;强调审计的政策功能,"保障苏维埃财政政策的充分执行";强调审计监督的权威性,将审计委员会与人民委员会、革命军事委员会并列。
改革开放之前	进行社会主义革命和建设,完成了社会主义三大改造,经历了全面建设社会主义的辉煌,也经受了"大跃进""文化大革命"等挫折。	专项活动式审计 1952年前后,全国财政监察机构陆续建立,各级审计机构相继撤并。此后未再设置独立的专职审计机构,审计监督工作在不同程度上以财务检查监督、"三反""四清"等运动式审计形式存在。	1950年,曾草拟《中华人民共和国暂行审计条例(草案)》,后因学习苏联经验,未能正式颁布。此后,运动式审计兴起,逐渐偏离法治轨道。

续表

时期	国家治理状况	审 计 制 度	相关规定及审计理念与做法
改革开放以来	中国经济社会发展取得举世瞩目的成就，正致力于全面建成小康社会、全面深化改革、全面依法治国、全面从严治党。	中国特色社会主义审计制度审计制度成为国家的一项基础性制度安排。审计机关在推进法治、推动改革、促进发展、维护安全等方面发挥了重要作用，在国家治理这个大系统中，发挥着保障国家经济社会健康运行的"免疫系统"功能，同时走出国门参与全球治理。	1982 年宪法对审计监督作出规定，标志着中国特色社会主义审计制度诞生。1995 年实施《审计法》，标志着国家审计监督工作步入了法制化轨道。《宪法》《审计法》《审计法实施条例》《预算法》等，共同构建了较为完善的审计法律规范体系。

2. 我国民间审计的发展

我国的民间审计从 20 世纪初开始，随着我国资本主义工商业的发展而应运而生。1918 年北洋政府商务部颁布了我国第一部注册会计师法规《会计师暂行章程》，标志着我国民间审计的诞生。20 世纪 20 年代，在四川、上海和北京相继成立了"四大"会计师事务所，即：1918 年由中国会计学先驱、现代会计的奠基人、中国第一位注册会计师——谢霖先生，在四川成都创办了我国历史上第一个会计师事务所"正则会计师事务所"；1927 年潘序伦在上海创办了"潘序伦会计师事务所"，翌年改名为"立信会计师事务所"；同年，奚玉书在北京创办了公信会计师事务所，徐永祚在上海创办了"徐永祚会计师事务所"，后来改名"正明会计师事务所"。1925 年 3 月，我国最早的民间审计职业组织——上海会计师公会成立。1929 年《公司法》的公布及后来《关税法》《破产法》的实施，也对职业会计师事业的发展起了推动作用。自 20世纪 30 年代以后，在一些大城市中相继成立了会计师事务所，接受委托人委托办理查账等业务，民间审计得到了发展。

新中国成立后，在计划经济的大环境下注册会计师退出了中国的经济舞台，1980 年 12 月 23 日，财政部颁布《关于成立会计顾问处的暂行规定》，标志着我国注册会计师职业开始复苏。1981 年 1 月 1 日，上海会计师事务所宣告成立，成为新中国第一家由财政部批准独立承办注册会计师业务的会计师事务所。

我国注册会计师制度恢复后，服务的对象主要是三资企业。这一时期的涉外经济法规对注册会计师业务做了明确规定。1985年注册会计师审计被载入《中华人民共和国会计法》。1986年7月，国务院发布并实施了《中华人民共和国注册会计师条例》，标志着我国民间审计的发展进入了一个新阶段。到1988年中国注册会计师协会成立，我国民间审计基本上恢复了工作。1991年我国恢复全国注册会计师统一考试。1994年1月《中华人民共和国注册会计师法》的实施，使注册会计师审计步入了规范化、法治化的轨道，并得到迅猛发展。1999年底，根据国家发展社会中介机构的产业政策和有关要求，注册会计师行业率先在中介服务机构中完成脱钩改制，会计师事务所由原来挂靠政府部门、企事业单位的下属机构，脱钩改制为由执业人员发起设立的自主经营、自我管理、自我约束、自担风险的独立中介机构。

1996年10月中国注册会计师协会加入亚太会计师联合会，并于1997年5月被国际会计师联合会（IFAC）接纳为正式会员，并被全票通过成为国际会计准则委员会的正式成员。财政部2006年颁布的《中国注册会计师执业准则》使我国的审计会计事业与国际的接轨，提高了会计审计信息的质量，促进了资本市场的发展，提高了对外开放水平。2006年2月中注协拟订了《中国注册会计师鉴证业务基本准则》第22项准则，修订了《中国注册会计师审计准则第1142号——财务报表审计中对法律法规的考虑》等26项准则，于2007年1月1日施行。我国注册会计师审计发展历程如图1-3所示。

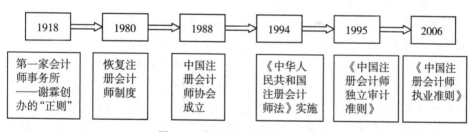

图1-3　我国民间审计发展历程

近二十年，我国注册会计师行业发展迅速，截至2017年12月31日，中注协执业会员（注册会计师）105570人，非执业会员达到131633人，个人会员合计达到237203人；团体会员（会计师事务所）共有8605家（其中总所7523家，分所1082家）。随着会计师事务所快速成长，全行业业务收入2016年接近800亿元，2017年超过900亿元。

2017年财政部修订制定了《会计师事务所执业许可和监督管理办法》及

配套管理制度，进一步简化和规范执业许可审批，强化事中事后管理；鼓励和引导会计师事务所采用合伙制组织形式，优化内部治理和强化一体化管理；积极推进公共部门注册会计师审计制度和政府购买注册会计师服务制度建设，不断拓展会计师事务所的业务领域；对具备证券期货业务资格的事务所进行年度报备核查和执业风险专项核查；指导和支持会计师事务所"走出去"，积极参与国家"一带一路"建设和会计服务市场国际竞争。

3. 我国内部审计的发展

中华人民共和国成立后很长的一段时间，一直没有独立的政府审计机关，因此，国家财政收支的监督工作主要由财政部门内部的监察机构负责。在这样的背景下，内部审计职能是通过国家的监察机制得以实施的，因此，当时的国有企业内部没有设置内部审计部门。

1983 年国务院批转了审计署《关于开展审计工作几个问题的请示》，首次提到了内部审计监督问题。1985 年 8 月审计署颁布了《内部审计暂行规定》，为内部审计提供了法规依据。《内部审计暂行规定》要求政府部门和大中型企事业单位实行内部审计监督制度。1985 年 12 月 5 日审计署颁布了《审计署关于内部审计的若干规定》，这是审计署成立后颁布的第一个关于内部审计的法规性文件，对我国内部审计的发展起到了一定的规范和推进作用。1987 年 7 月国务院转发了审计署《关于加强内部审计工作的报告》；1988 年国务院颁布了《审计条例》，其中第 6 章对内部审计作了较全面的规定；1989 年 12 月 2 日审计署重新颁布了《审计署关于内部审计工作的规定》，废止了 1985 年的规定，此次规定是对 1985 年规定的查缺补漏；1994 年 8 月颁布了《审计法》，其中第 29 条明确规定："国务院各部门和地方人民政府各部门、国有的金融机构和企业、事业组织应当按照国家有关规定建立健全内部审计制度。"从而在法律上确立了内部审计制度，同时也为进一步完善内部审计工作规定、准则提供了法律依据；1995 年 7 月 14 日，审计长郭振乾发布中华人民共和国审计署令第 1 号《审计署关于内部审计的若干规定》，取代了 1989 年的规定，这次规定较之前有了较大的改变。我国的内部审计工作大多是按照该令进行的，这一阶段通过颁布《审计法》及《关于内部审计工作的规定》促进了内部审计的发展。为了适应我国加入 WTO 的新形势和内部审计发展的要求，2002 年 5 月经民政部批准，中国内部审计学会更名为中国内部审计协会。

从 2003 年至 2011 年，为我国内部审计法规体系全面建立健全的阶段。2003 年 3 月 4 日，审计长李金华签署了中华人民共和国审计署令第 4 号《审计署关于内部审计工作的规定》，要求自2003年5月1日起实行新规定，此次规定是在总结1995年规定的经验教训基础上，适应新的形势需要而制定的，体现了与时俱进的时代要求，是我国内部审计未来发展的蓝图。之后，审计署颁布相关文件，就开展内部审计的重大问题做出来具体规定，有力地推动了我国内部审计向前发展，同时培养了一批有经验的内部审计师。2003年4月中国内部审计协会正式发布了《中国内部审计基本准则》《中国内部审计职业道德规范》及10个内部审计具体准则。2004年3月发布了5个第11~15号内部审计具体准则。2005年3月又发布了5个第16~20号内部审计具体准则，从而逐步建立了我国内部审计的职业规范体系。此后直至2008年又先后发布了9个，加上一个《内部审计实务指南》第1~4号。

随着我国内部审计的转型和发展，内部审计的理念、目标和定位也逐渐由"查错纠弊向防范风险和增加价值方向转变，并在公司治理中越来越发挥重要作用。"

2012年至今，内部审计发挥更大作用。近年来，国际内部审计师协会（IIA）根据内部审计实务的最新发展变化，多次对内部审计实务框架的机构和内容进行更新和调整，最近的两次调整分别是在2010年和2012年。这些修订和完善充分反映内部审计发展的最新理念，更加重视内部审计在促进组织高尚治理、风险管理和内部控制中发挥作用，以及重视内部审计的价值增值功能等。

随着我国经济社会的发展，各类组织对内部审计的重视程度日益提高，内部审计迎来了新的发展机遇和挑战，对内部审计准则也提出了新的要求。为此，中国内部审计协会坚持科学的内部审计理念，精心谋划，周密组织，在充分听取广大内部审计人员意见的基础上，于2012年开始对2003年以来发布的内部审计准则进行了全面、系统的修订，为新时期内部审计工作提供科学、规范的指引。此次修订将内部审计具体准则分为作业类、业务类和管理类三大类。在分类的基础上，对准则体系采用四位数编码进行编号，借鉴国际内部审计准则的经验，体现准则体系的系统性和准则之间的逻辑关系，为准则的未来发展预留了空间。同时针对部分准则存在的内容交叉、重复，个别准则不适应内部审计最新发展等问题，对准则体系结构和内容进行了调整。修订后的内部审计准则体系由内部审计基本准则、内部审计人员职业道德规范、20个具体准则（原29个）、5个实务指南构成。内部审计基本准则、内部审计人员职业道德规范、内部控制审计准则、绩效审计准则、内部审计质量控制准则为此次重点修订的准则。同时对审计计划、审计通知书等准则的部分内容和表述做出了修订，对其他准则的文字表述进行了统一和完善。实务指南未纳入此次修订的范围。

2013 年 8 月 20 日，中国内部审计协会以公告形式发布了新修订的《中国内部审计准则》，并将于 2014 年 1 月 1 日起施行。新准则的发布，标志着我国内部审计准则体系进一步完善和成熟，并逐步与国际惯例接轨。

为了加强内部审计工作，建立健全内部审计制度，提升内部审计工作质量，充分发挥内部审计作用，根据《中华人民共和国审计法》《中华人民共和国审计法实施条例》以及国家其他有关规定，制定《审计署关于内部审计工作的规定》，已由审计署审计长胡泽君签署公布，自 2018 年 3 月 1 日起施行。审计署于 2003 年 3 月 4 日发布的《审计署关于内部审计工作的规定》（2003年审计署第 4 号令）同时废止。对比于中国内部审计协会所发布的内部审计准则，审计署所发布的《规定》更加具有强制性。这是与我国内部审计特殊的行政体制紧密相关。

审计署对于内部审计工作的指导更有利于全社会发挥内部审计的作用，甚至有利于内部审计职业的完善。这也是我国依法治国，不断完善审计相关法律法规的重要体现。距离 2003 年我国发布《规定》的 4 号令已经时隔 15 年。然而时过境迁，今天站在新时代的起点上，主要有以下几个亮点：（1）内部审计职责范围的拓展，职责范围在原来的"财政收支、财务收支、经济活动"范围基础上增加了内部控制与风险管理。（2）明确了新时代下内部审计的工作方向，指出了新时代下国有经济规范发展、防范风险和提质增效应该履行的具体职责。（3）内部审计职能由监督评价向服务建议转变，内部审计的职能在"监督与评价"的基础上增加了"建议功能"。这反映出内部审计的本质不仅是监督与评价，更重要的是从服务的角度提供建议。（4）增加了内部审计促进被审计单位完善治理的目标。（5）国有企业应该建立总审计师制度。（6）未来内部审计的地位和独立性会进一步增强。2018 版的《规定》取得了很大的历史性突破，它对于指导内部审计工作，提升内部审计的地位和独立性、权威性，起到了积极的意义。

1.1.2　西方国家审计的起源和演进

1. 西方国家审计的起源与发展

西方的国家审计，既具有悠久的历史，又具有具体的内容，更体现了现代商品经济发展的需要。按照社会发展的进程，分为奴隶制社会中的国家审计、封建制社会中的国家审计和资本主义时期的国家审计三个历史阶段。

（1）奴隶制社会中的国家审计。据考证，早在古罗马、古埃及和古希腊时代，已存在官厅审计机构及政府审计的事实，在统治阶级的政权机构中就设有审查国家财物和赋税收缴的部门和人员，审计人员以"听证"（Audit）的方式对其他官员的工作进行考核，但制度很不完善，这种审查和考核成为具有审计性质的经济监督活动。

（2）封建制社会中的国家审计。在西方的封建王朝中，也设有审计机构和人员，对国家的财政收支进行监督。英国的审计具有悠久的历史，是近代审计的发源地。英国的王室财政审计制度早在13世纪就正式建立起来了，至今已有770多年的历史。在11世纪和12世纪，英国王室一直把持国家的财政大权，威廉一世时代和亨利一世时代的封建统治者，在财政部内设置审计监督部门，即上院（收支监督局）和下院（收支局），执行审计监督。1215年英国《大宪章》的颁布，制约了英王的权力，奠定了英国国家审计制度产生和发展的政治基础。1785年，根据《更好地检查和审计国王公共账目的法案》，取消了国库审计官，建立了五人审计委员会。1834年颁布了修订审计制度的法案，特设审计院长，负责国库公款的监督，院长系终身职务。1861年开始在下院设决算审查委员会，第一次真正建立了统一的、独立的审计机构。

（3）资本主义时期的国家审计

英国　1314年英国政府在财政部内设立了国库审计师；1866年《国库和审计部法案》通过标志着现代英国审计制度的建立；1983年按照《国家审计法》设立了英国审计2000年通过的《政府资源与会计法》进一步扩大了国家审计的监督范围。近年来英国审计署每年审计公共资金绩效约60项；《英国审计署2013/14—2015/16战略规划》明确审计的任务是推动国家发展目标的实现和应对环境变化带来的挑战。

美国　1787年美国宪法确定了在财政部中设立主计长、审计官、国库官和登记官；1921年哈定总统签署了著名的《预算与会计法案》，设立了独立的国际审计机构——联办审计公署；2004年联办审计公署更名为联邦政府问责署，反映了美国国家审计由财政会计检查向政府责任和促进完善国家治理转变；《美国政府审计准则（2007）》强调政府审计是完善国家治理、推进民主法治的关键，全方位服务于国家治理，推进持续改进国家治理系统绩效。

法国　12世纪的巴黎审计厅；1787年法国大革命后，1807年法国成立了审计法院，采用最高法院体制，15名审计法官行使财政总监职权，具有司法终审权；1946 年宪法和 1958 年宪法相继扩大了审计法院的职责范围，独立履行法定职责，向议会提交审计报告。

日本　1880 年日本审计院成立；1889 年明治天皇颁布的第一部宪法《大日本帝国宪法》明确规定会计审计院是独立的审计监督机关，直属天皇；1947 年颁布了《日本审计院法》废除了日本审计院向天皇负责体制，加强了审计院的国家财政决算权限、组织地位和审计范围；1997 年增加了政府业绩检查的内容。

资本主义时期的国家审计体制分为以下几种模式：

第一种模式，审计机关属于立法部门。即国家最高审计机关由议会（或国会）直接领导，直接对议会负责并报告工作，完全独立于政府，主要审计政府财政。这种模式在西欧、北美等发达国家和许多发展中国家十分普遍，是目前世界国家审计制度的主流。英美两国最典型，国家审计是国会名副其实的"牧羊犬"。

第二种模式，审计机关属于司法系列。即审计机关除具有审计职能外，还拥有一定的司法权限，显示了国家对法治的强化，被西欧和南美一些国家采用。法国、意大利、巴西是典型的代表，它们设立审计法院，享有最高法院的某些特权，可以对违法或造成损失的事件进行审理并予以处罚。

第三种模式，审计机关在体制上隶属于国家行政系列。审计机关是国家行政机构的一部分，对政府负责并报告工作。但从发展趋势看，它也越来越多地在为立法部门服务。目前，实行这种模式的主要有瑞典、沙特阿拉伯等少数国家。

第四种模式，审计机关不隶属于任何权力部门。以德国为典型代表，设立了联邦审计院，独立于立法、司法和行政部门之外，直接对法律负责。这种模式从形式上看是独立于三权之外，实际上它更偏重服务于立法部门；审计和监察职能合一。

第五种其他模式。如韩国设立了独立于政府的审计监查院，受总统直接领导，具有独立的法律地位；印度实行主计审计长模式，设立独立的主计审计公署，负责财政决算编制、国家财政审计。

西方发达国家的国家审计，不论是哪一种类型，都立足于保证国家审计机关拥有独立性和权威性，以便于不受干扰、客观而公正地行使审计监督权。第二次世界大战以后，西方国家不仅在审计体制上有了较大的发展，在审计理论和实务上也有了较大的发展。

2. 西方注册会计师审计的起源与发展

注册会计师审计起源于企业所有权和经营权的分离,是市场经济发展到一定阶段的产物。从注册会计师审计发展的历程看,注册会计师审计最早起源于意大利合伙企业,在英国股份公司出现后得以形成,伴随美国资本市场的发展而逐步完善起来。

（1）注册会计师审计的起源

注册会计师审计起源于 16 世纪的意大利。当时地中海沿岸的商业城市已经比较繁荣,而威尼斯是地中海沿岸国家航海贸易最为发达的地区,是东西方贸易的枢纽,商业经营规模不断扩大。由于单个的业主难以向企业投入巨额资金,为适应筹集资金的需要,合伙制企业便应运而生。合伙经营方式不仅提出了会计主体的概念,促进了复式簿记在意大利的产生和发展,也催生了对注册会计师审计的最初需求。尽管当时合伙制企业的合伙人都是出资者,但是有的合伙人参与企业的经营管理,有的合伙人则不参与,所有权与经营权开始分离。那些参与经营管理的合伙人有责任向不参与经营管理的合伙人证明合伙契约得到了认真履行,利润的计算与分配是正确的,以保障全体合伙人的权益。在这种情况下,客观上需要独立的熟悉会计业务的第三方对合伙企业的经济活动进行鉴证,人们开始聘请会计专家来担任查账和公证工作。这样,在 16 世纪意大利的商业城市中出现了一批具有良好的会计知识、专门从事查账和公证工作的专业人员,他们从事的工作可以说是注册会计师审计的起源。随着会计专业人员人数的增多,他们于 1581 年在威尼斯创立了威尼斯会计协会。其后,米兰等城市的职业会计师也成立了类似的组织。

（2）注册会计师审计的蓬勃发展

注册会计师审计虽然起源于意大利,但对后来注册会计师职业的发展影响不大,英国在注册会计师职业的形成和发展过程中发挥了重要作用的。

18 世纪,英国的资本主义经济得到了迅速发展,生产的社会化程度大大提高,企业的所有权与经营权进一步分离。企业主希望有外部的会计师检查企业管理人员是否存在贪污、盗窃和其他舞弊行为,于是英国出现了第一批以查账为职业的独立会计师。他们受企业主委托,对企业会计账目进行逐笔检查,重点在查错防弊,检查结果向企业主报告。因为是否聘请独立会计师进行查账由企业主自行决定,所以此时的独立审计尚为任意审计。

股份有限公司的兴起,使公司的所有权与经营权进一步分离,绝大多数股东不再直接参与经营管理,但出于自身的利益,非常关心公司的经营成果。证券市场上潜在的投资人同样十分关心公司的经营情况，以便进行投资决策。同时，由于金融资本对产业资本的逐步渗透，增加了债权人的风险，债权人也非常重视公司的生产经营情况，以便决定是否继续贷款或者是否索偿债务的决定。由于公司的财务状况和经营成果只能通过公司提供的财务报表来反映，因此在客观上产生了独立会计师对公司财务报表进行审计，以保证财务报表真实可靠的需求。值得一提的是，注册会计师审计的直接"催产剂"是1721年英国的"南海公司事件"（the South-Sea company event）。当时的"南海公司"以虚假的会计信息诱骗投资者上当，其股票价格一时扶摇直上，好景不长，最终未能逃脱破产倒闭的厄运，使"股东"或"投资者"和债权人损失惨重。英国议会聘请会计师查尔斯·斯耐尔（Charles Snell）对"南海公司"进行审计，斯耐尔以"会计师"名义出具了"查账报告书"，从而宣告了独立会计师——注册会计师的诞生。

为了监督公司管理层的经营管理活动、保护投资者、债权人利益，避免"南海公司事件"重演，英国政府于1844年颁布了《公司法》，规定股份公司必须设监察人，负责审查公司的账目。1845年又对《公司法》进行了修订，规定股份公司的账目必须经董事以外的人员审计，独立会计师业务得到迅速发展，独立会计师人数越来越多，随后英国政府对一批精通会计业务、熟悉查账知识的独立会计师进行了资格确认。1853年苏格兰爱丁堡创立了第一个注册会计师的专业团体——爱丁堡会计师协会，标志着注册会计师职业的诞生。1862年英国修订《公司法》，确定注册会计师为法定的破产清算人，奠定了注册会计师审计的法律地位。

从1844年到20世纪初是注册师审计的蓬勃发展时期。在这一时期内，由于英国的法律规定股份公司和银行必须聘请注册计师审计，使得英国注册会计师审计得到了迅速发展，并对当时欧洲、美国及日本等产生了重要影响。这一时期英国注册会计师审计的主要特点：注册会计师审计的法律地位得到了法律确认；审计目的是查错防弊，保护企业资产的安全和完整；审计的方法是对会计账目进行详细审查；审计报告使用人主要为企业股东等。

（3）注册会计师审计范围的拓展

从20世纪初开始，全球经济发展重心逐步由欧洲转向美国，美国的注册会计师审计得到了迅速发展，对注册会计师职业在全球的迅速发展发挥了重要作用。

在美国南北战争结束后，资本主义经济得到了快速发展，外国资本的大量输入，把先进的民间审计也带到了美国，出现了一些民间会计组织，例如纽约的会计学会。为了保护广大投资者和债权人的利益，英国的注册会计师远涉重洋到美国开展审计业务，同时美国本土也很快形成了自己的注册会计师队伍。

1887 年美国公共会计师协会（The American Associationof Public Accountants）成立，1916 年该协会改组为美国注册会计师协会，后来成为世界上最大的注册会计师职业团体。1905 年 11 月《会计杂志》（Journal of Accountancy）作为注册会计师审计行业的正式杂志发行创刊。这一时期，美国许多州正式承认注册会计师审计是一门职业，执业人员通过考试获取注册会计师资格。许多重要的铁路公司和工业公司都定期地聘请注册会计师检查他们的账簿，注册会计师审计逐步渗透到社会经济领域的不同层面。

美国早期的注册会计师审计受英国影响较深。英国开创的审计技术和方法，是一种详细审计（Detailed Audit）。这种审计要求以经济业务为基础，通过审核所有经济业务、会计凭证、会计账簿和财务报表，以发现记账差错和舞弊行为。20 世纪早期的美国，经济形势发生了很大变化。由于金融资本对产业资本更加广泛的渗透，企业同银行利益关系更加紧密，银行逐渐把企业资产负债表作为了解企业信用的主要依据，于是在美国产生了帮助贷款人及其他债权人了解企业信用的资产负债表审计（Balance Sheet Audits），即美国式注册会计师审计。资产负债表审计产生的原因可以从银行、借款人和注册会计师之间的关系进行解释，银行要求借款人提供经注册会计师审计的资产负债表，以充分了解借款人的偿债能力；同时借款人则希望通过支付较低的审计费用取得银行的信任，于是以资产负债表审计为目标的美国式注册会计师审计就发展起来了。

1929—1933 年的经济危机，客观上促使企业利益相关者从只关心企业财务状况转变到更加关心企业盈利水平，产生了对企业利润表进行审计的客观要求。美国 1933 年《证券法》规定，在证券交易所上市的企业的财务报表必须接受注册会计师审计，向社会公众公布注册会计师出具的审计报告。美国注册会计师协会与证券交易所合作的特别委员会与纽约证券交易所上市委员会于 1936 年发表了《独立注册会计师对财务报表的检查》（Examination of Financial Statements by Independent Public Accountants），明确规定应当检查全部财务报表，并向股东报告，尤其强调利润表审计。因此，审计报告使用人也扩大到整个社会公众，美国注册会计师审计的重点已从保护债权人为目的的资产负债表审计，转向以保护投资者为目的的利润表审计。

（4）注册会计师审计的国际化

第二次世界大战后，经济发达国家通过各种渠道推动本国企业向海外拓展，跨国公司得到空前发展，国际资本的流动带动了注册会计师审计的跨国界发展，形成了一大批国际会计师事务所，并在竞争中逐渐合并为"八大"国际会计师事务所，20世纪80年代末又合并为"六大"，90年代又合并为"五大"。2001年美国爆发了安然公司会计造假丑闻。作为美国能源巨头的安然公司，在追求高速增长的狂热中利用会计准则的不完善，进行表外融资，并通过关联方交易操纵利润。出具审计报告的安达信会计师事务所，因涉嫌舞弊和销毁证据受到美国司法部门的调查，之后宣布关闭，世界各地的安达信成员所也纷纷与其他国际会计师事务所合并。因此，时至今日，尚有"四大"国际会计师事务所，即普华永道、安永、毕马威和德勤。"四大"除了会计、审计业务之外，它已成为能够向跨国公司广泛提供各种服务的专家集团。实际上，"四大"已经成为信息的宝库。它的咨询服务已发展到经营战略、风险管理、信息系统、金融管制、收购与合并、人事福利和现金管理等领域。

与此同时，审计技术也在不断发展，抽样审计方法得到普遍运用，制度基础审计方法得到推广，计算机辅助审计技术被广泛采用；审计准则进一步完善，审计理论体系已经建立；注册会计师业务扩大到验资、资产评估、代理纳税、代理记账、管理咨询等领域。注册会计师审计不断走向规范化、国际化的发展轨道。

3. 西方国家内部审计的起源和发展

西方国家内部审计的起源可追溯到古代和中世纪，史料记载的庄园审计、宫廷审计、行会审计和寺院审计都属于内部审计范畴。西方国家内部审计的发展，如果从20世纪初期美国一些大公司内部的巡回审计算起，已经有百年的历史。第二次世界大战以后，随着外部市场竞争更加激烈和经营风险加大，企业内部加大事后监督和事前预测与事中控制的要求更加强烈，现代内部审计随着内部控制的加强而产生和发展起来。

1941年，国际内部审计协会（Institute of Internal Auditors，IIA）在美国纽约成立，是美国的一个全国性民间学术团体，通过经验的交流来改进内部审计的方法，探讨内部审计的理论，以促进内部审计普及和迅速发展。协会于1947年制定了《内部审计师职责条例》，对内部审计师的责任、权力、工作的性质和范围及独立性等问题都作了详尽的规定，后来又相继发布了《职业道德条例》《进修教育大纲》等。所有这些，对美国和西方国家内部审计的发展都起到了促进作用。

1947年制定了《内部审计师职责条例》虽然强调内部审计的根本职能是

审查会计和财务问题，但已抛弃内部审计师是会计监督人员的传统形象，开始涉足经营审计领域。1957 年修订后指出将经营审计和财务审计并重起来，向前迈进了一大步。1971 年修订后进一步将现代内部审计的活动范围扩展到企业经营活动的每一个方面，大大拓宽了内部审计的作用领域，而且还增加了"提出改善经营的建议"这一新的职责，从而强调了内部审计的建设性作用。1981 年修订说明书时又明确指出，内部审计师应评价所在企业各方面的经营与管理活动，从增强企业整个内部控制系统的效能着眼，为企业的董事会和经理人员提供实现经营目标所需的服务。在这个过程中，内部审计人员也由监督者逐渐向参与性审计师转变，内部审计人员的素质逐渐提高。

1.2 审计的概念与特征

1.2.1 审计的定义

审计的定义是对审计实践的科学总结。随着审计实践的发展，审计理论也在不断地完善，人们对审计概念的认识也在不断地深入。

1972 年，美国会计学会在《基本审计概念说明》公告中，把审计的概念描述为"审计是指为了查明有关经济活动和经济现象的认定与所制定标准之间的一致程度，而客观地收集和评估证据，并将结果传递给有利害关系的使用者的系统过程"。

我国颁布的《中华人民共和国审计法实施条例》第 2 条对审计所下的定义是："审计机关依法独立检查被审计单位的会计凭证、会计账簿、财务会计报告以及其他与财政收支、财务收支有关的资料和资产，监督财政收支、财务收支真实、合法和效益的行为。"

我国审计理论和实务工作者普遍认为："审计是由专职机构和人员，对被审计单位的财政、财务收支及其他经济活动的真实性、合法性和效益性进行审查和评价的独立性经济监督活动"。这个定义准确地说明了审计的本质、审计的主体客体、审计的基本工作方式和主要目标。

综上所述，我们将审计的定义概括为：审计是一项具有独立性的经济监督活动。它是由独立的专职机构或人员接受委托或授权，对被审计单位特定时期的会计报表及其他有关资料的公允性、真实性以及经济活动的合规性、合法性和效益性进行审查、监督、评价和鉴证的活动，其目的在于确定或解除被审计单位的受托经济责任。

1.2.2　审计的特征

从审计的定义揭示出审计与经济管理活动、非经济监督活动以及其他专业性经济监督活动相比拟，具有以下3个方面的基础特征：

1. 独立性

独立性是审计的实质特征，也是保证审计工作顺利进行的必要条件。审计是具有独立性的经济监督活动。为了充分体现审计的本质，在审计机构的设置和审计的工作过程中，必须遵循独立性原则，具体包括：

（1）机构独立。审计机构独立于被审计单位，才能更有效地进行经济监督，确保审计机构独立地使用审计监督权，对审查的事项做出客观公正的评价和鉴证，充分发挥审计的监督作用。

（2）经济独立。经济独立是指审计机构或组织的经济来源应有一定的法律保障，不受被审计单位（人）的制约，以保证审计机构或组织的生存和发展需要。如政府审计的经费由财政拨付，不必向被审计单位收取。

（3）精神独立。审计人员在执业过程中必须保有独立人格，执行审计业务必须按照审计范围、审计内容、审计程序进行独立思考，坚持客观公正、实事求是的精神，做出公允、合理的评价和结论，不受任何部门、单位和个人的干涉。

2. 权威性

审计的权威性，是保证有效行使审计权的必要条件。审计的权威性总是与独立性相关，它离不开审计组织的独立地位与审计人员的独立执业。各国国家法律对实行审计制度、树立审计机关以及审计机构的地位和权利都做了明确规定，这样使审计组织具有法律的权威性。我国实行审计监督制度在《宪法》中做了明文规定，《审计法》中又进一步规定：国家实行审计监督制度。国务院和县级以上人民政府设立审计机关。审计机关依照法律规定的职权和程序，进行审计监督。审计的权威性体现在两个方面：

（1）法律赋予的权威性。我国《审计法》规定，审计人员依法执行职务，受法律保护。任何组织和个人不得拒绝、阻碍审计人员依法执行职务，不得打击报复审计人员。审计机关负责人在没有守法渎职或者其他不合乎任职前提的情形下，不得随便撤换。审计机关有要求报送资料权、检查权、考察取证权、通报、颁布审计成果权，对被审计单位拒绝、阻碍审计工作的处置、处罚权，对被审计单位违反国家规定的财务收支行动的处理、处罚权，给予被审计单位有关责任人员行政处罚的提议权等。我国审计人员依法行使独立审计权时受法律保护，如被审计单位拒绝接受或者妨碍审计时，或有违反国家规定的财政财务收支行为时，审计机关有权做出处理、处罚的决议或建议，这更加体现了我国审计的权威性。审计人员应当执行回避轨制和负有保密的任务，做到独立、客观、公正、保密。审计人员滥用职权、徇私舞弊、玩忽职守，构成犯法的，依法查究刑事责任；不形成犯罪的，给予行政处分。

（2）专业的权威性。审计人员应当具备与其从事的审计工作相适应的专业常识和业务才能。这样不仅有利于保证审计执业的独立性、客观性和公正性，而且有利于增强审计报告与论断的权威性。

依据我国审计法规的要求，被审计单位应当坚决执行审计决定，如将非法所得及罚款定期缴入审计机关指定的专门账户。对被审计单位和帮助执行单位未按规定期限和要求执行审计决定的，应当采取措施责令其执行；对拒不执行审计决定的，申请法院强制执行，并可依法追究其责任。由此可见，我国政府审计机关的审计决定具有法律效力，可以强制执行，这也充分地显示了我国审计的权威性。

我国社会审计组织，也是经由有关部门同意、登记注册的法人组织，按照法律规定独立承办审计业务，还具有会计咨询和会计服务业务，以及企业注册资本验资业务，其审计报告对外具有法律效力，这也充分体现它们同样具有权威性。我国内部审计机构也是根据法律规定设置的，在单位内部具有较高的地位和独立性，因此也具有一定的权威性。

各国为了保障审计的权威性，分别通过《公司法》《证券交易法》《商法》《破产法》等，从法律上赋予审计超脱的地位及监督、评价、鉴证职能。一些国际性的组织为了提高审计的权威性，也通过和谐各国的审计制度、准则以及制订同一的标准，使审计成为一项世界性的权威的专业服务。

3. 公正性

与权威性密切相关的是审计的公正性。从某种意思上说，没有公正性，也就不存在权威性。审计的公正性，反映了审计工作的根本要求。审计人员理当站在第三者的态度上，做出不带任何偏见的、契合客观实际的判定，并做出公正的评价和进行公正的处理，以准确地断定或解除被审计人的经济责任，审计人员只有同时保持独立性、公正性，能守信于审计授权者或委托者以及社会大众，才能真正建立审计权威的形象。

1.3　审计的职能与分类

1.3.1　审计职能

　　审计职能是指审计能够完成任务，发挥作用的内在功能。审计职能是审计自身固有的，但并不是一成不变的，它是随着社会经济的发展，经济关系的变化，审计对象的扩大，人类认识能力的提高而不断加深和扩展的。

　　研究审计职能的目的，是为了更准确地把握审计这一客观事物，以便于确定审计任务，有效地发挥审计的作用和更好地指导审计实践，促使审计的范围不断扩大，要求审计以独立的身份去参与更多的经济活动，使得审计职能日趋完善。我国审计界对审计职能的观点，主要有两种：一种是"单一职能论"，一种是"多职能论"。持"单一职能论"者认为，无论是国家审计、社会审计，还是内部审计，它们只有一项职能，就是经济监督。持"多职能论"者，一般认为审计除审计监督这一基本职能外，还具有其他，如评价、鉴证等职能。本书采用多职能论的观点，认为审计具有经济监督职能、经济评价职能和经济鉴证职能

　　（1）经济监督职能

　　经济监督是审计的基本职能。无论是传统审计，还是现代审计，其基本职能都是经济监督。不仅国家审计具有监督职能，社会审计和内部审计都具有监督职能，但监督不是审计的唯一职能。监督是审计的基本职能只是说明各项审计都有监督职能，而不意味着其他各项职能实质上都是监督职能。

　　审计的经济监督职能，主要是指通过审计，监察和督促被审计单位的经济活动在规定的范围内、在正常的轨道上进行；监察和督促有关经济责任者忠实地履行经济责任，同时借以揭露违法违纪、稽查损失浪费，查明错误弊端，判断管理缺陷和追究经济责任等。审计工作的核心是通过审核检查，查明被审计事项的真相，然后对照一定的标准，做出被审计单位经济活动是否真实、合法、有效的结论。从依法检查、到依法评价、直到依法做出处理决定以及督促决定的执行，无不体现了审计的监督职能。违法违纪审计是最能体现审计监督职能的一种审计形式。

　　（2）经济评价职能

　　审计的经济评价职能，是指审计机构和审计人员对被审计单位的经济资料及经济活动进行审查，并依据一定的标准对所查明的事实进行分析和判断，肯

定成绩，指出问题，总结经验，寻求改善经营管理，提高效率和效益的途径。审计的经济评价职能，包括评定和建议两个方面。例如，审计人员通过审核检查，评定被审计单位的经营决策、计划、方案是否切实可行、是否科学先进、是否贯彻执行，评定被审计单位内部控制制度是否健全和有效，评定被审计单位各项会计资料及其他经济资料是否真实、可靠，评定被审计单位各项资源的使用是否合理和有效，并根据评定的结果，提出改善经营管理的建议。评价的过程，也是肯定成绩、发现问题的过程，其建议往往是根据存在问题提出的，以利于被审计单位克服缺点、纠正错误、改进工作。经济效益审计是最能体现审计评价职能的一种审计形式。

（3）经济鉴证职能

审计的经济鉴证职能，是指审计机构和审计人员对被审计单位会计报表及其他经济资料进行检查和验证，确定其财务状况和经营成果是否真实、公允、合法、合规，并出具书面证明，以便为审计的授权人或委托人提供确切的信息，并取信于社会公众的一种职能。

审计的经济鉴证职能，包括鉴定和证明两个方面。例如，会计师事务所接受中外合资经营企业的委托，对其投入资本进行验资，对其年度财务报表进行审查，或对其合并、解散事项进行审核，然后出具验资报告、查账报告和清算报告等，均属于审计执行经济鉴证职能。再如，国家审计机关对厂长（经理）的离任审计，对承包、租赁经营的经济责任审计，对国际组织的援助项目和世界银行贷款项目的审计等，也都属于经济鉴证的范围。财政财务审计和经济责任审计是最能体现审计鉴证职能的一种审计形式。

在审计职能的研究过程中，也有人提出审计还具有服务、管理、咨询等方面的职能。在经济生活日趋复杂、社会日益进步、科技巨大发展的今天，审计职能也必然要发展，不可能停滞不前。

1.3.2　审计的分类

审计分类是按照一定的标准，将性质相同或相近的审计活动归属于一种审计类型的做法。对审计进行科学的分类，有利于加深对各种不同审计活动的认识，探索审计规律；有利于更好地组织审计工作，充分发挥审计的作用。研究审计的分类，是有效地进行审计工作的一个重要条件。

审计分类的一般方法是：首先提出分类的标志，并根据每一种标志，确定归属其下的某几种审计；然后按照一定的逻辑程序，将各类审计有秩序地排列起来，形成审计类型的群体。

1. 按照审计主体的分类

按照审计主体不同所实施的审计，可分为国家审计、内部审计及社会审计。

（1）国家审计。国家审计一般是指国家组织和实施的审计，确切地讲是国家专设的审计机关所进行的审计。我国国务院审计署及派出机构和地方各级人民政府审计厅（局）所组织和实施的审计，均属于国家审计。我国国家审计机关代表政府实行审计监督，依法独立行使审计监督权。审计署有权对中央预算执行情况进行审计监督，地方各级审计机关有权对本级预算执行情况进行审计监督；审计署对中央银行的财务收支进行审计监督，审计机关对国有金融机构的资产、负债、损益，对国有资产占控股地位或者主导地位的企业，对国家建设项目预算的执行情况和决算，对社会保障基金、社会捐赠资金以及其他有关基金、资金的财务收支，对国际组织相外国政府援助、贷款项目的财务收支，有权进行审计监督；审计机关还有权对与国家财政收支有关的特定事项，向有关地方、部门、单位进行专项审计调查。国家审计机关还有要求报送资料权、监督检查权、调查取证权、建议纠正有关规定权，向有关部门通报或向社会公布审计结果权、经济处理权、处罚权，建议给予有关责任人员行政处分权以及一些行政强制措施权等。同时，国家审计机关还可以进行授权审计和委托审计。

（2）内部审计。内部审计是指对本部门或本单位及所属单位财政财务收支、经济活动、内部控制、风险管理，实施独立、客观的监督、评价和建议，以促进单位完善治理、实现目标的活动。我国国务院各部门和地方人民政府各部门、国有的金融机构和企事业组织，以及法律、法规、规章规定的其他单位，依法实行内部审计制度，以加强内部管理和监督，遵守国家财经法规，促进廉政建设，维护单位合法权益，改善经营管理，提高经济效益。

（3）社会审计。社会审计是指由注册会计师和会计师事务所进行的独立审计。我国社会审计组织主要是会计师事务所和中国注册会计师协会。会计师事务所主要承办海外企业、横向联合企业、集体所有制企业、个体企业的财务审计和管理咨询业务；接受国家审计机关、政府其他部门、企业主管部门和企事业单位的委托，办理经济案件鉴定、纳税申报、资本验证、可行性方案研究、解散清理以及财务收支、经济效益、经济责任等方面审计。

2. 按照审计的目的和内容分类

按照审计的目的和内容，审计可分为财政财务审计、经济效益审计、违法违纪审计和经济责任审计。

（1）财政财务审计。财政财务审计，也称为传统审计，在西方国家叫作财务审计或依法审计。它是指对审计单位财政财务收支活动和会计资料是否真实、正确、合法和有效所进行的审计。财政财务审计的主要内容是财政财务收支活动，目的是审查财政财务收支活动是否遵守财经方针、政策、财经法令和财务会计制度、会计原则，是否按照经济规律办事，借以纠正错误，防止弊病，并根据审计结果，提出改进财政财务管理、提高经济效益的建议和措施。财政财务审计不仅要审核检查被审计单位的会计资料，而且要审核检查被审计单位的各项资金及其运动。

财政财务审计，按照它的对象不同，又可分为财政预算审计、财政决算审计和财务收支审计。财政预算审计，主要是指对财政预算编制、预算收入与支出的执行情况以及组织平衡所进行的审计；财政决算审计，主要是指对年终财政收入决算、支出决算、财政结余、预算外资金所进行的审计；财务收支审计，是指对企事业单位的财务收支活动所进行的审计。西方财务审计，随着社会经济形势的变化，根据法律的规定和投资者、经营者的需要，先后曾以详细审计、资产负债表审计和财务报表审计等三种不同形式出现。

（2）经济效益审计。经济效益审计，是以审查评价实现经济效益的程度和途径为内容，以促进经济效益提高为目的所实施的审计。经济效益审计的主要对象是生产经营活动和财政经济活动能取得的经济效果或效率，它通过对企业生产经营成果、基本建设效果和行政事业单位资金使用效果的审查，评价经济效益的高低，经营情况的好坏，并进一步发掘提高经济效益的潜力和途径。经济效益审计，不仅是国家审计的一项重要目标，更重要的是内部审计的主要目标和日常工作的内容。根据我国国情的需要，实施效益审计，有利于促进国民经济各部门、各企事业单位以及各级政府机关和科研单位围绕提高经济效益和工作效益改进自己的工作，加强内部控制，实现最佳管理；有利于改善社会主义经济各方面的关系，维护正常的经济秩序；同时也利于提高财务审计的质量和巩固财经法纪审计的成果。

我国的经济效益审计，包括了经营审计和管理审计部分内容。类同于国外的绩效审计或"三E"审计，是指经济性审计、效率性审计和效果审计。

（3）违法违纪审计。违法违纪审计是指国家审计机关对被审计单位和个人的财政财务收支的合法性、合规性所进行的审计。它是我国国家审计监督中的一种重要形式，其主要内容包括审查被审计单位和个人是否存在侵占挪用国家资财、贪污浪费、行贿受贿等严重损害国家利益和企业利益的行为。从本质

25

上来说，违法违纪审计属于一种特殊的专项财政财务审计。

（4）经济责任审计。经济责任审计是指以审查经营者应负经济责任为主要目的的审计。具体地说，它是审计人员根据国家的有关法律、法规，审查国家与企业、企业与企业、企业与劳动者个人相互之间以及有关的行政领导和法定代表人履行应承担的经济职责和任务情况，查明违法乱纪及失职行为，分清责任，做出客观公正评价，提出改善经营或追究处理的建议。

经济责任审计的具体内容主要是审查企业使用国家资金、财产情况及国家财产的安全完整情况；审查企业完成指令性计划情况及经济效益的真实合法性；审查企业行政领导人（法定代表人）有无失职和不法行为；确定或解除法定代表人的经济责任。我国经济责任审计主要有经营承包责任审计、租赁审计、厂长（经理）经济责任审计或破产责任审计等。

无论什么样的经济责任审计，都离不开财务审计和经济效益审计所涉及的内容；同时，无论什么样的审计，最终都需要追究经济责任问题。因此，也可以将经济责任审计并入其他的审计类型。

3. 按照审计实施时间分类

按审计实施时间相对于被审单位经济业务发生的前后分类，审计可分为事前审计、事中审计和事后审计。

（1）事前审计。事前审计是指在被审单位经济业务实际发生以前进行的审计。这实质上是对计划、预算、预测和决策进行审计，如国家审计机关对财政预算编制的合理性、重大投资项目的可行性等进行的审查；会计师事务所对企业盈利预测文件的审核，内部审计组织对本企业生产经营决策和计划的科学性与经济性、经济合同的完备性进行的评价等。

开展事前审计，有利于被审单位进行科学决策和管理，保证未来经济活动的有效性，避免因决策失误而遭受重大损失。一般认为，内部审计组织最适合从事事前审计，因为内部审计强调建设性和预防性，能够通过审计活动充当单位领导进行决策和控制的参谋、助手和顾问。而且内部审计结论只作用于本单位，不存在对已审计划或预算的执行结果承担责任的问题，审计人员无开展事前审计的后顾之忧。同时，内部审计组织熟悉本单位的活动，掌握的资料比较充分，且易于联系各种专业技术人员，有条件对各种决策、计划等方案进行事前分析比较，作出评价结论，提出改进意见。

（2）事中审计。事中审计是指在被审单位经济业务执行过程中进行的审计。例如，对费用预算、经济合同的执行情况进行审查。通过这种审计，能够及时发现和反馈问题，尽早纠正偏差，从而保证经济活动按预期目标合法合理和有效地进行。

（3）事后审计。事后审计是指在被审单位经济业务完成之后进行的审计。大多数审计活动属于事后审计。事后审计的目标是监督经济活动的合法合规性，鉴证企业会计报表的真实公允性，评价经济活动的效果和效益状况。

4. 按审计技术模式分类

按采用的技术模式，审计可以分为账项基础审计、系统基础审计和风险基础审计。这三种审计代表着审计技术的不同发展阶段，但即使在审计技术十分先进的国家也往往同时采用。而且，无论采用何种审计技术模式，在会计报表审计中最终都要用到许多共同的方法来检查报表项目金额的真实、公允性。

（1）账项基础审计。账项基础审计是审计技术发展的第一阶段，它是指顺着或逆着会计报表的生成过程，通过对会计账簿和凭证进行详细审阅，对会计账表之间的钩稽关系进行逐一核实，来检查是否存在会计舞弊行为或技术性措施。在进行财务报表审计，特别是专门对舞弊审计时，采用这种技术有利于作出可靠的审计结论。

（2）系统基础审计。系统基础审计是审计技术发展的第二阶段，它建立在健全的内部控制系统可以提高会计信息质量的基础上。即首先进行内部控制系统的测试和评价，当评价结果表明被审单位的内部控制系统健全且运行有效、值得信赖时，可以在随后对报表项目的实质性测试工作中仅抽取小部分样本进行审查；相反，则需扩大实质性测试的范围。这样能够提高审计的效率，有利于保证抽样审计的质量。

（3）风险基础审计。风险基础审计是审计技术的最新发展阶段。采用这种审计技术时，审计人员一般从对被审单位委托审计的动机、经营环境、财务状况等方面进行全面的风险评估出发，利用审计风险模型，规划审计工作，积极运用分析性复核，力争将审计风险控制在可以接受的水平上。

5. 其他分类

除上述分类外，审计还可按执行地点不同，审计可分为报送审计和就地审计；按审计工作是否有固定的时间间隔，审计可分为定期审计和不定期审计；按审计实施前是否通知被审计单位，审计可分为预告审计和突击审计；按审计的动机不同，审计可分为强制审计和任意审计；按审计范围的不同，审计可分为全面审计和局部审计。

1.4　审计的对象与目标

1.4.1　审计对象

审计对象也称审计客体,是指审计工作所要面对的客体,亦即被审单位的财政财务收支及其有关的经营管理活动,以及反映这些经济活动的信息载体——会计报表和其他有关资料。从其定义可知,审计对象包含两层含义:其一是外延上的审计实体,即被审计单位;其二是内涵上的审计内容或审计内容在范围上的限定。正确认识审计的对象,有利于对审计概念的正确理解、审计方法的正确运用和审计监督职能的进一步发挥。审计对象可以概括为被审计单位的财务收支及其反映的经济活动,具体包括两个方面的内容:

1. 被审计单位的财政财务收支及其有关的经济活动

审计主体不同,审计对象的内容也不尽相同。不论是国家审计、民间审计还是内部审计,都要求以被审计单位的财政财务收支及有关经济活动为审计对象,对其真实性、合法性、效益性进行审查和评价,以便对其所负受托经济责任是否认真履行进行确定、证明和监督。在我国,被审计单位的财政财务收支活动是社会主义生产关系的具体体现,主要包括:财政预算和决算;信贷计划及其执行情况;财务收支计划及其执行情况;国有资产管理的情况;与财政财务收支有关的各项经济活动及其经济效益;严重侵占国有资产和严重损失浪费等损害国家利益的行为等。被审计单位有关经济活动是与该单位生产经营管理和财产物资有关的活动。

2. 被审计单位提供的各种财政财务收支状况及其有关经济活动的信息载体

由于财政财务收支状况及有关经济活动总要以一定的载体来反映,一般是通过会计、统计和业务核算记录,主要包括会计凭证、账簿、报表等及预算计划、方案、合同、会计记录、分析等的文本,或者电子计算机的磁带、磁盘等来体现,所以各单位的会计资料及其他有关经济资料就成为审计的主要具体对象。

当然,会计资料和其他有关经济资料是审计对象的现象,其反映的被审计单位的财政财务收支及有关经济活动是审计对象的本质。

1.4.2 审计目标

1. 审计目标的定义

审计目标是指人们在特定的社会历史环境中，期望通过审计实践活动达到的最终结果，或者说是指审计活动的目的与要求。

一般来说，各类审计目标都必须满足其服务领域的特殊需要，无论是国家审计、内部审计还是社会审计，它们都具有各自相对独立的审计目标。审计目标除受审计对象的制约以外，还取决于审计社会属性、审计基本职能和审计授权者或委托者对审计工作的要求。政府审计的目标是对真实性、合法性、效益性进行审计；民间审计对财务报表的合法性和公允性进行审计；内部审计的目标，在监督与评价被审计单位的财政收支、财务收支、经济活动、内部控制与风险管理的基础上，给被审计单位提出改进的建设性意见。

审计的基本目标概括起来，就是审查和评价审计对象的真实性和公允性、合法性和合规性、合理性和效益性。同时，审计目标规定了审计的基本任务，决定了审计的基本过程和应办理的审计手续。

2. 审计目标的层次

审计目标是一个多维目标体系，包括本质目标和具体目标两个层次：

（1）审计本质目标。审计本质目标是审查评价受托经济责任的履行情况。所有审计类别的具体目标都是这一本质目标的体现。

现代审计是在"两权"分离所形成的受托经济责任关系下，基于经济控制的需要而产生的。受托经济责任关系是审计产生的前提，受托经济责任关系潜在的利益冲突是审计产生的直接动力。受托经济责任的存在使审计成为必要，没有受托经济责任就无所谓审计，同样，没有审计，受托经济责任也难以持续履行。应该强调的是受托责任只有经过审计才能证明其存在，否则只规定责任，不进行检查监督，就等于否定或忽视受托经济责任的存在，也就忽视了审计的本质。依据受托经济责任内容的不同，我们可以把审计本质目标分解为具体目标。

（2）审计的具体目标。审计的具体目标又包括以下四项内容：

①真实性和正确性目标。审计的首要目标是评价被审计方提供的反映其履行受托经济责任情况的会计资料和其他有关文件资料的真实性、公允性，查明这些资料是否如实地、恰当地反映被审计单位的财务收支及其结果以及经济活

动的真相，尽可能地防止错弊的发生。

②合法性和合规性目标。审计的另一目标是评价被审方财务收支及其有关经营管理活动的合法性和合规性，借以评价其财务收支及其有关的经营活动是否符合法律、法规、会计准则、经济合同的规定，防止违法、违规、违纪行为的发生。

③合理性和效益性目标。审计的第三个具体目标是评价被审方的财务收支及其有关经营管理活动的合理性、效益性，以评价被审方受托管理经济资源的经营管理是否符合经济性原则、节约原则，受托经济资源的运用是否有效率，计划、预算或经营目标的实现程度，以防止损失、浪费的发生。

④社会性目标。审计的具体目标还包括审查评价被审方经营管理活动的社会性，以评价其经营管理行为是否符合社会的需要与要求，符合社会整体利益的需要并为社会作出贡献。

1.5　审计的组织形式

1.5.1　审计组织形式的定义

审计组织形式，又称审计组织体系或审计模式，是指担负着不同审计任务的审计组织之间结成的相互联系、互为补充的整体审计系统。

在我国，和世界上大多数国家一样，实行的是三位一体的审计组织体系，即整个审计体系由政府审计、内部审计和社会审计组织三部分组成。

1. 我国国家审计机关

我国国家审计属于行政型审计模式，分为中央和地方两级。审计署是我国国家审计的最高审计机关，在国务院总理的领导下主管全国的国家审计工作。在国家审计管理体制上，我国宪法的规定，我国在县以上地方人民政府设立审计局，接受本级人民政府和上一级审计机关的双重领导。国家审计机关根据工作需要，可以在重点地区、部门设立派出机构，进行审计监督。

（1）我国国家审计机关的职责

根据《审计法》的规定，我国国家审计机关的主要职责是对本级人民政府各部门和下级人民政府、国家金融机构、全民所有制企业事业单位以及其他国有资产单位的财政收支、财务收支的真实性、合法性以及经济效益状况进行监督。具体包括：①本级政府各部门和下级政府预算的执行情况和决算，以及预算外资金的管理和使用情况；②中央银行的财务收支和国有金融机构的资产、负债和损益；③国家的事业组织的财务收支；④国有企业的资产、负债和损益；⑤国家建设项目预算的执行情况和决算；⑥政府部门管理的和社会团体受政府委托管理的社会保障基金、社会捐赠资金以及其他有关基金、资金的财务收支；⑦国际组织和外国政府援助、贷款项目的财务收支；⑧国家法律、法规规定的其他审计事项。

（2）国家审计机关的权限

根据《审计法》的规定，我国国家审计机关行使的权限包括：①有权要求被审计单位按照规定报送预算或财务收支计划、预算执行情况、决算、财务报告，社会审计机构出具的审计报告，以及其他与财政收支或者财务收支有关的资料。被审计单位不得拒绝、拖延、谎报；②有权检查被审计单位的会计凭证、会计账簿、会计报表以及其他与财政收支或者财务收支有关的资料和资产。被审计单位不得拒绝和阻挠；③有权就审计事项的有关问题向有关单位和个人进行调查，并取得有关证明材料；④被审计单位不得转移、隐匿，篡改、毁弃会计凭证、会计账簿、会计报表以及其他与财政收支或者财务收支有关的资料，不得转移、隐匿所持有的违反国家规定取得的财产；⑤对被审计单位正在进行的违反国家规定的财政收支、财务收支行为，有权予以制止；⑥认为被审单位所执行的上级主管部门有关财政收支、财务收支的规定与法律、行政法规相抵触的，有权建议主管部门纠正；⑦有权向政府有关部门通报或者向社会公布审计结果。国家审计机关在通报或公布审计结果时，应该注意保守国家秘密和被审计单位的商业秘密。

2. 我国内部审计机构

我国内部审计机构以接受部门或单位行政领导人的领导，向他们报告为主要的方式。内部审计机构在组织内部的地位和层次上，各单位或部门又有所不同，有的接受厂长、经理直接领导，有的接受副厂长、副经理领导，还有的接受总会计师领导等。另外，在审计业务方面，我国内部审计机构要接受国家审计机关的指导。

（1）内部审计机构的职责

根据《审计署关于内部审计工作的规定》规定，内部审计机构或者履行内部审计职责的内设机构应当按照国家有关规定和本单位的要求，履行下列职责：①对本单位及所属单位贯彻落实国家重大政策措施情况进行审计；②对本单位及所属单位发展规划、战略决策、重大措施以及年度业务计划执行情况进行审计；③对本单位及所属单位财政财务收支进行审计；④对本单位及所属单位固定资产投资项目进行审计；⑤对本单位及所属单位的自然资源资产管理和生态环境保护责任的履行情况进行审计；⑥对本单位及所属单位的境外机构、境外资产和境外经济活动进行审计；⑦对本单位及所属单位经济管理和效益情况进行审计；⑧对本单位及所属单位内部控制及风险管理情况进行审计；⑨对本单位内部管理的领导人员履行经济责任情况进行审计；⑩协助本单位主要负责人督促落实审计发现问题的整改工作；对本单位所属单位的内部审计工作进行指导、监督和管理；国家有关规定和本单位要求办理的其他事项。

（2）内部审计机构的权限

为了保证内部审计机构能独立行使审计监督权，我国内部审计机构具有下列权限：①要求被审计单位按时报送发展规划、战略决策、重大措施、内部控制、风险管理、财政财务收支等有关资料（含相关电子数据，下同），以及必要的计算机技术文档；②参加单位有关会议，召开与审计事项有关的会议；③参与研究制定有关的规章制度，提出制定内部审计规章制度的建议；④检查有关财政财务收支、经济活动、内部控制、风险管理的资料、文件和现场勘察实物；⑤检查有关计算机系统及其电子数据和资料；⑥就审计事项中的有关问题，向有关单位和个人开展调查和询问，取得相关证明材料；⑦对正在进行的严重违法违规、严重损失浪费行为及时向单位主要负责人报告，经同意作出临时制止决定；⑧对可能转移、隐匿、篡改、毁弃会计凭证、会计账簿、会计报表以及与经济活动有关的资料，经批准，有权予以暂时封存；⑨提出纠正、处理违法违规行为的意见和改进管理、提高绩效的建议；⑩对违法违规和造成损失浪费的被审计单位和人员，给予通报批评或者提出追究责任的建议；对严格遵守财经法规、经济效益显著、贡献突出的被审计单位和个人，可以向单位党组织、董事会（或者主要负责人）提出表彰建议。

3. 我国民间审计组织

（1）我国民间审计组织体系

我国民间审计组织体系由中国注册会计师协会、会计师事务所、注册会计师三者组成。

中国注册会计师协会。成立于 1988 年的中国注册会计师协会是在财政部领导下，经政府批准成立的注册会计师的职业组织。一方面，它对会计师事务所和注册会计师进行自我教育和自我管理；另一方面，它又是联系政府机关和注册会计师的桥梁和纽带、中国注册会计师协会对外作为一个独立的社会团体，发展与外国和国际会计职业组织之间的相互交往，为我国注册会计师步入国际舞台发挥作用；对内协助财政机关拟订会计师事务所管理制度和注册会计师专业标准、组织注册会计师业务培训和资格考试等方面的工作。

会计师事务所。根据《注册会计师法》的规定，我国只准设立有限责任会计师事务所和合伙会计师事务所，不准个人独资设立会计师事务所和创办股份公司形式的会计师事务所。

注册会计师。我国于1991年建立了注册会计师全国统一考试制度，并从1994年起，通过注册会计师全国统一考试是取得注册会计师资格的基本前提，注册会计师资格考试的科目共六科：会计、审计、财务成本管理、经济法、税法和战略管理，每年进行一次考试。根据《注册会计师法》的规定，参加注册会计师全国统一考试成绩六科全部合格并从事审计业务工作两年以上，可以向省级（自治区、直辖市）注册会计师协会申请注册成为执业会员。

（2）我国民间审计业务范围

根据《注册会计师法》的规定，我国注册会计师审计的业务范围包括：

①审查企业会计报表，出具审计报告。国家对企业加强社会会计监督，也就是依法实行企业年度会计报表注册会计师审计制度。它是国家有效制止和防范利用会计报表弄虚作假，提高会计报表质量的重要手段。在社会主义市场经济条件下，会计信息质量非常重要，它直接影响着国家宏观经济决策的正确性和资源配置的有效性，注册会计师审计是保证会计信息质量的重要一环。

目前，国家对上市公司监管所依据的信息，主要来自上市公司的会计报表和注册会计师对此出具的审计报告。注册会计师在某种程度上已成为上市公司监管的第一道防线，在证券市场上扮演着越来越重要的角色。在某种意义上说，注册会计师通过对上市公司年度会计报表的审计，实施了对上市公司的监管，保证会计信息的质量。因此，注册会计师作为独立审计人，是联系资本市场和广大投资者必不可少的纽带，对投资者承担着重大责任。

②验证企业资本，出具验资报告。根据《公司法》《企业登记管理条例》等国家法律、法规的规定，公司及其他企业在设立审批时，必经提交注册会计师出具的验资报告。公司及其他企业申请变更注册资本时，也要提交验资报告。因此，验资业务成为注册会计师业务的重要组成部分。在验资时，注册会计师应当依据国家有关法律、行政法规的规定，按照中国注册会计师协会制定的《独立审计实务公告第1号——验资》的要求，对被审验单位设立时的实

收资本及其相关资产、负债的真实性、合法性进行审验。同审计报告一样，验资报告具有法定证明效力，注册会计师及其所在会计师事务所对其出具的验资报告承担相应的法律责任。

③办理企业合并、分立、清算事宜中的审计业务，出具有关部门的报告。企业在合并、分立或终止清算时，应当按照国家财务会计法规的规定，分别编制合并、分立会计报表以及清算会计报表。为了帮助会计报表使用人确立对这些报表的信赖程度，企业需要委托注册会计师对其编报的报表进行审计。办理企业合并、分立和清算事宜中的审计业务后出具的相应的审计报告，同样具有法定证明效力，承办注册会计师及其所在的会计师事务所应当承担相应的法律责任。

④办理法律、行政法规规定的其他审计业务，出具相应的审计报告。在实际工作中，注册会计师还可根据国家法律、行政法规的规定，接受委托，承办特殊目的的业务审计：按照特殊编制基础编制的会计报表；会计报表的组成部分，包括会计报表特定项目、特定账户或特定账户的特定内容；法规、合同所涉及的财务会计规定的遵循情况；简要会计报表。这些业务的办理，需要注册会计师具备和运用相关的专门知识，注意处理问题的特殊性。对于执行特殊目的的审计业务出具的审计报告，也具有法定证明效力，注册会计师及其所在的会计师事务所对此也应承担相应的法律责任。

除办理以上审计业务外，还办理会计咨询和会计服务业务。这是所有具备条件的中介机构，甚至个人都能够从事的非法定业务。设计财务会计制度，培训会计人员；担任会计顾问，提供会计、财务、税务和其他经济管理咨询；代理记账；代理纳税申报；代办申请注册登记，协助拟定合同、协议、章程及其他经济文件；资产评估；参与进行可行性研究；其他会计咨询和会计服务业务。

1.5.2　我国审计组织体系的特征

我国的审计组织体系主要有以下特征：

1. 国家审计实行"统一领导，分级审计"的行政型体制

审计机关领导体制是国家审计制度的重要内容，是指审计机关在国家组织结构中的地位，受哪一级国家机构领导，以及上下级审计机关的领导关系等。根据《宪法》《审计法》规定，我国设立中央审计机关和地方审计机关。国务院设立中央审计机关，在国务院总理领导下开展审计工作；县级以上各级人民

政府设立地方审计机关，在本级政府行政首长和上一级审计机关领导下，负责本行政区域内的审计工作。由此可见，我国审计机关为政府内设机构之一，它实行"统一领导，分级审计"行政型体制：一是审计机关直接受本级人民政府行政首长领导；二是地方审计机关实行双重领导体制，同时受本级人民政府行政首长和上一级审计机关领导；三是地方审计机关的审计业务以上级审计机关领导为主。

2. 平行结构的内部审计机构仍然占据主导地位

《审计署关于内部审计工作的规定》对我国内部审计机构的设置、领导体制、内部审计的职责与权限等作出明确规定："国家机关、事业单位、社会团体等单位的内部审计机构或者履行内部审计职责的内设机构，应当在本单位党组织、主要负责人的直接领导下开展内部审计工作，向其负责并报告工作。""国有企业内部审计机构或者履行内部审计职责的内设机构应当在企业党组织、董事会（或者主要负责人）直接领导下开展内部审计工作，向其负责并报告工作。国有企业应当按照有关规定建立总审计师制度。总审计师协助党组织、董事会（或者主要负责人）管理内部审计工作。"这一规定既有利于充分发挥内部审计的职能作用，又体现了与国际接轨的需要。

我国内部审计机构一般有两种设置方式：一是受本单位主要负责人领导。此种模式将内部审计置于总裁或总经理领导之下，有利于审计管理当局根据审计结果及时采取切实可行的措施，加强内部控制建设、改善经营管理水平、提高经济效益。但这种模式的内部审计独立性较弱，而且内部审计机构在审计中的位置与其他职能部门平行，又直接影响内部审计的权威性。为此可设总审计师，总审计师为单位副职，从而可提高内部审计机构的地位。二是受本单位权力机构领导。此种模式将内部审计置于董事会领导之下，在一定程度上确保了内部审计具有较大的独立性，有利于内部审计作用的充分发挥。为此可设审计委员会，改善单位权力机构与管理层在内部审计方面的沟通。

3. 有限责任制和合伙制两种形式并存的社会审计组织

目前，我国法律允许注册会计师设立有限责任制和合伙制两种形式的会计师事务所。有限责任制的社会审计组织是依照注册会计师法的要求，由注册会计师投资设立并承担有限责任的会计师事务所；合伙制的社会审计组织则是注册会计师合伙设立并独立承担无限责任的会计师事务所。我国法律不允许设立独资会计师事务所和有限责任合伙制会计师事务所。

📅 复习思考题

1. 什么是审计？
2. 审计有哪些方面的特征？
3. 西方的国家审计有哪些类型？美国、英国和法国的国家审计发展概况。
4. 我国审计具有哪几种职能？为什么说经济监督是审计的基本职能？

📖 参考文献

[1] 沈征. 审计理论［M］. 北京：格致出版社，2013.

[2] 秦荣生，卢春泉. 审计学［M］. 第 9 版. 北京：中国人民大学出版社，2017.

[3] 宋常. 审计学［M］. 第 8 版. 北京：中国人民大学出版社，2018.

[4] 李晓慧. 审计学：原理与案例［M］. 第 2 版. 北京：中国人民大学出版社，2018.

[5] 李敏. 审计学：理论 实务 习题 解答［M］. 第 2 版. 上海：上海财经大学出版社，2016.

[6] 成凤艳，秦桂莲，秦佳佟. 审计［M］. 北京：北京理工大学出版社，2017.

[7] 陈矜. 审计学［M］. 上海：华东师范大学出版社，2014.

[8] 王顺金. 审计实务［M］. 北京：北京理工大学出版社，2015.

[9] 刘雪清，封桂芹. 审计［M］. 第 2 版. 北京：清华大学出版社，2016.

[10] 审计署关于内部审计工作的规定［R］. 中华人民共和国审计署令第 11 号.

[11] 审计署关于内部审计工作的规定［R］.（2003 年审计署第 4 号令）.

[12] 张庆龙. 解读《审计署关于内部审计工作的规定》［EB/OL］. 审计光影微信公众号.

[13] 中华人民共和国注册会计师法［R］. 第八届全国人大常委会，1993.

[14] 中国注册会计师协会官网［EB/OL］. http：//www. cicpa. org. cn/.

[15] 中华人民共和国审计署［EB/OL］. http：//www. audit. gov. cn/.

［16］浅谈我国内部审计的发展历史、现状、趋势［EB/OL］. 百度文库.

［17］鲍国明，刘力云. 现代内部审计［M］. 北京：中国时代经济出版社，2018.

［18］中国内部审计协会. 国际内部审计专业实务框架［M］. 北京：中国财政经济出版社，2017.

［19］中国注册会计师协会. 审计［M］. 北京：中国财政经济出版社，2018.

第 2 章　审计需求理论

📝 学习目标

1. 理解审计需求不同的理论假说。

2. 理解不同理论假说可解释的审计实践，以及审计作为一项重要的制度安排所具有的内隐特质。

3. 建立基本观念，即审计并非一种纯粹的鉴证机制，财务信息使用者除了寄希望于注册会计师在实质上降低财务信息风险之外，还可以通过风险转移的方式将其所面临的财务信息风险全部或者部分地转移给保险人，因此审计兼具信息价值和保险价值。

🗨 重点与难点

深刻理解基于问责的审计权力配置理论以及现代审计需求的动因理论。

📖 引导案例

注册会计师行业是因客户舞弊问题而产生

1710 年英国政府发行中奖债券，并用发行债券所募集到的资金创立了南海股份公司。该公司以发展南大西洋贸易为目的，获得了专卖非洲黑奴给西班牙和北美洲的 30 年垄断权，其中公司最大的特权是可以自由地从事海外贸易活动。南海公司虽然经过近 10 年的经营，始终业绩平平。

1719 年，英国政府允许中奖债券总额的 70%（约合 1000 万英镑）可与南海公司股票进行转换。在该年底，一方面当时英国政府扫除了殖民地贸易的障碍，另一方面南海公司对外散布"公司在年底将有大量利润可实现"的各种所谓好消息，并预计在 1720 年的圣诞节公司可能要按面值的 60% 支付股利。这一消息的宣布，加上公众对股价上扬的预期，直接带动了债转股和股价上升，引发了巨大的泡沫危机。当年年底，政府对南海公司资产进行清理时，发现其实际资本已所剩无几，那些高价买进南海股票的投资者遭受了巨大损失，许多地主、商人失去了资产。此后较长一段时间，民众对参股新兴股份公司闻之色变。直到 1828 年，英国政府在充分认识到股份有限公司利弊的基础上，通过设立民间审计的方式，遏制股份公司中因所有权与经营权分离所产生弊端，促进了现代企业制度的完善。

尽管经过 200 多年的发展，注册会计师的主要审计目标已由查找舞弊转向对财务报表公允性的评估，然而这并不等于注册会计师没有义务揭露客户的舞弊行为。从美国最近的社会调查来看，仍有约 70% 的人认为，注册会计师应该而且可以查找客户的舞弊。有关注册会计师有无责任查找舞弊的问题，重新又被提到议事日程上。在 20 世纪 90 年代初，美国审计准则委员会颁布了审计准则说明第 54 号、55 号，专门讨论了注册会计师对舞弊的责任，1997 年又颁布了审计准则说明第 82 号，再一次讨论了注册会计师对查找客户舞弊问题的责任。可见，从南海公司案例来看，注册会计师行业是因客户舞弊问题而产生的，但这一责任始终没有终结。

2.1　审计需求的一般解释

对于为什么存在审计需求，以及审计的本质是什么这样的基本审计理论问题，目前主要存在审计需求代理理论、审计需求信息假说、审计需求信号假说和审计需求保险理论，这些理论被称为传统的审计需求理论。

2.1.1　审计需求的代理理论

审计需求的委托代理理论，是目前审计需求解释理论中的主流理论，它是在新制度经济学的委托代理理论的基础上发展起来的。经济学家派简森和麦克林（Jensen & Meckling，1976）以企业的所有权和经营权相分离，以及由此所导致的信息不对称为切入点，紧紧围绕委托代理关系中道德风险对企业价值的影响做了深入研究。

企业委托代理关系是指当一个人或更多的人（即委托人）聘用另一个人或一些人（即代理人）代表他们来履行某些义务，并由此而将若干决策权交付给受托人时，他们之间所形成的关系。

1. 委托人立场

（1）所有权与经营权分离

在一个经营者拥有全部股权的企业中，经营者享有全部的剩余索取权，同时也将完全承担由于低效或无效经营管理所可能产生的全部损失。比如，当经理人员拥有全部的股权时，其任何在职消费支出都将由其本人全部承担，但是如果只拥有30%的股权时，对于同样的支出，就只需要承担30%的份额，其余70%将由其他投资者共同承担。这样，其效用函数中来自非货币性收益的相对份额将会相应的上升，即可以以更低的成本获取相同的效用。因此，经理人员会有更大的激励去偷懒（道德风险），去从事各种可能损害其他股东利益的机会主义行为。

理性的投资者预期到经理人员的行为对企业价值的影响，他们将会在经理人员向资本市场融资时，降低企业股票的出价水平，这样，在一个有效的市场中，经营者将不得不承担由于企业价值降低所导致的股票价格下降所带来的损失。经营者为了避免这部分代理成本所引起的损失，就会向投资者做出额外的承诺，保证他们还会像以前自己拥有100%股权那样勤勉，不滥用股东托付的资本。

（2）所有权与占有权分离

当向外部债权人举债时，为了能够降低债权人的风险预期，减少企业的融资成本，经理人员会向债权人承诺，将借入资金用于风险较小的特定项目；但是，一旦取得资金使用权之后，经理人员将更愿意将这些资金投入风险较高的项目。因为，债务资金的利息是固定的，风险较高的项目通常意味着较高的投资回报，一旦投资成功，经理人员将能从这部分超额盈余中获益。而且，如果投资失败，其所受到的损失也将相当有限，尤其是对于那些小规模的有限责任公司来说，更是如此。理性的债权人也将能够预期到经理人员的这种机会主义倾向。他们要么通过提高债务利息的方式将经理人员的这种机会主义倾向所可能带来的损失预先考虑在内，要么在与经理人员签订的借款合同中对企业的某些行为进行限制，比如明确规定借入资金的用途或者对企业股利分配的条件做出限制。经营者为了能够借到资金，更重要的是能够以较低的融资成本借到资金，通常都愿意与债权人签订具有某些限制性条款的借款合同。

（3）审计是降低监督成本的制度安排

委托人能够合理地预期到代理人会为了提高自身效用水平而过度地获取非货币性收益。委托人在制定报酬计划时也会将这部分由于代理人行动所带来的损失考虑在内，预先从代理人的报酬中扣除这部分可能的损失。这样，代理人所能获得的报酬将会因为委托人的这一理性预期而减少。代理人为了避免这种情况的发生，将愿意向委托人保证自己不会采取损害委托人利益的行动。如果这样的保证能够消除委托人所面临的不确定性，减少其投资中的风险，那么委托人将获得较高的投资回报，同时代理人也能够获得较高的报酬，双方都因此而获益。这样，代理人从自身利益出发，为了能够减少监督成本，他将主动向委托人提供信息，以确保委托人能够确信他没有采取背离委托人利益的行动。然而，由于这些监督代理人的信息是由代理人自己提供的，其可信性问题尚未解决。

2. 代理人立场

（1）代理成本的形成

基于自利的经济人假设，委托人和代理人都是以其个人效用最大化为其行动目标。代理人的行动并不总是符合委托人的效用函数，在某些具体的场合下，两者的目标可能刚好相反。在委托人与代理人之间，利益的冲突就会导致代理成本的出现。

（2）代理成本的组成

代理成本的组成包括三部分：其一是委托人的监督成本。监督成本就是委托人为了"控制"代理人的行为所花费的成本，如计量和观察代理人行为的成本、激励契约的建立和履行的成本等；其二是代理人的保证成本。保证成本是指代理人愿意向委托人保证他不会采取损害委托人利益的行为，否则他将向委托人进行补偿；其三是剩余损失。通常，对于有着机会主义（opportunism）倾向的代理人来说，当监督和保证成本一定的情况下，代理人仍然有可能采取有别于委托人效用函数的行动，这样两者的差异就会导致委托人财富的减少，所减少的数额就是委托人的剩余损失。监督成本、保证成本和剩余损失共同构成代理成本，并具有此消彼长的关系，比如当监督成本和保证成本较大时，代理人的行为偏离委托人效用函数的可能性就要小一些，从而剩余损失相应地也会小一些。

（3）审计是降低代理成本的制度安排

在存在道德风险的情况下企业价值的确定，以及在有效市场情况下，存在机会主义倾向的代理人将最终承担代理成本，理性的代理人为了避免这种情况的发生，只要监督的收益大于监督的成本，将存在主动要求被监督的激励。审计通过对代理人所提供的财务信息及其背后所隐含的经济行为进行鉴证，发现和阻止代理人机会主义行为，确保代理人遵守其所做出的承诺。因此，审计是一项能够实现约束机会主义行为从而降低代理成本的制度安排。

2.1.2　审计需求的信息假说

审计需求信息假说认为，之所以存在对注册会计师独立审计的需求，是因为审计具有改善财务信息质量，提高财务资源配置的作用，其立论的一个基本前提是：假设股东及利害关系人广泛依赖财务信息，将其作为决策的依据。实证会计理论研究已经表明，企业未来的现金流量与企业财务报表信息之间存在着高度的相关性，投资者可以通过对财务报表的分析对企业未来现金流量的数量、时间分布和概率做出估计，从而实现对企业市场价值的定位，并在此基础上，做出理性的决策，提高资源配置的效率。

1. 审计信息需求假设产生的背景

审计需求信息假说的出现与盛行，和财务会计决策有用观的出现与盛行有着类似的背景，即股份公司的兴起和发展，以及由此所导致的股票交易的盛行。信息假说认为，股票市场建立之后，对于许多投资者来说，投资收益就不仅仅包括过去单纯的股利，而且还包括股票市场的转让所得。这就使得这部分投资者不仅关注所投资企业的会计信息，而且也同时关注其他备选投资企业的会计信息，试图通过不断变换投资对象来获取股票价差。这样对于投资者来说，信息获取的目的在于价值发现，获取的途径就不再仅仅局限于现有的契约关系。可见，这一观点是从整个股票市场的高度来认识审计的。一般认为，审计代理理论在解释审计需求的时候存在一个基本前提，即信息的提供者与信息的使用者之间存在着明示的委托代理合同，比如现有的股东和经理人、债权人与债务人等。而信息假说则不需要这样的条件，它是假定股东及利害关系人广泛依赖于财务信息，将其作为决策的依据，但是同时他们又不具有判断财务报表是否真实、公允的能力，因此必须聘请具有专门会计专长的会计师来进行审查和判断，进而做出鉴定证明，并予以报告。

该理论将企业的财务信息使用者扩大到所有的或潜在的投资者、债权人及其他利益相关者，为审计行业管制提供了理论基础。该理论认为，审计的本质功效是提高财务信息的可信性和增进财务信息价值。

2. 审计信息需求假设的分支

（1）信号传递理论

企业上市融资面临着激烈的竞争，为了能在竞争中脱颖而出，高素质企业可以低成本地采取某种行动，向市场传递信号。低素质企业采用同样的行动会被认为不理智或不符合成本效益原则。审计被认为是一个可区分不同素质企业的信号显示机制。审计需求的信号传递观认为，信息的发布与信息的质量成本成反比，通过定期公布财务报表和对财务报表的审计，能向市场有效传递有关公司状态的信息，从而缓解市场中的逆向选择问题。

（2）信息系统观

审计需求的信息系统观是随着会计信息决策有用观的出现而盛行的。假定股东及利害关系人广泛地依赖财务信息，将其作为决策的依据。审计需求的信息系统观认为审计的本质功效在于增进财务会计信息的可信性及其决策有用性。

信息系统观的立论依据包括：①1978年的企业财务报告相关的概念公告（Statements of Financial Accounting Concepts，SFAC）认为财务会计的目标就是要帮助报表使用者对企业未来净现金流量的数量、时间分布及概率做出合理的估计；②Watts和Zimmerman（1983）认为企业未来现金流量与企业财务报表信息之间存在着高度的相关性。投资者可以通过财务报表分析对企业未来现金流量的数量、时间分布和概率做出估计，从而实现对企业市场价值定价，并在此基础上做出理性的投资决策，提高资源配置的效率；③Ohlson和Feltham（1995）的净盈余理论论证了应计制会计数据与企业价值之间内在的数量关系，建立了若干基本估价模型，揭示了估价模型、报表体系和会计模式之间的内在联系，表明了企业价值与会计信息之间的存在高度的相关性。

2.1.3　审计需求的保险理论

1. 审计需求的保险理论产生背景

审计需求的保险理论是以风险转嫁理论作为理论基础的，审计具有保险价值，它能够在审计失败时向投资者提供赔偿。审计师民事责任不断扩大，投资者可以在审计失败后从审计师那里获得巨额的损失赔偿，审计理论界自20世纪80年代开始流行审计需求的保险假说（insurance hypothesis）。审计需求保险理论的一种观点是被审计单位及其利害关系人以支付审计成本的形式获取对于由于经营者的舞弊行为或者错误的决策造成损失的补偿。另一种观点是利害关系人把审计成本看作是保险费用的一种，因经营者的舞弊行为或者错误的决策造成企业破产时，审计可以补偿通常情况下保险公司不予补偿的风险。

2. 审计保险机制

审计的保险价值的存在，必须同时满足两个条件：其一是信息使用者具有向审计师提起诉讼的权利；其二是审计师具有相应的赔偿能力。制度完善环境下的审计保险机制分为 3 个方面：①审计信息使用者为了避免或减轻财务信息虚假可能给自己带来的重大损失，委托审计组织对企业财务信息进行鉴证以避免决策中的失误；②在审计失败民事赔偿追责制度健全的情况下，一方面财务信息使用者因经营者提供的财务信息的虚假可能给其带来重大损失可以通过民事诉讼向经营者索赔，另一方面经营者为了减轻赔偿损失，还可以向审计组织转移其经济上和社会声誉上的重大损失；③审计组织接受委托将面临重大经济损失和社会信誉下降的双重压力，不得不通过改善审计人员素质、加强审计流程管理、提高审计信息质量等手段有效控制审计风险。

3. 审计保险机制的前提和信息特征

审计保险机制形成基于两个前提：其一是信息使用者关注经营者提供的财务和经营信息的质量，通过审计师的鉴证，以获取被审计单位财务和经营信息真实性、公允性的证明。其二是当信息使用者不能就其因虚假信息导致的损失向审计师提起民事赔偿请求时，信息使用者信任审计报告的基础是审计时所具备的专业胜任能力，以及审计师因不适当履行其职责时所面临的行政处罚和刑事处罚。

审计保险的信息具有可量化（审计信息以数据形式反映决策和决策执行责任履行情况的特征）、系统性（审计信息以系统化形式反映决策和决策执行责任履行情况的特征）、纯洁性（审计信息以系统简洁的形式反映委托人信息需求的特征）等三个特征。

2.2　现代审计动因理论

审计动因是指审计产生、存在、发展的原因以及动力。研究审计动因的目的是为了弄清为什么产生审计，为什么需要审计，为什么审计不断发展，以及为什么审计多样化等问题，可以更好地解答审计产生和发展的基本动力，完善审计理论结构，对审计理论的发展具有重要意义。审计动因的理论主要包括传统审计动因理论和现代审计动因理论，下面就这几种主要的理论进行论述。

2.2.1 多因素决定论

审计活动本身是在实践需要中产生和发展起来的，它一定受政治、经济等各方面、各领域的制约和影响，单纯用一种审计动因是无法解释审计产生和发展根本原因的，因此产生了多因素决定论。包含分权管理、信息不对称、交易复杂、时空间隔、利益冲突、交易的安全保证、专门技术和专业人士的主观趋利动机等八个因素。用多因素决定论来解释审计产生与发展的根本动因比传统意义下的任何一种理论更具有说服力。

2.2.2 产权动因论

完整的产权包括财产所有者对财产的终极所有权及派生的占有权、使用权、处置权和收益权。不同权利之间相互形成不同的关系，即产权关系、经营权与所有权的分离便形成不同的关系。作为理性经济人，每个产权主体都在谋求自身最大利益，这难免发生冲突。为了避免冲突，各个产权主体会签订契约来明确各自的产权利益。纵观世界审计的产生，诱发审计的条件是经济资源所有权和经营管理权的分离，所有者将自己的经济资源交与管理者进行经营管理，管理者承担经济资源保值和增值的责任，在所有者和管理者之间形成受托经济责任关系。所有者不直接参与管理者的经营管理活动，为了了解经营管理的现状和结果，特委托具有专业知识的第三者（审计者）对管理者进行审计，以便解除管理者的受托责任，因此由两权分离引发了社会经济生活对审计的需求。

2.3 基于风险管理的审计发展理论

内部审计是因为风险管理的需要而产生的。以美国为代表的近代内审，产生于银行家摩根创立的联合钢铁公司，该公司除了经营钢铁外，还拥有石油、煤炭及交通运输等业务，为了加强集中管理企业内部必须设置独立机构进行监督。

2004 年 9 月 COSO 委员会正式出台的《企业风险管理——整合框架》，提供了一个包含关键原则和概念、共同语言、明晰方向和指南的全面风险管理框架，帮助组织建立有效的程序，识别、计量、分析和应对风险。2005 年 10 月我国内部审计协会在大连组织了"企业风险管理"研讨会，各行各业的专家、学者以及各课题组重点就风险管理、内部审计在风险管理中的作用、风险管理审计发表了自己独到的见解。我国内部审计协会还制定了《内部审计具体准则第 16 号——风险管理审计》，为内部审计人员开展风险管理审计提供了依据。

2.3.1　审计方法演进和风险管理审计的产生

1. 内部审计发展的四个阶段

1941 年，维克多·布瑞克出版了第一部内部审计专著《内部审计——性质、职能和程序》，宣告了内部审计学科的诞生。同年，在约翰·舍斯顿倡导下，成立了内部审计师协会。因此，1941 年被看作现代内部审计发展的一座重要里程碑。随着社会经济结构的发展变化，内部审计目标也在不断变化。人们对内部控制、风险管理的认识也不断深入，内部审计模式也在不断创新，内部审计自产生至今已经历了控制基础审计、流程基础审计、风险基础审计和风险管理审计四种模式的变迁。

（1）控制基础审计

控制基础审计包括传统账项的基础审计，主要盛行于 20 世纪 80 年代之前。20 世纪 40 年代初，保护公司财产和察觉舞弊行为是内部审计的主要目标。内部审计师认识到一个可靠的内部控制系统对财务审计和可信赖的财务报告的重要性，因此借鉴注册会计职业常用的以内部控制系统为基础的审计方法，通过内部控制测试确定审计重点和风险，在外部审计开展年度审计之前查验财务报告的公允性和及早发现舞弊问题。

控制基础审计主要是指审计师在了解规定或准则要求的基础上实施审计，基于其验证结果以使财务报表得以合理确保不会出现重大误导。在审计方法上，主要以传统的实质性测试为主。

（2）流程基础审计

流程基础审计，通常也称为运营审计。在 20 世纪 80 年代以后，随着跨国公司的迅速崛起，企业竞争日益激烈，管理层更加关注对关键性流程的设计、效率和效果进行评价。内部审计对管理的辅助作用也日渐明显，对浪费和无效率行为的关注不亚于对舞弊行为的关注。但是从经营管理活动的末端——财务结果维度去评价经济活动的效益和效果，似乎难以胜任内部审计已扩展的业务，于是流程基础审计模式应运而生。

流程基础审计是指审计师识别关键业务流程并了解具体运作目标，评价关键性流程的设计、效率和效果，在评价过程中参照流程最佳实务进行杠杆分析，并在此基础上确定流程在实现这些目标方面当前运作的有效性。在测试方法上，采用咨询式的方式将流程与最佳实务进行差距分析，并辅助运用符合性测试方法评价流程运作。

（3）风险基础审计

风险基础审计起源于 20 世纪六七十年代，在 90 年代得到较大发展。主要是指审计师在了解企业业务及企业面临的主要经营风险的基础上，识别并评价风险控制措施，并评价现有措施如何将风险降至可接受水平，而对于非主要风险的控制措施则不予评估。在测试方法上，将实质性测试和符合性测试相结合。在本阶段，控制基础和流程基础模式下的测试方法仍被广泛使用，只是测试工作只注重于所识别的关键风险领域。

（4）风险管理审计

风险管理审计是内部审计以风险为考虑核心，采用系统化、规范化的方法，通过对企业全面风险管理活动进行监督和评价，提出改进意见，来改善企业风险管理、增进企业价值的一种审计。

20 世纪末至 21 世纪初，随着风险管理内部控制时代的来临，风险管理成为内部审计关注的重点。以毕马威为代表的国际会计师事务所联合学术界对审计基本方法进行研究，开发出风险管理审计，这是一种全新的审计模式，也有学者称为风险审计。它不仅关注传统的内部控制，而且更加关注有效的风险管理机制。风险管理成为组织中的关键流程，很多优秀企业的内部审计已经把"为支持企业风险管理提供独立的评价和建议服务"作为自己的职责，从风险管理的视角持续不断地审视公司治理和企业各个领域的管理工作，促进风险管理有效性的增强。

风险管理审计是风险基础审计的一种延伸，它基本吸收了风险基础审计的各种特点，并在此基础上把审计关注点扩大到企业的主要战略目标、管理层对风险的容忍度、主要风险评价指标以及企业绩效评价分析等涉及现代企业整体风险管理领域的多方位角度，而且风险管理审计已经开始关注为实现企业战略目标应如何进行风险优化，如企业对哪些固有风险可以实行避免、转移或接受并予以控制的风险管理战略。对企业而言，风险管理审计本身已经成为企业整体风险管理的重要组成要素。

2.3.2　风险管理审计的特征

风险管理审计是企业内部审计部门采用一种系统化、规范化的方法来对企业全面风险管理活动进行监督和评价的一种审计活动。它与风险基础审计以及内部控制审计之间有着千丝万缕的联系，但又存在着很大的不同。

1. 风险管理审计与风险基础审计的比较

风险管理审计下，风险管理政策遵循的合理性、执行措施的有效性得到监督和评价，将会促进企业的风险管理水平，而企业风险管理水平高低又能影响风险基础审计的风险评估难度，所以风险管理审计的有效开展将会对以风险作为导向的审计起着良好的推动作用。两者之间既有联系又有区别。

（1）两者的联系

审计依据都是企业的风险管理方针、策略和风险评价指标体系，业务内容基本上是对组织风险范围确定、风险识别、风险评价、风险管理措施和方法、风险处理等方面进行审核，审计总目标都是为战略决策提供信息，为实现战略目标服务，为企业增加价值。

（2）两者的区别

首先是含义不同。风险管理审计是审计主体把组织（审计客体）的风险管理作为审计对象，通过对组织的风险进行识别、风险程度进行评价等方面审计，评价风险管理政策是否合理性、措施是否适当性以及执行是否有效性；而风险基础审计是审计主体为了提高财务审计、绩效审计、控制审计的效率和质量，降低审计风险，测试组织的风险战略和风险管理，根据测试结果，决定其审计的范围、程序和时间。

其次是侧重点不同。风险管理审计促使内部审计师站在企业战略管理的高度，运用系统思维，通过对风险管理措施、方法、程序的审计，结合企业内部控制、财务、绩效的审核结果，对风险管理现状及效果进行专业判断，提出审计评价与建议，它侧重于对组织的风险管理状况的鉴证；而风险基础审计通过对组织风险的符合性测试确定实质性测试的程度，从而提高审计效率和质量，降低审计风险，它侧重于对组织会计信息质量的鉴证。

再次是服务对象不同。风险管理审计作为一种具体审计业务，主要服务于企业管理层（审计客体）；而风险基础审计更多地作为一种审计方法，直接服务于审计主体。

2. 风险管理审计与内部控制审计的比较

在现代企业风险管理进程中，内部控制审计是以影响企业经营目标实现的各种内部控制制度作为审计依据，确定审计项目，把企业为降低和防范风险而进行的内部控制活动作为测试重点，评价内部控制体系在减低和防范经营风险上的充分性和有效性，并提出恰当建议，完善和健全内部控制体系。风险管理审计与内部控制审计，两者之间既有联系又有区别。

（1）两者的联系

内部控制的设计和执行应该针对风险管理的要求，而风险管理在很大程度依赖于内部控制的设计和执行。不管内部控制结构设计得多么完善，如果得不到管理层的有效执行，其结果只能等于没有控制，会对组织带来巨大风险。因此，两种审计在有些方面是互相渗透的，目的都是为了增加企业价值。

（2）两者的区别

首先是出发点不同。风险管理审计侧重于审核风险管理政策与企业经营战略方针是否一致；内部控制审计侧重于企业经营的横向、纵向的制约与协调。其次是审计目标不同。风险管理审计主要审核企业风险管理政策设计的适当性、执行的有效性，以及风险损失处理的合理性；内部控制审计主要是审核内部控制制度设计的健全性、适当性和执行的有效性，以及对管理层内部控制有效性评估报告发表意见。再次是审计方法不同。风险管理审计主要运用预警分析、专业判断和综合评价等方法；内部控制审计主要运用测试、分析和专业判断等方法。

2.4　基于问责的审计权力配置理论

随着行政首长问责制、安全事故问责制、官员问责制的实施，问责制也引起了理论界的广泛关注。问责制的核心是要求政府和官员必须对其行为负责，公民与政府的关系是一种委托—代理关系。这种负责应当通过设定一系列的责任控制机制，如外部责任控制机制和内部责任控制机制。外部责任控制机制包括立法监督、司法监督和审计监督；内部责任控制机制包括审计、行政监察、伦理道德等。审计问责作为外部责任控制机制的重要部分，是指国家审计机关通过《宪法》及相关法律的规定，对被审计机关使用政府公共资金情况实施监督，针对审计中出现的问题，提出处理意见和做出审计决定的制度。目前，审计问责已成为制衡政府财政行为的最有效的手段。

2.4.1　国家审计产生的社会根源

国家审计产生于经济责任关系的确立，并随着社会政治经济的发展、责任关系的演变而发展变化。国家通过法律赋予的权力，无偿向社会公众征税，形成公共资源，然后通过依法行使管理行政事务的公权力对公共资源进行分配和管理，以发挥公共资源的最大效能，于是在政府与社会公众之间形成了公共委托与受托的责任关系。作为公共资源所有者的社会公众，有权对受托管理和经营公共资源的政府进行监督，获取政府管理和经营公共资源效果的信息。于是需要一个独立的机构公正地对各级政府是否忠实地履行了公共受托责任，或者说其在管理和使用公共资源的过程中，是否代表了社会公众的根本利益等方面的情况做出评价，导致国家审计的产生。因此，国家审计产生的根源在于社会公众与政府之间的委托受托责任关系，这种委托受托责任关系不仅包括经济责任关系，还包括建立在经济责任关系基础上的社会责任和政治责任。

2.4.2　审计问责制的理论来源

1. 社会契约理论

社会契约理论从自然权利出发，认为人类为保障自己的和平与安宁，自愿把自己全部的"自然权利"通过签订契约的方式，交给主权者即政府，由政府行使公共权力，保护公民的公共利益，维护和平的社会秩序，公民有服从公共权力管理的义务，有监督与制约公共权力的权利。从本源上看，审计问责制理论是从社会契约思想中推演出来的，政府的权力来源于人民的让予与托付，政府行使权力的目的是为了保障公民的基本权利，政府要对公民承担契约责任。国家审计机关在审计中发现被审计单位未履行或不恰当履行职责时，通过认定存在的错弊，提出处理意见或做出审计决定，是基于社会契约关系中对政府管理的一种委托关系，是由政府充当公民代理人的一种内部监督。审计机关通过对政府及其各机关进行审计，以专业化的监督来弥补个人监督的技术性、权威性不足等缺陷。审计机关是人民的代理人并对全体人民负责。

2. 法治政府理论

法治是人类社会的理想治理状态。法治精神主要表现为法律的目标要符合正义。法律的制定通过民主、公开的程序进行，法律具有极大的权威性，任何人在法律面前都一律平等。因此，政府权力必须受到法律的约束，滥用权力应受到追究。审计问责制是审计机关依据《宪法》及相关法律规定，对政府的公共权力行使予以控制，使其达到权力在法治的轨道内运行的目的。根据我国《审计法》第 49 条的规定，对被审计单位违反国家规定的财务收支行为，审计机关在法定职权范围内，可以给予通报批评、警告、没收非法所得、罚款等处理；对直接负责的主管人员和其他直接责任人员可向有关主管机关、单位提出处分建议；构成犯罪的，依法追究刑事责任。这表明，审计结果和意见可以有效规范被审计机关及其相关责任人，使其更好地履行受托责任，消除因制度不健全而产生的弊端，使政府的权力运行更符合法治精神。

3. 民主基本理论

民主理论强调政府权力来自人民的委托，受委托条件的限制，政府的行动必须依照社会意志进行，公权力的行使不得侵害人民的生命、自由和财产。民主理论要求政府承担政治的、行政的、法律的、道德的责任，通过法律和制度的规定，使公民能在市民社会中释放个人的能量，在政府与公民之间达成一种平衡。审计问责作为民主社会的一种制度性安排，从公共资金管理的角度对相关当事人进行问责。这种对公共资金的管理是基于一种专业性的管理，比人民自己管理更理想、更有绩效。"无可置疑，人民插手公共事务，往往会把事情搞得很糟。……被委托参与社会管理的人，都对自己的地位有一定的认识。这样，由于他手中有权，便可使非常有知识的人为他服务。"建立完善的国家审计问责制度，目的在于通过审计问责来落实政府责任。

在我国，《宪法》确定了审计在国家行政体制中的地位。因此，审计问责必然是行政问责体系的重要组成部分。从现行实践上看两者之间的关系表现为：一方面审计问责是行政问责的前提。问责需要有前提，这就是要明确责任，即责任的确定。而长期以来审计机关以财政财务收支的真实性、合规性、合法性为基础，以"查错纠弊"为重点的审计目标，恰恰反映了审计在当前行政问责体制中的"侦察兵""守门人"角色。另一方面行政问责是审计问责的归宿。审计查出的问题，较多的是通过审计移送的方法，由相关职能部门追究相关责任，即审计结果的运用。行政责任的追究是行政责任价值实现的运行保障和践行归宿，在现实当中这种归宿往往与审计问责所确认的前提有一定的距离。

2.4.3　审计权力配置的理论基础

党的十六大报告《全面建设小康社会，开创中国特色社会主义事业新局面》中指出："加强对权力的制衡和监督……发挥司法机关和行政监察、审计等职能部门的作用。"第一次明确地提出了我国审计在对权力的制约和监督方面的要求，赋予了审计新的职责。2004年年初，国务院领导在审计署视察时，再次重申了审计监督的重要性，提出"审计是权力制约机制和监督工作的重要组成部分，是国民经济的卫士，是领导和民众的眼睛。"可以看出，在新的政治经济环境下，党中央和国务院对审计提出了新的要求，体现了中央对审计用于权力控制的迫切需要。

1. 关于权力的概念

权力是指人类社会中组织或者个人凭借某些特定的优势对于他人或者其他组织所具有的一种特殊的控制力。在理解权力时需要注意以下几个问题：

第一，权力是个人或者组织凭借某种优势所拥有的、对于他人或者其他组织的控制力，要实现对权力的控制，应该"以权制权"。权力控制的方式可以采用以权力制约权力、以道德制约权力等，其中以权力制约权力应该是权力控制的核心手段。孟德斯鸠认为："一切有权力的人都容易滥用权力，这是万古不易的一条经验。有权力的人们使用权力一直到遇有界限的地方才休止。"因此，"从事物的性质来说，要防止滥用权力，就必须以权力约束权力。我们可以有一种政制，不强迫任何人去做法律所不强制他做的事，也不禁止任何人去做法律所许可的事。"

第二，权力按其内容不同又可分为政治权力和经济权力。政治权力是指"国家权力以及党派的权力和团体的权力。"政治权力是国家权力的首要表现形式，它是政权的具体体现，包括立法权、行政权、司法权等，并通过军队、警察、法庭、监狱等机关的威慑力和强制力保证实现。经济权力是指对物质财富的占有权、支配权、收益权和管理权等。根据经济权力的授权主体范围的不同，经济权力包括公共经济权力和私有经济权力两大内容。公共经济权力是指人类社会中某一种社会组织凭借某些特定的优势对于其他组织所具有的一种特殊的经济控制力，这种经济控制力是基于该社会组织成员的同意或认可，并为管理其中的公共经济事务、维护社会经济秩序而实施的。

公共经济权力应该包括以下三个要素：公共经济权力主体——全体社会成员，而非某个人或小团体；公共经济权力客体——社会公共经济事务；公共经济权力运行目标——服务于社会公共经济利益。在现实中，公共经济权力的运用主要体现在政府部门对社会经济的管理，如国有资产管理部门对国有大中型企业经济行为的控制与管理、税务部门对企业纳税行为的控制与管理、财政部门对公共资金的使用与支配等。同公共经济权力相比，私有经济权力的授权主体仅限于个人或小团体，权力客体限于私人事务，权力运行目标是服务于个人或小团体的个人利益。私有经济权力在现实中的运用主要表现在个人对经济资源的占有权、支配权、收益权和管理权等，如股东对企业收益的分配权、股东对企业管理层决策的监督权。

第三,权力的运用在现实中表现为职权。各种权力,作为一种有序化的物质力量,总是与一定的组织机构相联系的,离开了一定的组织机构,其存在就失去了凭借,其运行就失去了载体。由于社会生活领域的不断扩展,社会分工的程度日益细密,社会交往的范围逐渐扩大,人们之间的权力关系也逐渐复杂起来。为了使各种权力关系得以明确,并获得相对的稳定性,机构和职位的设置就成为必不可少。人们处于一定机构的某个职位上,就意味着掌握有一定的权力,这就可以使人们之间的权力关系明确起来,并获得相对的稳定性。这种由组织机构赋予的,与特定的职位相联系的权力,就是我们通常所说的职权,如行政审批权、执法权、经济决策权、金融资金运作权、证券经营权、基建招投标权、政府采购权、经济政策选择权等。因此,从本质上来讲,权力的运用在现实生活中表现为具体的职权,对权力的控制其实就是对职权的控制。

2. 权力制约理论

(1) 权力制约理论的主要内容

权力制约理论起源于西方,其思想渊源有人性恶论、社会契约论和人民主权论。西方权力制约理论的主要模式有三种:一是权力模式——以权力制约权力,二是法律模式——以法律约束权为,三是权利模式——以权利制约权力,权力模式中最经典的是孟德斯鸠的权力制约权力思想。"以权力制约权力"就是将国家权力进行合理分解,让原本统一的国家权力分别由不同的分支机构来行使,并在不同分支之间,建立起相互牵制的机制,使任何分支机构都不能随心所欲地行使权力,以达到权力相互制约的政治目标;法律模式是指通过制定健全的法律法规,对权力的运行进行事前的预警防范和事后的追究惩处,以达到制约权力的功效,这种模式强调的是法律与权力之间的关联性。权利模式关注的是公民权利与国家权力之间的关系,通过对公民权利的行使和保障,来实现对国家权力的制约。权利模式使权力处于社会公众的监督之下,促使国家权力更多的为实现公民权利、满足社会需要服务。

(2) 权力制约理论在审计中的应用

目前对于审计在权力监督与制约中的理论研究主要集中在政府审计上。政府审计是国家进行权力制约和监督的重要手段,它在权力制约和监督机制中占据着极其关键的地位。政府审计产生的根本原因是国家活动中的受托经济责任关系的形成。一方面,经济基础决定上层建筑,政府审计是巩固上层建筑的一种手段,是建立和解除各种经济责任关系的基础;另一方面,国家的强制力又为实施相应的经济监督提供保证。由此可见,权力制约和审计监督是紧密联系不可分割的。政府审计是权力制约一种方式，是上层建筑的重要组成部分。政府审计作为一项制度安排，体现着统治阶级的意志，并在国家的保障下得以实施。政府审计能够揭露、制止并纠正在国家经济管理中违反国家法律、法规的问题，打击经济犯罪，保护国家政令统一和财政经济秩序，提高国家资金使用效果。同样，政府审计也能强化国家权力机关对政府有关财政活动的监督。

复习思考题

1. 如何理解审计需求代理理论？
2. 如何理解审计需求信息假说？
3. 如何理解审计需求保险理论？
4. 现代审计动因理论包括哪些？
5. 审计方法的演进包括哪些阶段？
6. 审计问责制的理论来源有哪些？

参考文献

［1］中国注册会计师协会编.审计［M］.北京：经济科学出版社，2017.

［2］陈汉文编著.审计理论［M］.北京：机械工业出版社，2009.

［3］袁小勇.论审计的本质［J］.中国注册会计师，2010（5）.

［4］袁小勇，陈群主编.审计学［M］.北京：首都经济贸易大学出版社，2007.

［5］财政部会计司编写组.企业会计准则讲解［M］.北京：人民出版社，2008.

［6］耿建新，宋常主编.审计学［M］.第3版.中国人民大学出版社，2007.

第3章 审计环境理论

学习目标

1. 掌握被审计单位的外部环境、被审计单位的内部控制;
2. 掌握政府审计所面临的新环境、内部审计的新环境以及会计师事务所和注册会计师所面临的新环境;
3. 掌握信息技术发展对审计的影响;
4. 了解审计环境对审计国际化的影响,为以后各章的学习奠定基础。

重点与难点

1. 政府审计所面临的新环境、内部审计所面临的新环境以及注册会计师和会计师事务所所面临的新环境;
2. 信息技术发展对审计的影响。

引导案例

"四大"会计师事务所的诉讼纠纷

2009年6月27日,毕马威华振会计师事务所及其广州分所(简称毕马威)公开登报,向江苏宿迁娃哈哈饮料有限公司等"娃哈哈"旗下的3家公司正式道歉。而在此前不久,江苏省高级人民法院做出终审判决,认定毕马威侵犯了中国公司主权,对娃哈哈公司造成了侵权,判令其立即停止侵权并赔礼道歉,赔偿损失人民币共计30万元。

"毕马威案件"源于2007年11月达能集团在英属维尔京群岛和萨摩亚起诉"娃哈哈"非合资公司的外方股东事件。两地法院在被告不在场、未做抗辩的情况下签发了临时冻结和接管令,裁定由达能指定的毕马威为被告资产接管人。此后,毕马威未经中国法院许可,便在中国境内从事接管活动,被宿迁市中级人民法院、江苏省高级人民法院均判定侵犯中国司法主权，对"娃哈哈"公司构成侵权。而早在 2001 年，毕马威就因中石化河南分公司、广西玉柴机器股份有限公司的会计报表数据失实等受到财政部通报批评；又在 2003 年 2 月，毕马威又因锦州港虚假陈述案被投资者告上法庭，这是四大会计师事务所在国内首次被推上被告席，此后针对四大会计师事务所的诉讼纠纷不断涌现。在 2007 年，在新华控制工程有限公司（简称新华工程）案件中，毕马威则被判定做出了不实的审计报告，导致新华工程的前股东新华集团利益受到损。该案背后又牵扯出新华工程现任股东新加坡通用电气太平洋私人有限公司（简称 GE）。GE 在与新华集团的交易中给出一份净资产调整报告，要求调整购买价。如按 GE 的购买价进行转让，新华集团将蒙受损失。这时候，毕马威的审计报告恰恰正好支持了 GE 的净资产调整报告，这样，新华集团遭受了利益损失。而众所周知，毕马威恰恰是 GE 在全球的合作伙伴。

从上述诉讼案件我们可以看出，遭受损失的股民在对造假公司本身进行控诉的同时，还把对造假公司进行审计的毕马威公司告上法庭。目前，企业规模不断扩大，业务全球化和企业的经营错综复杂，投资人遭受意外损失的可能性也随之增加，这些变化一方面扩大了注册会计师的业务范围，另一方面也使审计业务的复杂程度不断提高，导致审计风险也不断增加，从而加大了注册会计师的法律风险。相关资料显示，近年来注册会计师及会计师事务所涉及法律诉讼的数量和金额都呈上升趋势，在这种审计环境发生变化的情况下，注册会计师和会计师事务应如何应对这种环境变化？

审计环境是贯穿审计工作始终的一条线，从审计计划阶段直至出具审计报告，无不是在一定的环境中进行的。审计环境是指对审计的产生、存在和发展具有影响作用的内外部因素及主客观条件的总和，一般包括：审计的地位及其独立性和威慑力在社会上的影响，审计机构的隶属关系和权限，审计监督的广度、深度和力度，时间和空间，审计监督对象的数量和素质，被审单位的历史与现状，及其在生产技术、经营管理各方面的基本情况等。

3.1　审计环境分类

按照不同的标准，审计环境有不同的分类。比如：从是否可控角度看，审计环境分为可控环境和不可控环境；从环境形态角度看，审计环境分为硬环境与软环境；从审计主体角度看，审计环境分为审计客体环境和审计主体环境；从审计关系角度看，审计环境分为外部环境和内部环境。对审计环境按照审计主体所面临的外部环境和内部环境进行分类是审计环境的基本分类。

1. 审计的外部环境

（1）政治环境。政治环境体现一国领导集团的方针、政策、措施等。政治需要国家审计，但在如何发挥审计职能方面，各国采取的方式却不完全相同，由此出现了各国不同的审计管理模式。不同的审计模式又直接而具体地制约了国家审计的审计行为和审计效果。

（2）法律环境。法律环境是指一国法律的完善程度、执法力度和社会的法律意识。国家审计必须依据法律开展工作、履行职责并强制被审计单位接受、配合审计，因此需要良好的法律环境和完善的法律体系支持，以发挥其在国家治理中的重要作用。

（3）经济环境。经济环境是指一国一定时期的生产力发展水平。回顾审计史，我们可以看到审计是经济发展到一定阶段的必然产物，其发展也受到经济发展的制约。

（4）社会环境。包括科学技术水平、社会传统文化、公民道德素质、信仰及民众对审计职业的认识、对审计结果公允性、可靠性的看法等。目前我国社会环境制约国家审计主要体现在两个方面：一方面表现在审计科学技术水平上，另一方面表现在诚信、人情、人治对于审计实践的制约。

（5）组织环境。主要包括审计管理、审计资源、审计信息和审计后勤保障等方面。

（6）信息技术环境。主要包括审计单位和被审计单位的计算机应用能力和计算机信息水平，以及大数据环境对审计程序的影响。

2. 审计的内部环境

（1）客体环境。审计客体是指接受审计人审计的经济责任承担者和履行者，即被审计单位。相对于审计主体来说，审计客体掌握着丰富的信息，审计主体相对于审计客体是信息不对称的。由于审计客体的利己性客观存在，当审计主体对审计客体实施审计行为时，审计客体对审计主体的工作过程和审计意见会产生很大影响。

（2）主体环境。审计主体是指在审计活动中主动实施审计行为，行使审计监督权的审计机构及其审计人员。审计主体贯穿着审计信息产生过程的始终，对审计信息质量起着决定作用，是制约审计信息质量的第一因素。审计主体包括国家审计机关、内部审计机构、社会审计组织，三者在社会中的位置和地位不同，审计环境也存在着很大差异。

3.2 审计客体环境

3.2.1 被审计单位的外部环境

被审计单位的外部环境包括被审计单位相关行业状况、法律环境与监管环境以及其他外部环境。

1. 行业状况

审计人员应当了解被审计单位所处的行业状况，主要包括：①所处行业的市场与竞争，包括市场需求、生产能力和价格竞争；②生产经营的季节性和周期性；③与被审计单位产品相关的生产技术；④能源供应与成本；⑤行业的关键指标与统计数据。

具体而言，审计人员可能需要了解以下情况：①被审计单位所处行业的总体发展趋势如何，如发展趋势是良好、很好，还是较差；②被审计单位处于该行业的哪一发展阶段，如起步、快速成长成熟或衰退阶段；③被审计单位在该行业中产品的市场需求、市场容量和价格竞争等情况如何；④被审计单位是否受行业经济周期波动的影响，以及采取了什么行动使波动产生的影响最小化；⑤被审计单位以及所在行业受技术发展影响的程度如何；⑥被审计单位以及行业内能源消耗在成本中所占比重，能源价格的变化对成本的影响；⑦被审计单位是否开发了新的产品，该新产品在行业内的领先优势如何；⑧谁是被审计单位最重要的竞争者，它们各自所占的市场份额是多少；⑨被审计单位与其竞争者相比主要的竞争优势是什么；⑩被审计单位业务的增长率和财务业绩与行业的平均水平及主要竞争者相比如何，存在重大差异的原因是什么；⑪竞争者是否采取了某些行动，如并购活动、降低销售价格、开发新技术等，从而对被审计单位的经营活动产生影响。

2. 法律环境与监管环境

了解法律环境与监管环境的主要原因是：①某些法律法规或监管要求会严

重影响被审计单位经营活动，如不遵守将导致停业等严重后果；②某些法律法规或监管要求（如环保法规等）规定了被审计单位的责任和义务；③某些法律法规或监管要求决定了被审计单位的行业惯例和核算要求。

审计人员应当了解被审计单位所处的法律环境与监管环境，主要包括：①会计原则和行业特定惯例；②受管制行业的法规框架；③影响被审计单位经营活动的重大法律法规，包括直接的监管活动；④税收政策（企业所得税和其他税种的政策）；⑤影响被审计单位经营活动的政府政策，如货币政策（包括外汇管制）、财政政策、财政刺激措施（如政府援助项目）、关税或贸易限制政策等；⑥影响被审计单位所处行业和对被审计单位经营活动的环保要求。

具体而言，审计人员可能需要了解以下几种情况：①国家对特殊行业的企业是否有特殊的监管要求（如对银行、保险等行业的特殊监管要求）；②（是否存在新出台的法律法规（如新出台的有关产品责任、劳动安全或环境保护的法律法规等），对被审计单位有何影响；③国家货币、财政、税收和贸易等方面政策的变化是否会对被审计单位的经营活动产生影响；④与被审计单位相关的税务法律法规是否已经变化。

3. 其他外部因素

审计人员应当了解影响被审计单位经营的其他外部因素，主要包括：①宏观经济的景气度；②利率和资金供求状况；③通货膨胀水平及币值变动；④国际经济环境和汇率变动。

具体来说，审计人员可能需要了解以下情况：①目前的宏观经济状况以及未来的发展趋势如何；②目前国内或本地区的经济状况（如增长率、通货膨胀率、失业率、得率等）如何影响被审计单位的经营活动；③汇率波动或全球市场力量对被审计单位的经营活动有何影响。

审计人员对行业状况、法律环境与监管环境以及其他外部因素了解的范围和程度，会因被审计单位所处行业、规模以及其他因素（如在市场中的地位）的不同而不同。审计人员应当考虑将了解的重点放在对被审计单位的经营活动可能产生重要影响的关键外部因素以及与前期相比发生的重大变化上。

审计人员应当考虑被审计单位所在行业的业务性质或监管程度是否可能导致特定的重大错报风险，考虑项目组是否配备了具有相关知识和经验的成员。

3.2.2　被审计单位内部环境

1. 内部控制的含义、要素及目标

（1）内部控制的含义

内部控制是被审计单位为了合理保证财务报告的可靠性、生产经营的效率和效果以及对法律法规的遵守，由治理层、管理层和其他人员设计与执行的政策及程序。

（2）内部控制的要素

内部控制包括下列要素：①控制环境；②风险评估；③信息系统与沟通；④控制活动；⑤对控制的监督。内部控制包括上述的五项要素，控制包括上述的一项或多项要素，或要素表现出的各个方面。

（3）内部控制的目标

内部控制的目标是合理保证：①财务报告的可靠性，这一目标与管理层履行财务报告编制责任密切相关；②经营的效率和效果，即经济有效地使用企业资源，以最优方式实现企业的目标；③在所有经营活动中遵守法律法规的要求，即在法律法规的框架下从事经营活动。

2. 内部控制的历史演变

（1）内部牵制时期（20 世纪 40 年代以前）

所谓内部牵制是指一个人不能完全支配账户，另一个人也不能独立的加以控制的制度。也就是一名员工与另一名员工必须是相互控制、相互稽核的。在这一阶段，内部牵制主要以账目间的相互核对为主要内容并实施岗位分离，即通过授权审批、职责分工、复式记录、核对记录等手段，坚持钱、物、账分管，来防止舞弊的发生，从而保证会计记录的正确和财产的安全。它是现代内部控制理论中组织控制、职务分离控制的初始形态，在生产规模较小和管理理论比较原始的条件下，总结以往经验并结合实践的基础上逐渐形成的。

内部牵制阶段是内部控制的最初形态。大概指 20 世纪 40 年代以前的内控活动。在这一阶段，企业组织的形式从无到有，数量较少，规模较小，主要是个人业主制企业或合伙制企业，企业内部管理的重点在于保护业主资产的安全。所以内部牵制也是以业务授权、权责分工、定期核对等为内容，加强内部分工控制，保护组织或个人的财产安全。内部牵制思想是从一个环节或一个部门出发进行控制管理的，它缺乏全局观念，不强调业务流程和系统控制，即只

强调点，不注重点与点之间的关系。

（2）内部控制时期（20世纪40年代末到70年代）

随着经济的发展，市场竞争日益加剧，企业要在竞争中赢得主动，就必须加强管理，采取更加完善、更为有效的控制方法。因此，以账户核对和职务分工为主要内容的内部牵制，逐步演变为有组织结构、岗位职责、人员条件、业务处理程序、检查标准和内部审计等要素构成的较为严密的内部控制系统。

在1949年，美国会计师协会的审计委员会（CAPAIA）对内部控制第一次做了权威性定义："内部控制是所制定的旨在保护资产、保证会计资料可靠性和完整性、提高经营效率、推动管理部门所制定的各项政策得以贯彻执行的组织计划和相互配套的各种方法及措施。"可见，内部控制已经突破了与财会部门直接有关的控制的局限。

这一时期，内部控制开始有了内部会计控制和内部管理控制的划分，如CAPAIA委员会在1958年的第29号审计程序公报《独立审计人员评价内部控制的范围》将内部控制分为内部会计控制和内部管理控制，前者涉及与财产安全和会计记录的准确性、可靠性有直接联系的方法和程序，后者主要是与贯彻管路方针和提高经营效率有关的方法和程序。这样，内部控制的范围更大了，方法更趋于科学与完善。

（3）内部控制结构时期（20世纪70年代至90年代）

在这一时期，企业开始需要以经营业务为导向，针对主要经营业务进行风险控制评价。所以，管理环境被纳入内部控制的视线，并引起内部控制各要素的重新划分与结构整合。

1988年，美国审计人员协会发布的《审计准则公告第55号》，以"财务报表审计对内部控制结构的考虑"为题，首次采用"内部控制结构"一词，并将其界定为：为合理保证企业特定目标的实现而建立的各种政策和程序。并且明确了内部控制的内容包括三个部分：控制环境、会计系统、控制程序。这开启了内部控制的结构时期。

在"内部控制结构"中，不再划分内部会计控制与内部管理控制，而统一以要素表述内部控制，且正式将控制环境纳入内部控制范畴，它是充分有效的内部控制体系得以建立和运行的基础及保证。

（4）内部控制整体框架（20世纪90年代至今）

在20世纪80年代，美国发生了一系列财务报告舞弊和企业"突发"破产事件，引起人们对内部控制的重新思考。此时，很多人认识到可以把加强上市公司内部控制作为从根源上解决虚假财务信息的手段之一。COSO委员会先后发布、完善了《内部控制——整体框架》指出：内部控制是一个过程，受企业董事会、管理当局和其他员工影响，旨在保证财务报告可靠性、经营效果和效率，以及对现行法规的遵循，它认为内部控制整体框架主要由控制环境、风险评估、控制活动、信息与沟通、监督五项要素构成。

这样，内部控制，就从最初的内部会计控制，到提出内部管理控制，再到将两者结合讨论，发展出整合框架，最后演变为企业的风险管理。从内部控制的发展可以看出，内部控制的建立，是企业不断成长壮大的结果，是现代化管理不断发展变化的客观要求，审计技术的进步和管理理论的创新都是推动内部控制不断发展的动力。

3. 内部控制的重要性及局限性

（1）内部控制的重要性

在当前竞争日益激烈的市场环境中，企业面临的各种风险呈现出复杂性和多样性的特点。内部控制在控制和防范企业的经营风险与财务风险过程中起着重要的作用，是保证企业正常经营活动以及实现可持续发展的重要力量，内部控制的建立健全成为企业生产经营成败的关键。

随着经济的不断增长，企业面临的风险日益增大，证券市场中的会计信息失真现象屡屡发生，会计信息失真事件、企业经营失败案例层出不穷，这些都反映出了部分企业的内部控制薄弱，因此建立健全企业的内部控制制度成为迫在眉睫的事情。内部控制这种动态的系统工程，有助于在合理程度上提高企业运营的效果和效率、保护企业资产，确保财务报告的可靠性以及企业对法律法规的遵守。

（2）内部控制的局限性

内部控制无论如何有效，都只能为被审计单位实现财务报告目标提供合理保证。内部控制实现目标的可能性受其固有限制的影响。这些限制包括：①在决策时可能出现人为判断的错误和由于人为失误而导致内部控制失效。例如，被审计单位信息技术工作人员没有完全理解系统如何处理销售交易的情况下错误地对系统进行更改；或者系统更改正确但是程序代码错误。②控制可能由于两个或更多的人员串通或管理层不恰当地凌驾于内部控制之上而被规避。例如，管理层可能与客户签订"背后协议"，把标准的销售合同条款和条件进行不适当的修改，从而导致不适当的收入确认。

此外，如果被审计单位内部行使控制职能的人员素质不适应岗位要求，也会影响内部控制功能的正常发挥。另外实施内部控制的成本效益问题也会影响其效能，当实施某项控制成本大于控制效果时，就没有必要设置该控制环节或控制措施。内部控制一般都是针对经常而重复发生的业务而设置的，如果出现不经常发生或未预计到的业务，原有控制就可能不适用。

3.3 审计主体环境

3.3.1 政府审计所面临的环境

随着我国经济的发展，政府审计所面临的环境也发生了新的变化，主要表现为以下几个方面：

1. 成立中央审计委员会

2018年3月印发的《深化党和国家机构改革方案》就组建中央审计委员会做出介绍。方案称，这一机构的设置，是为了加强党中央对审计工作的领导，构建集中统一、全面覆盖、权威高效的审计监督体系，更好发挥审计监督作用。按照方案规划，中央审计委员会的主要职责是：研究提出并组织实施在审计领域坚持党的领导、加强党的建设方针政策，审议审计监督重大政策和改革方案，审议年度中央预算执行和其他财政支出情况审计报告，审议决策审计监督其他重大事项等。中央审计委员会作为党中央决策议事协调机构，办公室设在审计署。

中央审计委员会第一次会议于2018年5月23日下午召开。中共中央总书记、国家主席、中央军委主席、中央审计委员会主任习近平主持召开中央审计委员会第一次会议并发表重要讲话。他强调，改革审计管理体制，组建中央审计委员会，是加强党对审计工作领导的重大举措。要落实党中央对审计工作的部署要求，加强全国审计工作统筹，优化审计资源配置，做到应审尽审、凡审必严、严肃问责，努力构建集中统一、全面覆盖、权威高效的审计监督体系，更好发挥审计在党和国家监督体系中的重要作用。

2. 提出审计全覆盖的实施意见

2014年10月27日，中国政府网发布了《国务院关于加强审计工作的意见》国发〔2014〕48号，该意见指出"依法履行审计职责，加大审计力度，创新审计方式，提高审计效率，对稳增长、促改革、调结构、惠民生、防风险等政策措施落实情况，以及公共资金、国有资产、国有资源、领导干部经济责任履行情况进行审计，实现审计监督全覆盖，促进国家治理现代化和国民经济健康发展"。这也是我国政府文件首次提出审计全覆盖。

为全面履行审计监督职责，对公共资金、国有资产、国有资源和领导干部履行经济责任情况实行审计全覆盖，2015 年 11 月 27 日，中共中央办公厅、国务院办公厅印发了《关于完善审计制度若干重大问题的框架意见》及《关于实行审计全覆盖的实施意见》等相关配套文件，并发出通知，要求各地区各部门结合实际认真贯彻执行。该实施意见的内容主要包括实行审计全覆盖的目标要求、对公共资金实行审计全覆盖、对国有资产实行审计全覆盖、对国有资源实行审计全覆盖、对领导干部履行经济责任情况实行审计全覆盖、加强审计资源统筹整合、创新审计技术方法等七部分内容。

3. 地方审计机关人财物管理改革

根据《关于完善审计制度若干重大问题的框架意见》，在部分省市开展省以下地方审计机关人财物管理改革试点，改革内容包括：

（1）改进领导干部管理制度。任免省级审计机关正职和副职，须事先征得审计署党组同意；任免市地级审计机关领导班子成员和县级审计机关正职和副职，须事先征得省级审计机关党组同意，再按有关规定程序办理。

（2）完善机构编制和人员管理制度。省级机构编制管理部门统一管理本地区审计机关的机构编制，地方审计人员由省级统一招录。

（3）改进经费和资产管理制度。省以下地方审计机关经费预算和资产由省级有关部门统一管理，地方审计机关的各项经费标准由各地在现有法律法规框架内结合实际确定，确保不低于现有水平。

3.3.2　内部审计所面临的环境

1. 在企业注重风险管理的新环境下，内部审计的发展

（1）内部审计顺应加强风险管理的环境要求

近年来，随着经济全球化及国际化程度的加深，公司经营环境日趋复杂，经营风险也大大增加。公司对外经营运作过程中，面临各种经营风险。而在内部的运营过程中，公司也面临运作效率低下的风险。因此，减少公司面临的风险是公司实现目标的关键，也是公司管理人员十分关心的问题。在这种环境下，内部审计部门和内部审计人员参与企业的风险管理以帮助企业减少风险实现目标。

（2）内部审计机构从财务审计向风险管理转变

公司董事会对风险管理的空前重视，为内部审计发展提供了一个良好的机会，内部审计机构对风险管理的介入，使内部审计在公司中成为一个重要的角色，并将其作用推上一个新台阶。正因为如此，国际内部审计师协会才不遗余力地倡导内部审计师进入这一邻域。国际内部审计师协会推进内部审计由财务审计为主逐步向以风险管理审计为主转变，既是内部审计发展的结果，更是受托责任关系发展变化的体现。

（3）内部审计在风险管理中的独特作用

内部审计作为内部控制的重要组成部分，其在风险管理中发挥着不可替代的独特作用：一是内部审计人员不从事公司具体的业务活动，独立于业务管理部门，这使得他们可以从全局出发，从客观的角度对风险进行识别，及时建议管理部门采取措施控制风险。二是内部审计人员通过对长期风险策略与各种决策的调查、审计，可以调控、指导公司的风险管理策略。三是内部审计部门独立于公司的经理层，其风险评估的意见可以直接上报给董事会，其建议更能引起董事会和经理层的重视。

（4）内部审计受外部审计开展风险评估的影响

近年来，注册会计师的业务领域不断扩展，在其所扩展的新业务中就包括了风险评估，且是主要业务之一，这不能不对内部审计界产生影响。因为内部审计部门和内部审计人员在风险管理方面拥有注册会计师无可比拟的优势，比如，内部审计部门和内部审计人员对公司面临的风险更了解；内部审计部门和内部审计人员对防范公司风险、实现公司目标有着更强烈的责任感。既然外部审计可以从事此项业务，内部审计就更可以从事这一工作了。

2. 深入介入内部控制评价的新环境下，内部审计的发展

从20世纪80年代开始，内部控制是企业管理的重要内容，检查和评价内部控制的有效性是内部审计的重要工作，是决定采用抽样审计还是详细审计的决定因素。

21世纪初，美国安然、世通、时代华纳等公司出现财务丑闻，这使美国公司面临公众的信任危机。而造成这种状况的重要原因之一，是公司的内部控制流于形式和无效。在这种情况下，加强公司内部审计对内部控制有效性的评价的呼声不断提高。

（1）深入介入内部控制评价的原因。《萨班斯——奥克斯利法案》第404条款——董事会对内部控制的评价规定：公司董事会负有建立和维护内部控制

系统及相应控制程序充分有效的责任；上市公司董事会应在最近财务年度末对内部控制系统及控制程序有效性作出评价。内部审计深入介入内部控制这一领域是与该法案的明确要求密切相关的。这是因为人们已经认识到内部控制在组织目标实现过程中所起的关键作用，因此，公司内部控制的运行状况已不再是公司内部关心的对象，而越来越受到外部相关人士的关注。

（2）内部控制自我评价。内部控制自我评价是《萨班斯——奥克斯利法案》第 404 条款的要求，是公司监督和评价内部控制的主要工具。《萨班斯——奥克斯利法案》将运行和维持内部控制的主要责任赋予董事会，同时，使内部审计师与员工和管理人员合作评估控制程序的有效性，共同承担对内部控制有效性的责任。内部控制自我评估，使内部审计人员不再仅仅是"独立的问题发现者，而成为推动公司改革的使者"，使以前消极的以"发现和评价"为主要内容的内部审计活动向积极"防范和解决方案"的内部审计活动转变，从事后发现内部控制薄弱环节转向事前防范；从单纯强调内部控制转向积极关注利用各种方法来改善公司的经营业绩。另外，通过内部控制自我评估，可以发挥经理层的积极性，使他们学到风险管理、控制的知识，熟悉本部门的控制过程，使风险更易于发现和监控，纠正措施更易于落实，业务目标的实现更有保证，内部审计人员广泛接触各部门人员，与各部门建立经营伙伴关系，有利于共同采取措施防止内部控制薄弱环节的产生。

（3）出具内部控制评价报告。内部控制评价是指公司董事会或类似权力机构对内部控制的有效性进行全面评价、形成评价结论、出具评价报告的过程。公司内部控制评价有助于促进公司全面评价内部控制的设计与运行情况，及时发现公司内部控制缺陷，提出和实施改进方案，确保内部控制有效运行，揭示和防范经营风险。负责实施内部控制评价的是内部审计部门，包括确定评价内容和标准、评价程序和方法、评价报告的出具和披露等。公司内部审计部门应当结合内部监督情况，定期对内部控制的有效性进行自我评价，出具内部控制评价报告。内部控制评价的方式、范围、程序和频率，由公司根据国家有关规定、经营业务调整、经营环境变化、业务发展状况、实际风险水平等自行确定。

3.3.3　会计师事务所及注册会计师面临的环境

1. 注册会计师审计风险不断增加

从目前情况来看，注册会计师涉及法律诉讼的数量和金额都呈上升趋势，由于审计环境发生了很大变化，企业规模不断扩大，业务全球化和企业的经营错综复杂，投资人遭受意外损失的可能性也随之增加，这些变化一方面扩大了注册会计师的业务范围，另一方面也使审计业务的复杂程度不断提高，导致审计风险也不断增加，从而加大了注册会计师的法律风险。同时，随着政府监管部门保护投资人的意识日益增加，社会公众对注册会计师的期望也越来越高，从而增强了依赖注册会计师工作的投资人或债权人由于遭受损失而向注册会计师获得补偿的欲望。这种情况下，利益相关者起诉注册会计师的案件逐渐增多，注册会计师败诉的案例也是在增多。

2. 注册会计师审计责任加重的原因

目前审计环境下，注册会计师法律责任逐步加重的社会原因可归结为以下几个方面：

（1）消费者利益的保护主义兴起。随着美国 20 世纪 30 年代早期《证券法》的通过和证券市场的发展，投资者、债权人和其他利益相关者开始更多使用经审计的财务报表作为决策的依据。这种现象提高了社会公众对注册会计师工作的期望，也极大增强了依赖注册会计师工作的投资者、债权人由于遭受损失而向注册会计师获取补偿的欲望。这可以视为对消费者权益与商业利益之间出现利益失衡进行的一种补偿，表明人们开始逐渐认识和重视消费者的利益。

（2）有关审计保险论的运用。社会公众将注册会计师看作财务报表的保证人。因此，当会计师事务所作为一个拥有经济实力的团体时，投资者、债权人和其他利益相关者在每次遭遇困境时，往往将会计师事务所和注册会计师作为索取赔偿的对象，当作承担责任的"深口袋"，这就是所谓的"深口袋"理论。注册会计师越来越明显地被看作是担保人而非独立、客观的审计者和报告者。

（3）注册会计师日益拓展在商业领域的业务。注册会计师除了从事传统的审计业务外，还从事审阅、复核和各种保证业务，管理咨询和税务、会计服务业务也不断增长。业务领域的不断拓展，使注册会计师面临新业务的风险，并不断加重应承担的法律责任。

3. 注册会计师审计面临的挑战

（1）诉讼爆炸

诉讼爆炸是注册会计师责任不断加重的主要表现形式。近十多年来，企业经营失败或者因管理层舞弊造成破产倒闭的事件剧增，投资者、债权人和其他利益相关者蒙受重大损失，注册会计师因而被指控未能及时揭示或报告这些问题，并被要求赔偿有关损失。迫于社会的压力，许多国家的法院判决逐渐倾向于扩大注册会计师在这些方面的法律责任。

注册会计师法律责任的不断扩大，履行责任的对象随之拓宽，这些都使得注册会计师很容易被指控为民事侵权，诉讼爆炸也同此产生。在目前的法律环境下，注册会计师职业引人关注的一个问题是，指控会计师事务所和注册会计师执业不当的诉讼案件和赔偿金额日益增多。20 世纪 90 年代，由于法律诉讼和赔偿金额的激增，美国会计师事务所应对诉讼的直接费用支出占其审计业务收入的 20% 左右。诉讼赔偿不仅是大型会计师事务所面临的问题，也是中小型会计师事务所提供鉴证业务应当考虑的问题。

在国外，政府和民间诉讼者一样，也越来越多就注册会计师执业不当提起诉讼，并从法律上要求进行赔偿。例如，美国联邦储备局和美国司法部联合对与一家主要金融机构审计失败有关会计师事务所提起诉讼，英国政府也曾经在美国起诉一家与一个现已不存在的汽车制造公司有关的会计师事务所，以求弥补损失。起诉注册会计师的案件不断增长这一现象不仅出现在美国，在其他国家和地区也是如此。

（2）保险危机

保险危机是注册会计师责任加重的另一种表现形式，伴随着诉讼迅速增长的趋势，出现了另外一个重要的现象：职业过失保险赔付急剧增加，而保险赔付的增加又不可避免地导致保险费用的攀升。例如，在美国，在对执业不当的审判中，凡涉及大额赔付的，陪审团裁决的基础就是认为赔偿金额通常由保险公司而非被告承担。陪审团的裁决表明他们已先入为主地认为被告事先投了保。很明显，在陪审团眼中，保险金额的支付就像天上掉下来的馅饼。

早期的司法制度倾向于限定注册会计师对第三方的法律责任，但自 20 世纪 70 年代末以来，不少法官已放弃上述判例原则，转而规定注册会计师对已知的第三方使用者或财务报表的特定用途必须承担法律责任。当注册会计师涉及民事侵权案件时，诉讼带来的直接后果就是赔偿金额的持续上涨，这又导致注册会计师由于支付高额保险费用而不断提高服务费用。

3.4 信息技术发展对审计的影响

3.4.1 信息技术对企业财务报告和内部控制的影响

1. 信息技术的概念

从广义上讲，凡是能扩展人类信息功能的技术，都是信息技术。具体而言，信息技术是指利用电子计算机和现代通信手段实现获取信息、传递信息、存储信息、处理信息、显示信息、分配信息等的相关技术。

现代信息技术是指 20 世纪 70 年代以来，随着微电子技术、计算机技术和通信技术的发展，围绕信息的产生、收集、存储、处理、检索和传递，形成的一个全新的、用以开发和利用信息的高技术群，包括微电子技术、新型元器件技术、通信技术、计算机技术、各类软件及系统集成技术、光盘技术、传感技术、机器人技术、高清晰度电视技术等，其中微电子技术、计算机技术、软件技术、通信技术是现代信息技术的核心。

2. 信息技术对企业财务报告的影响

企业可以运用信息系统来创建、记录、处理和报告各项交易，以衡量和审查自身的财务业绩，并持续记录资产、负债及所有者权益。具体来说，创建是指企业可以采用手工或自动的方式来创建各项交易信息；记录是指信息系统识别并保留交易及事项的相关信息；处理是指企业可以采取手工或自动的方式对信息系统的数据信息进行编辑、确认、计算、衡量、估价、分析、汇总和调整；报告是指企业以电子或打印的方式，编制财务报表和其他信息，并运用上述信息来衡量和审查企业的财务业绩及其他方面的职能。

信息系统的使用，会给企业的管理和会计核算程序带来很多重要的变化，包括：①计算机输入和输出设备代替了手工记录；②计算机显示屏和电子影像代替了纸质凭证；③计算机文档代替了纸质的日记账和分类账；④网络通信和电子邮件代替了公司间的邮寄；⑤管理需求固化到应用程序之中；⑥灵活多样的报告代替了固定的定期报告；⑦数据更加充分，信息实现共享；⑧系统问题的存在比偶然性误差更为普遍。

信息系统形成的信息质量影响企业编制财务报表、管理企业活动和作出适当的管理决策。因此，有效的信息系统需要实现下列功能并保留记录结果：①识别和记录全部经授权的交易；②及时、详细记录交易内容，并在财务报告中对全部交易进行适当分类；③衡量交易价值，并在财务报告中适当体现相关价值；④确定交易发生的期间，并将交易记录在适当的会计期间；⑤将相关交易信息在财务报告中作适当披露。

因此，审计人员在进行财务报表审计时，如果依赖相关信息系统所形成的财务信息和报告作为审计工作的依据，则必须考虑相关信息和报告的质量，而财务报告相关的信息质量是通过对交易的录入到输出整个过程中进行适当的控制来实现的，所以，审计人员需要在整个过程中考虑信息的准确性、完整性、授权体系及访问限制四个方面。

3. 信息技术对企业内部控制的影响

在信息技术环境下，传统的人工控制越来越多地被自动控制所替代。当然，被审计单位采用信息系统处理业务，并不意味着人工控制被完全取代。信息系统对控制的影响，取决于被审计单位对信息系统的依赖程度。例如，在基于信息技术的信息系统中，系统进行自动操作来实现对交易信息的创建、记录、处理和报告，并将相关信息保存为电子形式（如电子的采购订单、采购发票、发运凭证和相关会计记录）。但相关控制活动也可能同时包括手工的部分，例如，订单的审批和事后审阅以及会计记录调整之类的人工控制。

由于被审计单位信息技术的特点及复杂程序不同，被审计单位的手工及自动控制的组合方式往往会有所区别。概括地讲，自动控制能为企业带来以下好处：

①自动控制能够有效处理大流量交易及数据，因为自动信息系统可以提供与业务规则一致的系统处理方法；②自动控制比较不容易被绕过；③自动信息系统、数据库及操作系统的相关安全控制可以实现有效的职责分离；④自动信息系统可以提高信息的及时性、准确性，并使信息变得更易获取；⑤自动信息系统可以提高管理层对企业业务活动及相关政策的监督水平。

4. 信息技术产生的风险

随着信息技术的发展，内部控制虽然在形式及内涵方面发生了变化，但内部控制的目标并没有发生改变，即：①提高管理层决策制定的效果和业务流程的效率；②提高会计信息的可靠性；③促进企业遵守法律和法规。

信息技术在改进被审计单位内部控制的同时，也产生了特定的风险：①信息系统或相关系统程序可能会对数据进行错误处理，也可能会去处理那些本身就错误的数据；②自动信息系统、数据库有操作系统的相关安全控制如果无效，会增加对数据信息非授权访问的风险，这种风险可能导致对非授权交易及虚假交易请求的拒绝处理功能遭到破坏，系统程序、系统内的数据遭到不适当的改变，系统对交易进行不适当的记录，以及信息技术人员获得超过其职责范围的过大系统权限等；③数据丢失风险或数据无法访问风险，如系统瘫痪；④不适当的人工干预，或人为绕过自动控制。

3.4.2 信息技术对审计过程的影响

1. 信息技术对审计的影响

信息技术在企业的应用并不改变审计人员制定审计目标、进行风险评估和了解内部控制的原则性要求，审计准则和财务报告审计目标在所有情况下都适用。但是，审计人员必须更深入了解企业的信息技术应用范围和性质。因为系统的设计和运行对审计风险的评价、业务流程和控制、审计工作的执行以及需要收集的审计证据的性质都有直接的影响。归纳起来，信息技术对审计过程的影响主要体现在以下几个方面：

（1）对审计线索的影响

审计线索对审计来说极其重要。传统的手工会计系统，审计线索包括凭证、日记账、分类账和报表。审计人员通过顺查和逆查的方法来审查记录，检查和确定其是否正确地反映了被审计单位的经济业务，检查企业的会计核算是否合理、合规。而在信息技术环境下，业务数据的具体处理过程到报表的输出都由计算机按照程序指令完成，数据均保存在磁性介质上，从而会影响到审计线索，如数据存储介质、存取方式以及处理程序等。

（2）对审计技术手段的影响

过去，审计人员的审计都是手工进行的，但随着信息技术的广泛应用，若仍以手工方式进行审计，显然已经难以满足工作的需要，难以达到审计的目的。因此，注册会计师需要掌握相关信息技术，把信息技术当作一种有力的审计工具。

（3）对内部控制的影响

现代审计技术中，审计人员会对被审计单位的内部控制进行审查与评价，以此作为制定审计方案和决定抽样范围的依据。

（4）对审计内容的影响

在信息化条件下，由于信息化的特点，审计内容发生了相应的变化，在信息化的会计系统中，各项会计事项都是由计算机按照程序进行自动处理的，信息系统的特点及固有风险决定了信息化环境下审计的内容，包括对信息化系统的处理和相关控制功能的审查。例如，在审计账龄分析表时，在信息技术环境下，我们必须考虑其数据准确性以支持相关审计结论，因而需要对其基于系统的数据来源及处理过程进行考虑。

（5）对审计人员的影响

信息技术在被审计单位的广泛应用要求审计人员具备相关信息技术方面的知识。因此，审计人员要成为知识全面的复合型人才，他们不仅要有丰富的会计、审计、经济、法律、管理等方面的知识和技能，还需要熟悉信息系统的应用技术、结构和运行原理，有必要对信息化环境下的内部控制作出适当的评价。因此，审计人员必须对系统内的风险和控制都非常熟悉，然后对审计的策略、范围、方法和手段作出相应的调整，以获取充分、适当的审计证据，支持发表的审计意见。

2. 信息技术审计范围的确定

被审计单位的流程和信息系统可能拥有各自不同的特点，因此审计人员应按各自特点制定审计计划中包含的信息技术审计内容；另外，如果审计人员计划依赖自动控制或自动信息系统生成的信息，那么他们就需要适当扩大信息技术审计的范围。

基于此，审计人员在确定审计策略时，需要结合被审计单位业务流程复杂度、信息系统复杂度、系统生成的交易数量和业务对系统的依赖程度、信息和复杂计算的数量、信息技术环境规模和复杂度五个方面，对信息技术审计范围进行适当考虑。信息技术审计的范围与被审计单位在业务流程及信息系统相关方面的复杂度成正比，在具体评估复杂度时，可以从以下几个方面予以考虑。

（1）评估业务流程的复杂度（如销售流程、薪酬流程、采购流程等）

对业务流程复杂度的评估并不是一个纯粹客观的过程，而是需要审计人员的职业判断。审计人员可以通过考虑以下因素，对业务流程复杂度作出适当判断：①某流程是否涉及过多人员及部门，并且相关人员及部门之间的关系复杂且界限不清；②某流程是否涉及大量操作及决策活动；③某流程的数据处理过程是否涉及复杂的公式和大量的数据录入操作；④某流程是否需要对信息进行手工处理；⑤对系统生成的报告的依赖程度。

（2）评估信息系统的复杂度

与评估业务流程的复杂度相似，对企业信息系统复杂度的评估也不是一个纯粹客观的过程，评估过程包含大量的职业判断，也受到所使用系统类型（如商业软件或自行研发系统）的影响。具体来说，评估商业软件的复杂程度应当考虑系统复杂程度、市场份额、系统实施和运行所需的参数范围，以及客制化程度（对出厂标准配置的变更、变更类型，例如，是仅为报告形式的变更还是对数据处理方式的变更）。

而对于自行研发系统复杂度的评估，应当考虑系统复杂程度，距离上一次系统架构重大变更的时间、系统变更对财务系统的影响结果，以及系统变更之后的系统运行情况及运行期间。同时，还需要考虑系统生成的交易数量、信息和复杂计算的数量，包括：①被审计单位是否存在大量交易数据，以至于用户无法识别并更正数据处理错误；②数据是否通过网络传输，如 EDI；③是否使用特殊系统，如电子商务系统。

（3）信息技术环境的规模和复杂度

评估信息技术环境的规模和复杂度，主要应当考虑产生财务数据的信息系统数量、信息系统接口以及数据传输方式、信息部门的结构与规模、网络规模、用户数量、外包及访问方式（例如本地登录或远程登录）。信息技术环境复杂并不一定意味着信息系统是复杂的，反之亦然。

在具体审计过程中，审计人员除了考虑以上所提及的复杂度外，还需要充分考虑系统在实际应用中存在的问题，评价这些问题对审计范围的影响：①管理层如何获知与信息技术相关的问题；②系统功能中是否发现严重问题或不准确成分？如果是，是否存在可以绕过的程序（如自行修复程序等）；③是否发生过信息系统运行出错、安全事件或对固定数据的修改等严重问题？如果是，管理层如何应对这些问题，以及管理层如何确保这些问题得到可靠解决；④内部审计或其他报告是否提出过与信息系统、数据环境或应用系统相关的问题；⑤报告中提及的最普遍的系统问题是什么；⑥是否存在由于业务操作不规范而需要经常在系统内数据库中直接进行数据信息更改的情况；⑦信息系统用户的能力、操作和安全意识如何。

在对被审计单位的业务流程、信息系统和相关风险进行充分了解之后，审计人员应当判断被审计单位是否包含信息技术关键风险，并且实质性程序是否无法完全控制该风险。如果符合上述情况的描述，注册会计师应将信息技术审计纳入财务审计计划之中。此外，如果审计人员依赖审计自动控制，或依赖以自动系统生成信息为基础的人工控制或业务流程审阅结果，那么审计人员也同样需要对信息技术相关控制进行评估。

综上所述，在信息技术环境下，审计工作与对系统的依赖程度是直接关联的，审计人员需要全面考虑其关联关系，从而可以准确定义相关的信息系统审计范围。

3.5　审计国际化对我国审计的影响

经济全球化已成为当今世界经济发展的主旋律。经济全球化以及近年来我国提出的"一带一路"倡议，必然导致审计环境发生巨变，进而引发各国审计的对接、整合，审计国际化成为大势所趋，是我国审计的必然选择。

3.5.1　审计国际化是我国审计的发展趋势

1. 审计目标移位，审计效能强化

审计目标是审计系统期望达到的预期目的和境界，是审计活动的起点和归宿。它贯穿审计工作的始终，是审计效能发挥的用力方向，决定着整个审计活动的走势。审计目标作为联系审计系统与外部环境的纽带，直接反映着社会经济环境对审计的要求。我国目前的审计目标以真实性、合法性为主，以查错纠弊为根本出发点，这是与我国当前转型期的社会环境相适应的，审计效能的发挥也主要限于这一空间。在经济全球化浪潮冲击下，审计环境发生了巨变，势必导致审计目标移位，审计效能强化。一方面，随着国家新型宏观调控体系的建立，政府逐步由经济活动的参与者变为裁判员，政府职能定位于倡导、规划、激励和调控，需要审计对其宏观调控政策落实情况进行监督并予以反馈；另一方面，审计客体为了满足国际国内竞争的需要，迫切需要审计对其经济决策的正确性和监控手段的有效性进行监督和评价。同时，由于审计客体目标结构中的社会责任增强，要求审计必须向全社会提供有价值的审计信息。这一切都决定着审计目标由偏重于真实性、合法性转向以效益性为主，真实性、合法性、效益性并重；由偏重于经济效益转向经济效益、社会效益、生态效益并重。因此，通过规范、有效的审计监督，为全社会可持续发展服务，为国家宏观调控和管理服务，为提高企业的经济效益服务，理所当然地成为审计的主要目标。

2. 审计内容拓展，审计重点转移

新经济时代，知识和科技成为生产构成的第一要素，需要对作为知识技术载体的人力资源价值进行确认和计量，因此人力资本将成为审计的新内容；企

业投入无形资产比重加大，在资产中的比重甚至超过有形资产，会计对无形资产购入、自创、运用、摊销等过程中的价值确认和计量成为核算重点，无形资产审计也将成为审计的重点内容之一；伴随高技术产业的发展，信息资源的开发投资加大，信息商品化成为必然趋势，所以信息资源审计也将成为审计的新领域；经济全球化背景下，可持续发展是人类普遍关注的焦点问题，可持续发展审计也将是审计的新空间。会计核算内容的广泛性，使审计监督内容大大拓展；会计核算的重点内容的转移，导致审计也由以有形资产为重点转向以无形资产为重点，由以物为重点转向以人为重点，实现了审计监督重点的战略转移。

3. 审计风险加大，审计方法变革

随着信息技术与网络技术的发展，经济活动的国界意识逐步淡化，网上虚拟实体应运而生，使审计客体内外环境的不确定性因素迅速增加，从而加大了审计风险。从审计客体内部环境来讲，由于计算机信息系统在交易授权、执行等方面与手工处理存在差异，其内部控制依赖于计算机技术处理，使内部控制颇具复杂性；同时计算机系统的固有限制，在系统开发、维护和执行过程中人为错误的危害性比手工系统大，从而加大了审计风险。从审计客体外部环境来讲，经济全球化背景下，激烈的竞争不仅来自国内的不同部门、不同行业，而且还来自不同国度、不同地区，致使企业经营风险加大。

同时，网上虚拟实体的出现，更使审计难以界定审计对象的范围，难以对会计资料进行审查，难以获取有效的审计证据，这无疑会加大审计风险。因此，传统审计方法显然已不能适应审计环境的变化，必须革新审计技术方法。变革的取向是：实行制度基础审计，探索风险导向审计；应用现代信息技术，推广计算机和网络审计。

4. 审计需求升级，审计人才重塑

随着世界范围内经济活动的复杂化，社会有关方面对审计的需求越来越高。审计需求的升级，客观上要求审计人员在思想素质上，跟上经济全球化发展的潮流，树立创新发展的思想、与时俱进的理念、务实求精的意识，以科学的世界观和方法论作为审计行为的指南；在能力素质上，要跟上审计实践发展的节奏，增强信息搜集处理能力，做到融会贯通、组合集成、促进转化，具有较强的认识问题、分析问题、解决问题的能力；在知识素质上，要适应知识不断更新的频率，创新知识结构，增强统摄知识能力，不仅要掌握会计、审计、

财政、金融、法律等知识，还要具备现代科技、计算机技术、工程、外语、管理学等学科知识。

3.5.2　审计国际化要求审计体系创新

1. 审计理论体系创新

审计理论是审计实践经验的抽象和升华，是审计实践的向导和指南，应具科学性、规范性、法制性和国际性的特点。构筑现代审计理论结构体系必须寻觅它的逻辑起点。一方面，审计国际化的前提就是承认不同国度的审计环境的差异，进而确立各自的审计体系框架，因此审计环境是审计理论的客观起点；另一方面，在审计实践中，审计行为总是基于一定的动机和理由，由此追溯下去直至逻辑思维的起点，就是审计目标。由此可见，审计理论的逻辑起点是二元的，它由审计环境和审计目标共同构成。审计环境、审计目标的变化必然引起审计职能、审计本质、审计假设、审计对象、审计原则及审计规范等相应变化。因此，必须以审计环境和审计目标为逻辑起点，由审计职能、审计本质和审计假设、审计对象、审计原则及实际应用逐层架构审计理论结构体系，以适应经济全球化时代的要求。

2. 审计组织体系创新

我国审计组织体系的创新应立足中国国情，借鉴国际惯例，置于我国政体和国体之下，才具有科学性、时代性、可行性。首先，重塑国家审计领导体制，增加审计的独立性，以加强对中央政府经管全国公共财产、资源所负公共受托经济责任的制衡机制和绩效检查与评价。其次，对内部审计组织结构进行整合。企事业单位可根据自身需要自主决定内部审计机构的设置，并实行内部审计定位由"监督主导型"向"服务主导型"转型。同时，内部审计协会应围绕"管理、服务、宣传、交流"的宗旨，实行以行业自律为主的管理。内部审计协会的主要职责是：在政府与内审机构之间进行沟通，制定内审职业准则，开展各种内审专业活动，指导内审业务的开展。此外，重整社会审计组织。目前，从总体上来看，现有会计师事务所规模小、力量弱，同时缺乏一套规范、有效的运作机制，难以适应激烈的国际竞争，必须对现有会计师事务所实行强强联合、重组撤并，培养一批牌子硬、素质高、信誉好、竞争力强、有一定规模的事务所，以适应国际竞争的要求。

3. 审计方法体系创新

审计环境的变化，审计目标的移位，势必要求对审计方法体系进行重整再造，以提升审计质量，规避审计风险。第一，告别传统的账项基础审计，实行制度基础审计，并逐步向风险导向审计过渡。账项基础审计是查错纠弊这一审计目标下的产物，审计费时费力、效率低下，无法面对经济业务规模不断扩展、业务内容日益复杂的客观现实以及人们注重会计报表公允性、真实性的需求。制度基础审计将工作的着眼点放在对审计客体内控制度各个环节的测试上，解决了账项基础审计力不从心的问题，但是这种审计方式以抽样审计为基础，对客观存在的审计风险难以规避。因此，一种适应现代审计发展的新的审计模式——风险导向审计应运而生。审计人员可以根据审计风险模型，评估量化审计风险，设计严谨的审计程序，确定审计证据的质和量，并运用科学分析、专业判断等技术，能有效提高审计效率，防范审计风险。第二，改变传统的手工审计方式，实行计算机审计和网络审计。随着经济活动电子化、数字化、网络化及电子商务的普及，传统的手工审计面临严峻挑战，充分利用现代信息和网络技术，改进审计技术方法已迫在眉睫。计算机审计取代手工操作、网络审计取代就地审计、适时审计取代事后监督将成必然。

复习思考题

1. 审计客体内部环境应包括哪些内容？
2. 内部控制的含义、要素及目标分别是什么？
3. 内部控制的局限性是什么？
4. 什么是审计全覆盖，具体包括哪些内容？
5. 国家审计所面临的环境是什么？
6. 内部审计所面临的环境是什么？
7. 会计师事务所及注册会计师面临的环境？
8. 什么是信息技术，信息技术怎样影响审计过程？
9. 我国审计的发展趋势是什么？
10. 审计环境对审计国际化将会产生怎样的影响？

参考文献

[1] 秦荣生，卢春泉. 审计学 [M]. 第9版. 北京：中国人民大学出版社，2018.

［2］　班景刚．审计学（环境 理论 实务）［M］．北京：中国财政经济出版社，2014.

［3］　企业内部控制编审委员会．企业内部控制——主要风险点、关键控制点与案例解析［M］．北京：立信会计出版社，2017.

［4］　O. 雷·惠廷顿、库尔特·帕尼．审计学原理［M］．第 19 版．北京：中国人民大学出版社，2015.

［5］　中国注册会计师协会．CPA 审计［M］．北京：中国财经出版传媒集团、中国财政经济出版社，2018.

［6］　新华社．习近平主持召开中央审计委员会第一次会议［EB/OL］．［2018-05-23］. http：//www. gov. cn/xinwen/2018-05/23/content_5293054. htm.

［7］　中共中央办公厅，国务院办公厅．印发《关于完善审计制度若干重大问题的框架意见》及相关配套文件［EB/OL］．［2015-12-08］. http：//www. gov. cn/gongbao/content/2015/content_ 2978252. htm.

［8］　新华社．审计监督迈向全面覆盖新时代——中央审计委员会第一次会议三大看点［EB/OL］.　［2018-05-24］. http：//www. gov. cn/xinwen/2018-05/24/content_ 5293259. htm.

第4章 审计法规与审计依据

学习目标

1. 明确审计法律法规及其构成；
2. 掌握政府审计、注册会计师审计、内部审计的职业准则或指南；
3. 理解审计职业道德规范的内容与要求。

重点与难点

1. 审计法律法规的具体解释；
2. 审计准则的产生、发展及其内涵；
3. 审计职业道德的内涵。

引导案例

审计的法律责任

云南省某生物科技股份有限公司被称为信誉度最差的 A 股上市公司，成立于 1996 年，上市前每股净资产 4.43 元，于 2007 年 12 月 21 日在深圳证券交易所挂牌上市，发行价 16.49 元，以绿化工程和苗木销售为主营业务。它是国内绿化行业第一家上市公司，号称园林行业上市第一股，其复权后股价曾一路飙升到 81.05 元。2010 年 3 月因涉嫌信息披露违规被立案稽查。证监会发现该公司存在涉嫌"虚增资产、虚增收入、虚增利润"等多项违法违规行为。2011 年 3 月 17 日，公司创始人兼董事长因涉嫌欺诈发行股票罪被捕，自此股价一路下跌，半年多跌幅超过 75%。由此逐步揭开了公司的财务"造假术"。

公司上市三年便改换了三家审计机构，且每次都是在年报披露前夕。其中，负责绿大地 IPO 招股说明书财务审计的会计机构为深圳某会计师事务所，而当初在公司财务审计报告签字的也正是该所的注册会计师。不过，刚刚上市一年的公司很快就更换了审计机构，2008 年在公司年度报告中出具审计报告的是中和正信会计师事务所，而到了 2009 年年审时，公司的审计机构又变成了中审亚太会计师事务所。

公司的财务手段已经到了一个新的高度，创下了证券市场年报变脸新纪录，2009 年 10 月到 2010 年 4 月，对于 2009 年的全年利润变动之快，之频繁，令人咋舌：

（1）2009 年 10 月 30 日，公司发布 2009 年第三季季报称，预计 2009 年度净利润同比增长 20% 至 50%。

（2）2010 年 1 月 30 日，公司将 2009 年净利润增幅修正为较上年下降 30% 以内。

（3）2010 年 2 月 27 日，第三次发布 2009 年度业绩快报，净利润变为 6212 万元。

（4）2010 年 4 月 28 日，再次将净利润修正为 -12796 万元。

（5）2010 年 4 月 30 日，最终发布 2009 年年度报告，披露公司 2009 年净利润为 -15123 万元。仅仅两天，数据又相差了两千多万。

公司披露的业绩经过五次反复，由之前的预增过亿，变更为最后的巨亏 1.5 亿元。正是它"恶搞"般的财务报告，引发了监管部门的注意。

4.1 审计法规概述

审计法规是指明文规定的各种有关审计的法律、规范及准则的总称，有时称为审计标准，有广义和狭义之分。审计法规体系有一定的层次结构，由审计立法体系和审计执业规范体系两大类别构成的。

4.1.1 审计法规及其分类

广义上的审计法规是指用于规范审计主体和审计客体的行为规范的总称，包括规范审计客体的会计准则，以及一些预算、社保、环境、税收等领域的法规。狭义审计法规主要是指规范审计主体行为的规范，包括技术性规范和社会性规范两部分。技术性规范主要是指审计职业技术标准，一般是指审计准则（政府审计准则、注册会计师审计准则和内部审计准则）、质量控制准则与职业后续教育准则等部分组成。审计社会性规范主要是指审计职业道德和法律规范，即道德标准和法律标准。因此，审计法规主要包括审计技术性规范、道德规范和法律规范三部分。其中，审计组织规范、职责、权限、行为和道德要求属于行为规范，审计准则又称为工作标准，如图 4-1 所示。

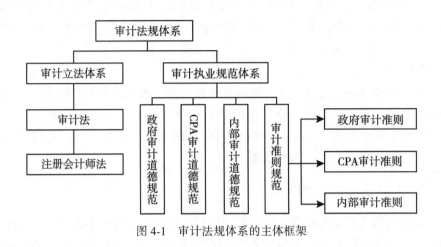

图 4-1 审计法规体系的主体框架

4.1.2 审计法规的层次及其关系

1. 审计法规的三个层次

（1）宪法和法律

法律是由现有立法权的立法机关（全国人民代表大会和常务委员会）依照法定程序制定、修改并颁布，由国家强制力保证实施的基本法律和普通法律的总称。《宪法》是国家的根本大法，具有最高的法律效力。《宪法》明确了我国实行国家审计制度，并对审计监督的基本原则、审计机关的设置和领导体制、审计监督的基本职责、审计长的地位和任免等基本制度作出了规定。这些规定是国家审计规范体系的基础。审计法律，包括《中华人民共和国审计法》和《中华人民共和国注册会计师法》，与审计密切相关的法律有《中华人民共和国预算法》《中华人民共和国会计法》和《中华人民共和国证券法》等，另外还有些法律如《中华人民共和国行政诉讼法》《中华人民共和国行政处罚法》《中华人民共和国国家赔偿法》等也适用于审计，尤其是国家审计。

（2）行政法规

行政法规是国家行政机关（国务院）根据《宪法》和法律颁布的行政规范的总称，是对法律的补充。审计行政法规按照制定主体可以分为两类：一类是国务院制定并颁布的审计行政法规，如《中华人民共和国审计法实施条例》等，另一类是国务院各部门指定的经国务院办公厅批转转发的审计行政法规，如《关于加快我国注册会计师行业的若干意见》。与此相对应还有与审计密切相关的其他行政法规，如《中央预算执行情况审计监督暂行办法》和《财政违法行为处罚处分条例》等。

（3）规章

除上述两个层次之外，还包括国务院各部委、地方各级人大和政府制定的条例、办法，还包括行业协会制定的准则、细则等统称为规章，如《国家审计准则》《中国注册会计师审计准则》《中国内部审计准则》等。我国审计法规大部分已规章的形式颁布并实施。

2. 审计法规之间的关系

高层次的法律是低层次法规的制定依据，低层次的法规不能与高层次法规相抵触，低层次的法规是对高层次法规的解释和补充，如《中华人民共和国审计法实施条例》是对《中华人民共和国审计法》的进一步解释。审计法规的第一条都明确了制定依据，如《国家审计准则》的制定依据是"《中华人民共和国审计法》和《中华人民共和国审计法实施条例》和其他有关法律法规。"《中华人民共和国内部审计条例》是"根据《中华人民共和国审计法》和《中华人民共和国会计法》等有关法律，制定本条例。"

一般情况下，法律层次越高，制定程序越复杂，制定周期越长。当高层次的法规的修订不能满足实务的需要时，也可以先制定低层次的法规予以补充，待时机成熟后再修订高层次法规，例如 1999 年颁布的《国有企业及国有控股企业领导人员任期经济责任审计暂行规定》和 2000 年颁布的《国有企业及国有控股企业领导人员任期经济责任审计暂行规定实施细则》，在一定程度上弥补了 1994 年颁布的《中华人民共和国审计法》的缺陷，2006 年修订后的《中华人民共和国审计法》才把经济责任审计纳入了国家审计的审计范围。

4.2 审计法律法规具体解释

审计法规由国家权力机构和行政机构制定的。我国审计法规按规范实施主体划分，可分为国家审计法规、注册会计师审计法规和内部审计法规。按规范内容性质划分，可分为审计法律法规、企事业单位审计制度和职业道德规范。其中审计法规又可进一步细分为国家宪法、审计法律、审计行政法规、审计地方性法规、自治条例、单行条例和审计规章等。除了专门的审计法规外，审计法规体系中还包括其他法律法规中有关审计的法规。本节就以下具体问题进行阐述。

4.2.1 依法保障审计独立性

《宪法》第九十一条规定："审计机关在国务院总理领导下，依照法律规定独立行使审计监督权，不受其他行政机关、社会团体和个人的干涉。"《审计法》第二条国家实行审计监督制度。国务院和县级以上地方人民政府设立审计机关。第五条审计机关依照法律规定独立行使审计监督权，不受其他行政机关、社会团体和个人的干涉。第十五条审计人员依法执行职务，受法律保护。任何组织和个人不得拒绝、阻碍审计人员依法执行职务，不得打击报复审计人员。审计机关负责人依照法定程序任免。审计机关负责人没有违法失职或者其他不符合任职条件的情况的，不得随意撤换。地方各级审计机关负责人的任免，应当事先征求上一级审计机关的意见。第十一条规定审计机关履行职责所必需的经费，应当列入财政预算，由本级人民政府予以保证。《实施条例》第九条规定审计机关派出机构依照法律、法规和审计机关的规定，在审计机关的授权范围内开展审计工作，不受其他行政机关、社会团体和个人的干涉。《注册会计师法》第六条规定注册会计师和会计师事务所依法独立、公正执行业务，受法律保护。《内部审计条例》第十条规定内部审计人员依法履行职务受法律保护，任何组织和个人不得打击报复内部审计人员。

表 4-1　　　　　　　　　　我国审计独立性

独立性＼审计主体	机构独立	经济独立	精神独立
国家审计	单向独立	完全独立	完全独立（强）
民间审计	双向独立	正常业务收费	完全独立（一般）
内部审计	单向独立	完全独立	完全独立（弱）

4.2.2 国家审计的法律规范

1. 关于国家审计机关设立和职责的规定

《审计法》第二条规定国家实行审计监督制度，国务院和县级以上地方人民政府设立审计机关。第七条规定国务院设立审计署，在国务院总理领导下，主管全国的审计工作；第八条规定审计长是审计署的行政首长。地方各级人民政府的审计机关分别在省长、自治区主席、市长、州长、县长、区长和上一级审计机关的领导下，负责本行政区域内的审计工作；第九条规定地方各级审计机关对本级人民政府和上一级审计机关负责并报告工作，审计业务以上级审计机关领导为主；第十条规定审计机关根据工作需要，可以在其审计管辖范围内派出审计特派员。审计特派员根据审计机关的授权，依法进行审计工作。

《实施条例》第七条规定审计署在国务院总理领导下，主管全国的审计工作，履行审计法和国务院规定的职责。地方各级审计机关在本级人民政府行政首长和上一级审计机关的领导下，负责本行政区域的审计工作，履行法律、法规和本级人民政府规定的职责。第八条规定省、自治区人民政府设有派出机关的，派出机关的审计机关对派出机关和省、自治区人民政府审计机关负责并报告工作，审计业务以省、自治区人民政府审计机关领导为主。

2. 关于国家审计人员任免和执业的规定

《审计法》第十五条规定审计机关负责人依照法定程序任免。审计机关负责人没有违法失职或者其他不符合任职条件的情况的，不得随意撤换。

《实施条例》第十三条规定地方各级审计机关正职和副职负责人的任免，应当事先征求上一级审计机关的意见。第十四条规定审计机关负责人在任职期间没有下列情形之一的，不得随意撤换：①因犯罪被追究刑事责任的；②因严重违法、失职受到处分，不适宜继续担任审计机关负责人的；③因健康原因不能履行职责 1 年以上的；④不符合国家规定的其他任职条件的。

《审计法》第十二条规定审计人员应当具备与其从事的审计工作相适应的专业知识和业务能力；第十三条规定审计人员办理审计事项，与被审计单位或者审计事项有利害关系的，应当回避；第十四条规定审计人员对其在执行业务中知悉的国家秘密和被审计单位的商业秘密，负有保密的义务；第十五条规定审计人员依法执行职务，受法律保护。任何组织和个人不得拒绝、阻碍审计人员依法执行职务，不得打击报复审计人员。审计机关负责人依照法定程序任免。审计机关负责人没有违法失职或者其他不符合任职条件的情况，不得随意撤换。

《实施条例》第十一条规定审计人员实行审计专业技术资格制度，具体按照国家有关规定执行。审计机关根据工作需要，可以聘请具有与审计事项相关专业知识的人员参加审计工作。第十二条规定审计人员办理审计事项，有下列情形之一的，应当申请回避，被审计单位也有权申请审计人员回避：①与被审计单位负责人或者有关主管人员有夫妻关系、直系血亲关系、三代以内旁系血亲或者近姻亲关系的；②与被审计单位或者审计事项有经济利益关系的；③与被审计单位、审计事项、被审计单位负责人或者有关主管人员有其他利害关系，可能影响公正执行公务的。审计人员的回避，由审计机关负责人决定；审计机关负责人办理审计事项时的回避，由本级人民政府或者上一级审计机关负责人决定。

3. 关于国家审计业务范围和工作要求的规定

《审计法》第三章审计机关职责（第十六条至第三十条）及第四章审计机关权限（第三十一条至第三十七条）对政府审计的业务范围和工作要求作出了如下规定：国务院各部门和地方各级人民政府及其各部门的财政收支，国有的金融机构和企业事业组织的财务收支，以及其他依照本法规定应当接受审计的财政收支与财务收支，依照本法规定接受审计监督。审计机关对上述财政收支或者财务收支的真实、合法和效益，依法进行审计监督。国务院和县级以上地方人民政府应当每年向本级人民代表大会常务委员会提出审计机关对预算执行和其他财政收支的审计工作报告。审计机关和审计人员办理审计事项，应出客观公正，实事求是，廉洁奉公，保守秘密。

《实施条例》中第三章从第十五条至第二十七条是关于审计机关职责的规定；第四章从第二十八条至第三十三条对审计机关权限做出了规定。

4. 关于被审计单位违反国家审计法规应承担法律责任的规定

《审计法》第六章第四十三条至第五十二条对被审计单位违反财经法规应承担法律责任的规定：被审计单位拒绝、拖延提供与审计事项有关的资料，或者拒绝、阻碍检查的，审计机关可以责令改正，通报批评，给了警告；拒不改正的，依法追究责任。审计机关发现被审计单位转移、隐匿、篡改、毁弃相关资料的，有权予以制止；对上述行为负有直接责任的主管人员等，审计机关可以提出给予行政处分的建议，直至依法追究刑事责任。对本级各部门和下级政府违反预算的行为或者其他违反国家规定的财政、财务收支的行为，审计机关、人民政府或者有关主管部门可在法定职权范围内，依照法律，行政法规的规定作出处理；对上述行为负有直接责任的主管人员等，审计机关可以提出给予行政处分的建议，直至依法追究刑事责任。报复陷害审计人员，构成犯罪的，依法追究刑事责任；不构成犯罪的，给予行政处分。

《实施条例》第四十七条规定被审计单位违反审计法和本条例的规定，拒绝、拖延提供与审计事项有关的资料，或者提供的资料不真实、不完整，或者拒绝、阻碍检查的，由审计机关责令改正，可以通报批评，给予警告；拒不改正的，对被审计单位可以处 5 万元以下的罚款，对直接负责的主管人员和其他直接责任人员，可以处 2 万元以下的罚款，审计机关认为应当给予处分的，向有关主管机关、单位提出给予处分的建议；构成犯罪的，依法追究刑事责任。第四十八条规定对本级各部门（含直属单位）和下级人民政府违反预算的行为或者其他违反国家规定的财政收支行为，审计机关在法定职权范围内，依照法律、行政法规的规定，区别情况采取审计法第四十五条规定的处理措施。第四十九条规定对被审计单位违反国家规定的财务收支行为，审计机关在法定职权范围内，区别情况采取审计法第四十五条规定的处理措施，可以通报批评，给予警告；有违法所得的，没收违法所得，并处违法所得 1 倍以上 5 倍以下的罚款；没有违法所得的，可以处 5 万元以下的罚款；对直接负责的主管人员和其他直接责任人员，可以处 2 万元以下的罚款，审计机关认为应当给予处分的，向有关主管机关、单位提出给予处分的建议；构成犯罪的，依法追究刑事责任。

5. 关于审计人员违反审计法规应承担的责任

《实施条例》第五十五条审计人员滥用职权、徇私舞弊、玩忽职守，或者泄露所知悉的国家秘密、商业秘密的，依法给予处分；构成犯罪的，依法追究刑事责任。审计人员违法违纪取得的财物，依法予以追缴、没收或者责令退赔。

4.2.3　注册会计师审计的法律规范

我国注册会计师制度的恢复和重建始于 1980 年，当前，我国注册会计师审计得到了飞速发展，无论从会计师事务所和注册会计师的数量，还是从审计业务范围都达到了很大提升。随着注册会计师社会地位的日渐提高，其所负的法律责任也在不断增加。因此，明确注册会计师的法律责任，对于促使注册会计师遵守职业道德，保证其服务的质量和水平，都具有重要的意义。

注册会计师审计活动是一种独立的、具有权威性的活动。近年来我国颁布的一系列专门规定会计师事务所和注册会计师法律责任的法律法规中，包括《注册会计师法》《公司法》《证券法》及《刑法》等。此外，为了维护社会公共利益和相关当事人的合法权益，正确审理涉及会计师事务所在审计业务活动中的民事侵权赔偿责任，根据《民法通则》《注册会计师法》《公司法》《证券法》等法律，结合我国审判实践，最高人民法院相继出台了相关司法解释。

1. 会计师事务所和注册会计师的法律责任

注册会计师如果工作失误，或有欺诈行为，将会给会计信息使用者造成重大损失，严重的甚至会导致经济秩序的紊乱。因此，近年来《注册会计师法》《公司法》《证券法》《刑法》等法律法规中，都有专门规定会计师事务所、注册会计师法律责任的条款，从而强化注册会计师的责任意识，严格注册会计师的法律责任，以保证其职业道德和执业质量。

（1）行政责任

《注册会计师法》第三十九条规定会计师事务所违反本法第二十条、第二十一条规定的，由省级以上人民政府财政部门给予警告，没收违法所得，可以并处违法所得一倍以上五倍以下的罚款；情节严重的，并可以由省级以上人民政府财政部门暂停其经营业务或者予以撤销。注册会计师违反本法第二十条、第二十一条规定的，由省级以上人民政府财政部门给予警告，情节严重的，可以由省级以上人民政府财政部门暂停其执行业务或者吊销注册会计师证书。

《证券法》第二百〇一条规定为股票的发行、上市、交易出具审计报告、资产评估报告或者法律意见书等文件的证券服务机构和人员，违反本法第四十五条的规定买卖股票的，责令依法处理非法持有的股票，没收违法所得，并处以买卖股票等值以下的罚款。第二百零七条规定违反本法第七十八条第二款的规定，在证券交易活动中作出虚假陈述或者信息误导的，责令改正，处以三万元以上二十万元以下的罚款；属于国家工作人员的还应当依法给予行政处分。第二百二十三条规定证券服务机构未勤勉尽责，所制作、出具的文件有虚假记载、误导性陈述或者重大遗漏的，责令改正，没收业务收入，暂停或者撤销证券服务业务许可，并处以业务收入一倍以上五倍以下的罚款。对直接负责的主管人员和其他直接责任人员给予警告，撤销证券从业资格，并处以三万元以上十万元以下的罚款。第二百二十五条规定："上市公司、证券公司、证券交易所、证券登记结算机构、证券服务机构，未按照有关规定保存有关文件和资料的，责令改正，给予警告，并处以三万元以上三十万元以下的罚款；隐匿、伪造、篡改或者毁损有关文件和资料的，给予警告，并处以三十万元以上六十万元以下的罚款。

《公司法》第二百零八条规定承担资产评估、验资或者验证机构提供虚假材料的，由公司登记机关没收违法所得，处以违法所得一倍以上五倍以下的罚款，并可以由有关主管部门依法责令该机构停业、吊销直接责任人员的资格证书，吊销营业执照。承担资产评估、验资或者验证的机构因过失提供有重大遗漏的报告的，由公司登记机关责令改正，情节较严重的，处以所得收入一倍以上五倍以下的罚款，并可以由有关主管部门依法责令该机构停业、吊销直接责任人员的资格证书，吊销营业执照。"

（2）民事责任

《注册会计师法》第四十二条规定会计师事务所违反本法规定，给委托人、其他利害关系人造成损失的，应当依法承担赔偿责任。

《证券法》第一百七十三条规定证券服务机构为证券的发行、上市、交易等证券业务活动制作、出具审计报告、资产评估报告、财务顾问报告、资信评级报告或者法律意见书等文件，应当勤勉尽责，对所依据的文件资料内容的真实性、准确性、完整性进行核查和验证。其制作、出具的文件有虚假记载、误导性陈述或者重大遗漏，给他人造成损失的，应当与发行人、上市公司承担连带赔偿责任，但是能够证明自己没有过错的除外。

《公司法》第二百零八条第三款规定承担资产评估、验资或者验证的机构因出具的评估结果、验资或者验证证明不实，给公司债权人造成损失的，除能够证明自己没有过错的外，在其评估或者证明不实的金额范围内承担赔偿责任。

（3）刑事责任

《注册会计师法》的规定会计师事务所、注册会计师违反本法第二十条、第二十一条的规定，故意出具虚假的审计报告、验资报告，构成犯罪的，依法追究刑事责任。

《证券法》第二百三十一条规定违反本法规定，构成犯罪的，依法追究刑事责任。

《公司法》第二百一十六条规定违反本法规定，构成犯罪的，依法追究刑事责任。《刑法》第二百二十九条规定承担资产评估、验资、验证、会计审计、法律服务等职责的中介组织的人员故意提供虚假证明文件，情况严重的，处五年以下有期徒刑或者拘役，并处罚金。

2. 注册会计师法律责任的司法解释

伴随着我国社会主义市场经济的不断发展，会计师事务所及其注册会计师的民事责任问题引起"诉讼风暴"愈演愈烈。1996 年 4 月 4 日最高人民法院发布法函［1996］56号《关于会计师事务所为企业出具虚假验资证明应如何处理的函》，对出具验资证明的会计师事务所应对委托人、其他利害关系人承担民事责任作出规定，并引发了"验资诉讼风暴"。其后，又陆续发布了五个关于会计师事务所民事责任的司法解释，为人民法院正确审理涉及会计师事务所民事责任案件提供了重要的法律适用依据。特别是2007年6月11日发布的《关于审理涉及会计师事务所在审计活动中民事侵权赔偿案件的若干规定》（以下简称《司法解释》），是在梳理最高人民法院以往发布的五个司法解释的基础上，经过充分讨论和反复论证，将审判实践中出现的新情况、新问题作出符合法律精神并切合实际的规定，具有里程碑式的意义。《司法解释》的主要内容如下：

（1）《司法解释》的适应特征

《司法解释》根据法律规定的精神，立足于既要保护投资者合法权益，又要为注册会计师行业提供健康的发展空间，在：明确侵权责任产生的根本原因；明确利害关系人的范围；承认执业准则的法律地位；统一适用过错推定原则和举证责任倒置分配模式；明确此类诉讼的条件和诉讼主体列置等程序规定；明确区分会计师事务所承担补充责任和连带责任的具体情形；强调过失比例责任和责任的顺位；认定会计师事务所过错责任的具体指引；完善不承担责任和减轻责任的事由；强调审判程序的重要性等10个方面作出专门解释。其中：

维护公众投资者等利害关系人利益的保障措施主要包括：侵权责任产生的原因，不仅包括验资业务，而且包括《注册会计师法》第十四条规定的财务报表、企业合并、分立以及清算中的审计业务；明确利害关系人的范围；统一过错推定原则和举证责任倒置分配模式；规定会计师事务所承担责任的情形，以及会计师事务所和分支机构关系方面。

保证注册会计师行业发展的措施包括：承认执业准则的法律地位，为司法解释的相关规定奠定基础；明确此类诉讼的条件和诉讼主体列置等程序规定，防止滥诉；认定过错责任的具体操作规则即过错认定指引，以便准确认定会计师事务所的民事责任；完善不承担责任和减轻责任的事由，实现损失的公平负担。

（2）关于利害关系人、执业准则和不实报告的规定

《司法解释》第二条规定因合理信赖或者使用会计师事务所出具的不实报告，与被审计单位进行交易或者从事与被审计单位的股票、债券等有关的交易活动而遭受损失的自然人、法人或者其他组织，应认定为注册会计师法规定的

利害关系人。会计师事务所违反法律法规、中国注册会计师协会依法拟定并经国务院财政部门批准后施行的执业准则和规则以及诚信公允的原则，出具的具有虚假记载、误导性陈述或者重大遗漏的审计业务报告，应认定为不实报告。

（3）关于诉讼当事人的列置的规定

《司法解释》第三条规定：利害关系人未对被审计单位提起诉讼而直接对会计师事务所提起诉讼的，人民法院应当告知其对会计师事务所和被审计单位一并提起诉讼；利害关系人拒不起诉被审计单位的，人民法院应当通知被审计单位作为共同被告参加诉讼。

利害关系人对会计师事务所的分支机构提起诉讼的，人民法院可以将该会计师事务所列为共同被告参加诉讼。

（4）关于归责原则和举证分配的规定

《司法解释》第四条规定会计师事务所因在审计业务活动中对外出具不实报告给利害关系人造成损失的，应当承担侵权赔偿责任，但其能够证明自己没有过错的除外。会计师事务所在证明自己没有过错时，可以向人民法院提交与该案件相关的执业准则、规则以及审计工作底稿等。

会计师事务所侵权民事责任的归责原则和举证责任的分配问题，是《司法解释》中的两个关键问题。其中，归责原则主要解决会计师事务所的过错认定问题，举证责任分配原则主要解决会计师事务所的过错和不实报告与损害之间的因果关系是否存在的证明问题。

（5）关于会计师事务所与被审计单位的连带责任的规定

《司法解释》第五条规定注册会计师在审计业务活动中存在下列情形之一出具不实报告给利害关系人造成损失的，应当认定会计师事务所与被审计单位承担连带责任：与被审计单位恶意串通；明知被审计单位对重要事项的财务会计处理与国家有关规定相抵触，而不予指明；明知被审计单位的财务会计处理会直接损害利害关系人的利益而予以隐瞒或作不实报告；明知被审计单位的财务会计处理会导致利害关系人产生重大误解，而不予指明；明知被审计单位的财务报表的重要事项有不实内容，而不予指明；被审计单位示意作不实报告，而不予拒绝。不予指明。

（6）关于过失责任和过失指引的规定

《司法解释》第六条规定会计师事务所在审计业务活动中因过失出具不实报告并给利害关系人造成损失的，人民法院应当根据其过失大小确定其赔偿责任。注册会计师在审计过程中未保持必要的职业谨慎，存在以下情形之一导致报告不实的人民法院应当认定会计师事务所存过失：违反注册会计师法第二十条第（二）（三）项的规定；负责审计的注册会计师以低于行业一般成员应具备的专业水平水准执业；制定的审计计划存在明显疏漏；为依据执业准则、规则执行必要的审计程序；在发现可能存在错误和舞弊迹象时，未能追加必要的审计程序予以证实或者排除；未能合理地运用职业准则和规定所要求的重要性原则；为根据审计的要求采用必要的调查方法获取充分的审计证据；明知对总体结论有重大影响的特定审计对象缺少判断能力，未能寻求专家意见而直接形成审计结论；错误判断和评价审计证据；其他违反执业准则、规则确定的工作程序的行为。

对于注册会计师侵权责任的法律构成要件，采纳"四要件说"，即存在不实报告、注册会计师的过失、利害关系人遭受了损失、会计师事务所的过失与损害事实之间的因果关系。

（7）关于抗辩事由的规定

《司法解释》第七条规定会计师事务所能够证明存在下列情形之一的，不承担民事责任：已经遵守执业准则、规则确定的工作程序并保持必要的职业谨慎，但仍未能发现被审计的会计资料错误；审计业务所必须依赖的金融机构等单位提供虚假或者不实的证明文件，会计师事务所在保持必要的职业谨慎下仍未能发现虚假或者不实；已对被审计单位的舞弊迹象提出警告并在审计报告中予以指明；已经遵照验资程序进行审核并出具报告，但被审验单位在注册登记之后抽逃资金；为登记时未出资或者未足额出资的出资人出具不实报告，但出资人在登记后已补足出资。

《司法解释》在会计师事务所侵权责任认定方面采取过错推定归责原则和举证责任倒置证明责任分配模式，意味着会计师事务所并非在任何时候都承担责任。根据《司法解释》的规定，在会计师事务所可以提出抗辩，并能够证明事由成立的情况下，可以不承担民事赔偿责任。

（8）关于减责事由的规定

《司法解释》第八条规定利害关系人明知会计师事务所出具的报告为不实报告而仍然使用的，人民法院应当酌情减轻会计师事务所的赔偿责任。

（9）关于无效的免责条款的规定

《司法解释》第九条规定会计师事务所在报告中注明"本报告仅供工商登记使用""本报告仅供工商登记实用"等类似内容的，不能作为其免责的事由。

（10）关于赔偿顺位和最高限额的规定

《司法解释》第十条规定人民法院根据本司法解释第六条确定会计师事务

所承担与其过失程度相应的赔偿责任时，应按下列情形处理：应先由被审计单位赔偿利害关系人的损失，被审计单位的出资人虚假出资、不实出资或者抽逃出资，事后未补足，且依法强制执行被审计单位财产后仍不足以赔偿损失的，出资人应在虚假出资、不实出资或者抽逃出资数额范围内向利害关系人承担补充赔偿责任；对被审计单位、出资人的财产依法强制执行后仍不足以赔偿损失的，由会计师事务所在其不实审计金额范围内承担相应的赔偿责任；会计师事务所对一个或者多个利害关系人承担的赔偿责任应以不实审计金额为限。

（11）关于会计师事务所与分所的连带责任的规定

《司法解释》第十一条规定会计师事务所与其分支机构作为共同被告的，会计师事务所对其分支机构的责任部分承担连带赔偿责任。

（12）关于禁止擅自追加被执行人的规定

《司法解释》第十二条规定本规定所涉会计师事务所侵权赔偿纠纷未经审判，人民法院不得将会计师事务所追加为被执行人。

4.3　审计准则

4.3.1　审计准则概述

1. 审计准则的含义

审计准则，又称审计标准，或称执业准则，是专业审计人员在实施审计工作时必须恪守的最高行为准则，它是审计工作质量的权威性判断标准。审计准则的概念包括如下含义：

（1）审计准则是制约审计人员的行为准则。因此，审计准则首要明确的是审计人员在审计工作中，围绕审计任务，进行审计程序的选择和确定时，明确哪些是可以做的，哪些是不能做的；哪些是应该加强和深入去做的，哪些是可以只作了解的。

（2）审计准则既对审计人员的素质提出要求，同时也对社会提供审计工作质量保证。一般的审计准则无不对审计人员的业务技能和职业道德提出一个较高的标准，都会对审计人员的专业知识、业务能力提出严格要求。同时把独立性视为审计工作的灵魂。这对树立审计人员在社会上的公正、正直、客观形象有重要的作用，有利于社会信任审计工作的质量。

（3）审计准则是通过审计人员执行审计程序体现出来的。所以，一般的审计准则都对审计人员的工作行为和应该实施的审计程序提出严格要求。

（4）审计准则是审计人员签署最终审计意见时的客观保证。一般来说，审计人员在形成审计意见之后，会主动地与被审计单位交换意见，然后才签发自己的审计报告，其目的是希望较快地完成审计任务。但是，如果双方发生意见分歧，审计准则就为审计人员坚持自己的意见提供了客观上的保证。

2. 审计准则的作用

实施审计准则使审计人员在从事审计工作时有了规范和指南，便于考核审计工作质量，推动了审计职业的发展。审计准则的主要作用有：

（1）实施审计准则可以赢得社会公众的信任。注册会计师在财务报表审计报告中，一般均要写明"我们的审计工作是根据审计准则的要求进行的"，这也就是向委托单位的股东、债权人和其他利益相关者等有关方面表明，审计工作已达到了规定的质量标准，审计结论是可以充分信赖的，以取信于社会。

（2）实施审计准则可以提高审计工作质量。审计准则中一般都规定有审计人员的任职条件及其在工作中应保持的态度、审计工作的基本程序和方法以及审计报告的撰写方式和要求等，这就可以促使审计人员谨慎工作，依照审计准则办事，有助于提高审计工作质量。

（3）实施审计准则可以维护审计组织和人员的合法权益。审计准则中规定了审计人员的工作范围，审计人员只要能按照审计准则的要求办理，就算是尽到了职责。当审计委托人与审计组织对审计意见发生纠纷，审计人员受到不公正的指责和控告时，即可运用审计准则维护自己的合法权益。

（4）实施审计准则可以促进国际审计经验交流。审计准则是审计实践经验的总结和升华，已成为审计理论的一个重要部分。审计准则的实施和发展，促进了审计理论水平的提高。通过各国审计准则的协调，便于开展国际审计经验交流。特别是国际审计准则的制定和协调工作，对各国审计经验和学术交流都起到了重要的推动作用。

3. 审计准则发展历程

（1）政府审计准则发展阶段

①初步建立阶段。中国政府审计准则的研究和制定始于 20 世纪 90 年代。1996 年审计署发布了 38 个审计规范，包括《国家审计基本准则》《审计机关审计方案的编制准则》《审计机关审计证据准则》《审计机关审计工作底稿准则》《审计机关审计事项的评价准则》《审计机关审计报告的编审准则》等。

②逐步完善阶段。2000 年审计署修订、发布了《中华人民共和国国家审计基本准则》，同年 8 月发布了 4 项准则《审计机关审计方案准则》《审计机关审计证据准则》《审计机关审计工作底稿准则》《审计机关审计复核准则》。2001 年 8 月审计署又发布了《审计机关专项审计调查准则》等 5 项准则。2003 年 12 月审计署又发布了《审计机关审计重要性与审计风险评价准则》等 5 项准则，2004 年审计署颁布了《审计机关审计项目质量控制办法（试行）》。这一时期，政府审计准则体系由一个政府审计基本准则、若干个通用审计准则和专业审计准则构成。这种体系结构比较零散，相关准则间的内容存在交叉，不利于审计人员系统学习和掌握。

③进一步完善阶段。2010 年 9 月，审计署审计长刘家义签署第 8 号中华人民共和国审计署令，公布新修订的《中华人民共和国国家审计准则》。这是根据《中华人民共和国审计法》《中华人民共和国审计法实施条例》和其他有关法律法规制定的。

（2）注册会计师执业准则发展阶段

我国注册会计师协会于 1994 年 5 月开始筹备进行中国注册会计师审计准则的研究制定，1994 年 10 月组织起草小组正式开展工作，1995 年 1 月发布了第一批《注册会计师审计准则》的征求意见稿，经财政部批准，1996 年 1 月 1 日，第一批《中国注册会计师审计准则》开始实施。近年来，随着审计环境发生重大变化，按照财政部关于着力完善我国注册会计师审计准则体系，加速实现与国际准则趋同的指示，2010 年 10 月 31 日，中国审计准则委员会在北京召开专门会议审议并原则通过了中国注册会计师协会修订的 38 项审计准则，已于 2012 年 1 月 1 日起施行。总计 51 项组成的新审计准则体系实现了与国际审计准则的持续全面趋同，是注册会计师行业实施国际趋同战略取得的又一项重大成果，为加快推进行业国际化发展提供了重要的技术支撑。

我国的注册会计师执业准则作为规范注册会计师执行业务的权威性标准，对提高注册会计师的执业质量，降低执业风险，维护社会公众利益具有重要的作用，其建设经历四个阶段。

①起步和制定执业规则阶段（1980—1993 年）。1980 年注册会计师行业恢复重建，随后中国注册会计师协会成立，中注协设立了专业标准部，非常重视执业规则的建设。1991—1993 年先后发布了《注册会计师检查验证会计报表规则（试行）》等 7 个执业规则。这些执业规则对我国注册会计师行业走向正规化、法制化和专业化起到了积极作用。

②建立审计准则体系阶段（1994—2005 年）。1993 年 10 月 31 日第八届全

国人民代表大会常务委员会第四次会议通过《中华人民共和国注册会计师法》，规定中国注册会计师协会依法拟订执业准则、规则，报国务院财政部门批准后施行。经财政部批准同意，中国注册会计师协会自 1994 年 5 月开始起草独立审计准则。

到 2005 年，中国注册会计师协会先后制定了 6 批独立审计准则，包括 1 个准则序言、1 个独立审计基本准则、28 个独立审计具体准则和 10 个独立审计实务公告、5 个执业规范指南，此外，还包括 3 个相关基本准则（职业道德基本准则、质量控制基本准则和后续教育基本准则），共计 48 个项目。

③与国际审计与鉴证准则逐渐趋同阶段（2006—2010 年）。为完善我国注册会计师执业准则体系，加速实现与国际审计与鉴证准则趋同，中国注册会计师协会遵循科学、民主、公开的准则制定程序，经过艰苦而卓有成效的工作，拟订了 22 项新准则，并对 26 项已颁布的准则进行了必要的修订和完善，已于 2006 年 2 月 15 日由财政部发布。这 48 个准则项目已自 2007 年 1 月 1 日起在所有会计师事务所施行。这些准则的发布标志着我国已建立起一套适应社会主义市场经济发展要求，顺应国际趋同大势的中国注册会计师执业准则体系。

④与国际审计与鉴证准则全面趋同阶段（2012 年开始）。注册会计师审计准则体系自 2007 年正式实施以来，总体运行情况良好。但由于当前审计环境发生了重大变化，注册会计师审计实务面临一些新问题和新困难。同时，我国执业准则也需要和国际准则实行持续全面趋同。中国注册会计师协会 2009 年开始着手研究并启动中国审计准则的修订工作。2010 年 11 月 1 日由财政部发布修订后的 38 项中国注册会计师执业准则，并自 2012 年 1 月 1 日起施行。

为了提高注册会计师审计报告的信息含量，满足资本市场改革与发展对高质量会计信息的需求，保持我国审计准则与国际准则的持续全面趋同，2016 年 12 月 23 日财政部发布了《中国注册会计师审计准则第 1504 号——在审计报告中沟通关键审计事项》等 12 项准则。对于 A+H 股公司出具的审计报告，应于 2017 年 1 月 1 日起执行本批准则。对于股票在沪深交易所交易的上市公司其财务报表审计业务，应于 2018 年 1 月 1 日起执行本批准则。对于股票在全国中小企业股份转让系统公开转让的非上市公众公司（新三板公司）中的创新层挂牌公司、面向公众投资者公开发行债券的公司财务报表审计业务，应于 2018 年 1 月 1 日起执行本批准则。

在审计与鉴证准则的内容上，我国审计与鉴证准则体系充分采用了国际审计与鉴证准则所有的基本原则和核心程序，在审计的目标与原则、风险的评估与应对、审计证据的获取和分析、审计结论的形成和报告，以及注册会计师执业责任的设定等所有重大方面，均与国际审计与鉴证准则保持一致。

（3）内部审计准则发展阶段

内部审计协会自成立以来，一直致力于内部审计工作的规范化和法制化，不断研究和探索建立中国内部审计准则体系。

①起步阶段。2003 年 3 月 4 日，审计署发布了新的《关于内部审计工作的规定》，要求中国内部审计协会、各企事业单位及社会团体自 5 月 1 日起遵照执行。根据这个规定和《审计法》及相关法律法规，中国内部审计协会组织有关方面的专家、内部审计实务工作者、法律工作者，制定了一套既符合国际内部审计惯例，又适合中国国情的内部审计准则。

②逐步完善阶段。近年来，国际内部审计师协会（IIA）根据内部审计实务的最新发展变化，多次对内部审计实务框架的结构和内容进行更新和调整。这些修订和完善充分反映了内部审计发展的最新理念，更加重视内部审计在促进组织改善治理、风险管理和内部控制中发挥作用，以及重视内部审计的价值增值功能等。为此，中国内部审计协会根据中国内部审计的发展情况和国际内部审计的发展变化情况，对以前发布的中国内部审计准则做了大规模的修订、补充和完善，于 2013 年 8 月发布了新的《中国内部审计准则》体系，该准则体系自 2014 年 1 月 1 日起施行。修订后的《中国内部审计准则》内部审计基本准则、内部审计人员职业道德规范、具体准则、实务指南构成。

③进一步完善阶段。内部审计协会在发布了新的《中国内部审计准则》体系后，近年来，陆续发布了《经济责任审计》《审计档案》《内部审计外包管理》等具体审计准则和《审计报告指南》《经济责任审计指南》等应用指南，极大丰富了内部审计执业规范。

4.3.2　审计准则框架

审计准则，又称审计标准，或称执业准则，是专业审计人员在实施审计工作时必须恪守的最高行为准则，是审计工作质量的权威性判断标准。审计准则规范体系主要包括国家审计准则、注册会计师（CPA）审计准则和内部审计准则三部分。

1. 国家审计准则框架

为适应发展社会主义市场经济的需要，实现政府审计工作规范化，明确审计责任，保证审计质量，我国最高政府审计机关——审计署自 1989 年起就开始着手制定我国国家审计准则。1996 年 12 月审计署发布了《中华人民共和国国家审计基本准则》，它是对审计主体及其行为的基本规范。2010年9月1日时任审计署审计长刘家义签署第8号中华人民共和国审计署令，公布新修订的《中华人民共和国国家审计准则》，自2011年1月1日起施行。新的审计准则包括总则、审计机关和审计人员、审计计划、审计实施、审计报告、审计质量控制和责任、附则，共七章，总计200条。

此次修订，将原有政府审计基本准则和通用审计准则规范的内容统一纳入政府审计准则，形成一个完整单一的政府审计准则。在政府审计准则下研究开发政府审计指南，进一步细化相关审计业务操作的具体要求。

2. 注册会计师审计准则框架

我国注册会计师执业准则受中国注册会计师职业道德守则统驭，包括注册会计师业务准则和会计师事务所质量控制准则。其中业务准则包括鉴证业务准则和相关服务准则。鉴证业务准则受鉴证业务基本准则统驭，然后按照鉴证业务的对象和保证程度分为审计准则、审阅准则和其他鉴证业务准则。

中国注册会计师执业准则由中国注册会计师业务准则和会计师事务所质量控制准则构成。中国注册会计师业务准则体系由鉴证业务准则和相关服务准则所构成，如图4-2所示。

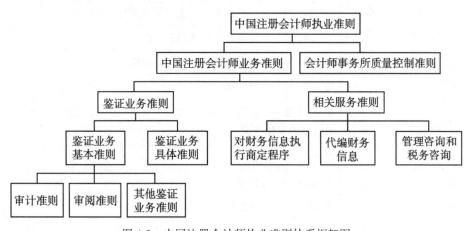

图4-2 中国注册会计师执业准则体系框架图

我国注册会计师审计准则具体内容如表4-2所示：

表 4-2 注册会计师具体准则

序号	大类	小类	准则编号及名称
1	基本准则		中国注册会计师鉴证业务基本准则
2	具体准则	审计准则	第 1101 号—注册会计师的总体目标和审计工作的基本要求
3			第 1111 号—就审计业务约定条款达成一致意见
4			第 1121 号—对财务报表审计实施的质量控制
5			第 1131 号—审计工作底稿
6			第 1141 号—财务报表审计中与舞弊相关的责任
7			第 1142 号—财务报表审计中对法律法规的考虑
8			第 1151 号—与治理层的沟通
9			第 1152 号—向治理层和管理层通报内部控制缺陷
10			第 1153 号—前任注册会计师和后任注册会计师的沟通
11			第 1201 号—计划审计工作
12			第 1211 号—通过了解被审计单位及其环境识别和评估重大错报风险
13			第 1221 号—计划和执行审计工作时的重要性
14			第 1231 号—针对评估的重大错报风险采取的应对措施
15			第 1241 号—对被审计单位使用服务机构的考虑
16			第 1251 号—评价审计过程中识别出的错报
17			第 1301 号—审计证据
18			第 1311 号—对存货、诉讼和索赔、分部信息等特定项目获取审计证据的具体考虑
19			第 1312 号—函证
20			第 1313 号—分析程序
21			第 1314 号—审计抽样
22			第 1321 号—审计会计估计（包括公允价值会计估计）和相关披露
23			第 1323 号—关联方
24			第 1324 号—持续经营

序号	大类	小类	准则编号及名称
25			第 1331 号—首次审计业务涉及的期初余额
26			第 1332 号—期后事项
27			第 1341 号—书面声明
28			第 1401 号—对集团财务报表审计的特殊考虑
29			第 1411 号—利用内部审计人员的工作
30			第 1421 号—利用专家的工作
31			第 1501 号—对财务报表形成审计意见和出具审计报告
32			第 1502 号—在审计报告中发表非无保留意见
33			第 1503 号—在审计报告中增加强调事项段和其他事项段
34			第 1504 号—在审计报告中沟通关键事项
35	具体准则	审计准则	第 1511 号—比较信息：对应数据和比较财务报表
36			第 1521 号—注册会计师对其他信息的责任
37			第 1601 号—对按照特殊目的编制基础编制的财务报表审计的特殊考虑
38			第 1602 号—验资
39			第 1603 号—对单一财务报表和财务报表特定要素审计的特殊考虑
40			第 1604 号—对简要财务报表出具报告的业务
41			第 1611 号—商业银行财务报表审计
42			第 1612 号—银行间函证程序
43			第 1613 号—与银行监管机构的关系
44			第 1631 号—财务报表审计中对环境事项的考虑
45			第 1632 号—衍生金融工具的审计
46			第 1633 号—电子商务对财务报表审计的影响
47		审阅准则	第 2101 号—财务报表审阅
48		其他鉴证业务准则	第 3101 号—历史财务信息审计或审阅以外的鉴证业务
49			第 3111 号—预测性财务信息的审核

续表

序号	大类	小类	准则编号及名称
50	具体准则	相关服务准则	第 4101 号—对财务信息执行商定程序
51			第 4111 号—代编财务信息
52		质量控制准则	第 5101 号—会计师事务所对执行财务报表审计和审阅、其他鉴证和相关服务业务实施的质量控制

3. 内部审计准则框架

我国的内部审计工作对保证经济建设的健康发展起着重要作用。从 2000 年开始，中国内部审计协会理事会及准则委员会致力于制定一套既符合国际惯例，又适合我国国情的内部审计准则，以指导和规范我国内部审计的实践。经过大量艰苦细致的工作，2003 年 6 月 1 日，中国内部审计协会发布了《内部审计基本准则》《内部审计人员职业道德规范》和第一批十个具体准则，2004 年 5 月和 2005 年 3 月，中国内部审计协会又分两批陆续发布了共十个具体准则，2006 年 6 月，中国内部审计协会还发布了两个"实务指南"。至此，我们已经初步构建起中国内部审计准则体系的基本框架。

中国内部审计准则是中国内部审计工作规范体系的重要组成部分，由以下三个层次组成：

①基本准则，属于第一层次，是内部审计准则的总纲，具有最高的权威性和法定约束力。是内部审计机构和人员遵循的基本规范、是制定具体准则和实务指南的基本依据。有一般准则、作业准则、报告准则和内部管理准则四大准则。

②具体准则，属于第二层次，是根据基本准则制定的，权威性低于基本准则但高于实务指南，是内部审计机构和人员遵循的具体规范。有作业类准则 9 项涉及内部审计的程序和技术方法；业务类准则 4 项涉及内控审计、绩效审计、信息系统审计及对舞弊的检查和报告等；管理类准则 7 项涉及内审机构管理、内外审协调、内审质量控制、评价外审质量等方面。

③实务指南，属于第三层次，为内部审计机构和人员提供操作性的指导意见，不具备法定约束力和强制性，内部审计机构和人员参照执行。

内部审计具体准则内容如表 4-3 所示：

表 4-3   **内部审计具体准则**

序号	内部审计具体准则
1	第 1101 号——内部审计基准则
2	第 1201 号——内部审计人员职业道德规范
3	第 2101 号内部审计具体准则——审计计划
4	第 2102 号内部审计具体准则——审计通知书
5	第 2103 号内部审计具体准则——审计证据
6	第 2104 号内部审计具体准则——审计工作底稿
7	第 2105 号内部审计具体准则——结果沟通
8	第 2106 号内部审计具体准则——审计报告
9	第 2107 号内部审计具体准则——后续审计
10	第 2108 号内部审计具体准则——审计抽样
11	第 2109 号内部审计具体准则——分析程序
12	第 2201 号内部审计具体准则——内部控制审计
13	第 2202 号内部审计具体准则——绩效审计
14	第 2203 号内部审计具体准则——信息系统审计
15	第 2204 号内部审计具体准则——对舞弊行为进行检查和报告
16	第 2205 号内部审计具体准则——经济责任审计
17	第 2301 号内部审计具体准则——内部审计机构的管理
18	第 2302 号内部审计具体准则——与董事会或者最高管理层的关系
19	第 2303 号内部审计具体准则——内部审计与外部审计的协调
20	第 2304 号内部审计具体准则——利用外部专家服务
21	第 2305 号内部审计具体准则——人际关系
22	第 2306 号内部审计具体准则——内部审计质量控制
23	第 2307 号内部审计具体准则——评价外部审计工作质量

4.4   审计职业道德

所谓职业道德（Professional ethics）是指某一职业组织以公约、守则等形式公布的，其会员自愿接受的职业行为标准。审计职业道德是审计人员在审计工作过程中形成的，具有审计职业特征的道德准则和行为规范。

4.4.1　审计机关审计人员职业道德

1. 审计机关审计人员职业道德准则

审计署 2001 年 8 月 1 日颁布并实施的《审计机关审计人员职业道德准则》指出：审计人员职业道德，是指审计机关审计人员的职业品德、职业纪律、职业胜任能力和职业责任。该准则的目标是为了提高审计人员素质，加强职业道德修养，严肃审计纪律。该准则要求，审计人员必须遵守职业道德准则，加强职业道德修养，自觉接受法律约束，保证审计工作质量，提高审计工作水平。

（1）审计人员应当依照法律规定的职责、权限和程序，进行审计工作，并遵守国家审计准则。

（2）审计人员办理审计事项，应当客观公正、实事求是、合理谨慎、职业胜任、保守秘密、廉洁奉公、恪尽职守。

（3）审计人员在执行职务时，应当保持应有的独立性，不受其他行政机关、社会团体和个人的干涉。

（4）审计人员办理审计事项，与被审计单位或者审计事项有直接利害关系的，应当按照有关规定回避。

（5）审计人员在执行职务时，应当忠诚老实，不得隐瞒或者曲解事实。

（6）审计人员在执行职务特别是作出审计评价、提出处理处罚意见时，应当做到依法办事，实事求是，客观公正，不得偏袒任何一方。

（7）审计人员应当合理运用审计知识、技能和经验，保持职业谨慎，不得对没有证据支持的、未经核清事实的、法律依据不当的和超越审计职责范围的事项发表审计意见。

（8）审计人员应当具有符合规定的学历，通过岗位任职资格考试，具备与从事的审计工作相适应的专业知识、职业技能和工作经验，并保持和提高职业胜任能力。不得从事不能胜任的业务。

（9）审计人员应当遵守审计机关的继续教育和培训制度，参加审计机关举办或者认可的继续教育、岗位培训活动，学习会计、审计、法律、经济等方面的新知识，掌握与从事工作相适应的计算机、外语等技能。

（10）审计人员参加继续教育、岗位培训，应当达到审计机关规定的时间和质量要求。

（11）审计人员对其执行职务时知悉的国家秘密和被审计单位的商业秘密，负有保密的义务。在执行职务中取得的资料和审计工作记录，未经批准不得对外提供和披露，不得用于与审计工作无关的目的。

审计人员应当遵守国家的法律、法规和规章以及审计工作纪律和廉政纪律。审计人员应当认真履行职责，维护国家审计的权威，不得有损害审计机关形象的行为。审计人员应当维护国家利益和被审计单位的合法权益。审计人员违反职业道德，由所在审计机关根据有关规定基于批评教育、行政处分或者纪律处分。

2. 国家审计准则中关于审计职业道德的规定

2010 年新《国家审计准则》指出审计人员应当恪守严格依法、正直坦诚、客观公正、勤勉尽责、保守秘密的基本审计职业道德。

严格依法就是审计人员应当严格依照法定的审计职责、权限和程序进行审计监督，规范审计行为。

正直坦诚就是审计人员应当坚持原则，不屈从于外部压力；不歪曲事实，不隐瞒审计发现的问题；廉洁自律，不利用职权谋取私利；维护国家利益和公共利益。

客观公正就是审计人员应当保持客观公正的立场和态度，以适当、充分的审计证据支持审计结论，实事求是地作出审计评价和处理审计发现的问题。勤勉尽责就是审计人员应当爱岗敬业，勤勉高效，严谨细致，认真履行审计职责，保证审计工作质量。

保守秘密就是审计人员应当保守其在执行审计业务中知悉的国家秘密、商业秘密；对于执行审计业务取得的资料、形成的审计记录和掌握的相关情况，未经批准不得对外提供和披露，不得用于与审计工作无关的目的。

4.4.2 注册会计师职业道德

《职业道德守则》制定根据是《中华人民共和国注册会计师法》和《中国注册会计师协会章程》，其宗旨是为了规范注册会计师职业行为，提高注册会计师职业道德水准，维护注册会计师职业形象。

1. 注册会计师职业道德建设历程

中国注册会计师协会自 1988 年年底成立以来，一直非常重视注册会计师的道德标准建设和道德教育。1992 年中国注册会计师协会发布了《中国注册会计师职业道德守则（试行）》。1996 年 12 月 26 日经财政部批准，中国注册会计师协会颁发了《中国注册会计师职业道德基本准则》，于 1997 年 1 月 1 日起施行，以代替《中国注册会计师职业道德守则（试行）》。2002 年 6 月中国注册会计师协会发布的《中国注册会计师职业道德规范指导意见》。2009 年 10 月 14 日财政部发布了《中国注册会计师职业道德守则》和《中国注册会计师协会非执业会员职业道德守则》（以下统称《职业道德守则》），并于 2010 年 7 月 1 日起实施，以全面规范注册会计师的职业道德行为。

2. 注册会计师职业道德的具体内容

2009 年出台的《职业道德守则》由两大部分组成，第一部分是《中国注册会计师职业道德守则》，包括第 1 号—职业道德基本原则（8 章 31 条）、第 2 号—职业道德概念框架（5 章 27 条）、第 3 号—提供专业服务的具体要求（10 章 48 条）、第 4 号—审计和审阅业务对独立性的要求（18 章 182 条）、第 5 号—其他鉴证业务对独立性的要求（15 章 84 条），第二部分是《中国注册会计师协会非执业会员职业道德守则》（9 章 56 条）。本节主要就中国注册会计师职业道德基本原则加以介绍。

（1）基本内容

①注册会计师应当遵守职业道德守则，履行相应的社会责任，维护公众利益。

②注册会计师应当遵循诚信、客观和公正原则，在执行审计和审阅业务以及其他鉴证业务时保持独立性。

③注册会计师应当获取和保持专业胜任能力，保持应有的关注，勤勉尽责。

④注册会计师应当履行保密义务，对职业活动中获知的涉密信息保密。

⑤注册会计师应当维护职业声誉，树立良好的职业形象。

（2）核心内容

①关于诚信的要求；

②关于独立性的要求；

③关于客观和公正的要求；

④关于专业胜任能力和应有的关注的要求；

⑤关于保密的要求；

⑥关于良好职业行为的要求；

⑦关于收费的要求；

⑧关于运用职业道德概念框架的要求；

⑨关于对非执业会员的要求。

4.4.3 内部审计人员职业道德

《审计署关于内部审计工作的规定》（审计署第 4 号令）于 2003 年 3 月 4 日发布，自 2003 年 5 月 1 日起施行。根据《审计署关于内部审计工作的规定》，中国内部审计协会制定《内部审计基本准则》《内部审计人员职业道德规范》和十个具体准则，2003 年 4 月 12 日发布，自 2003 年 6 月 1 日起施行。内部审计人员的职业道德包括道德思想、道德观念、道德理想以及表现出来的职业态度和职业道德风范等。具体内容包括：

（1）内部审计人员在履行职责时，应当严格遵守中国内部审计准则及中国内部审计协会制定的其他规定。

（2）内部审计人员不得从事损害国家利益、组织利益和内部审计职业荣誉的活动。

（3）内部审计人员在履行职责时，应当做到独立、客观、正直和勤勉。

（4）内部审计人员在履行职责时，应当保持廉洁，不得从被审计单位获得任何可能有损职业判断的利益。

（5）内部审计人员应当保持应有的职业谨慎，并合理使用职业判断。

（6）内部审计人员应当保持和提高专业胜任能力，必要时可聘请有关专家协助。

（7）内部审计人员应诚实地为组织服务，不做任何违反诚信原则的事情。

（8）内部审计人员应当遵循保密性原则，按规定使用其在履行职责时所获取的资料。

（9）内部审计人员在审计报告中应客观地披露所了解的全部重要事项。

（10）内部审计人员应具有较强的人际交往技能，妥善处理好与组织内外相关机构和人士的关系。

（11）内部审计人员应不断接受后续教育，提高服务质量。

4.5 审计依据

审计是一项具体的工作。它是审计主体在接受委托之后，以独立身份和专业知识对被审计单位的经济活动进行审查并出具审计报告，在审计工作过程中，获得什么样的审计证据，得出什么样的审计意见并出具什么样的审计结论，每一步骤的审计工作都必须依据权威、公正和可靠的规则或标准进行评判。

4.5.1　审计依据的含义

审计依据，即审计评价判断的根据和标准，是用来作为审计判断的规范。审计证据的收集、审计工作底稿的编制、审计意见的提出、审计报告的出具，每一项审计工作都要进行正确判断，都要有据可依。具体来讲，审计依据就是用作审计判断的法规、制度、合同、决议、预算和技术标准等。

审计工作的整个过程都要进行评价和判断。在审计实施阶段，审计人员按照审计准则的要求开展审计工作，收集审计项目存在状况和审计问题来龙去脉的证据，并把这些确凿证据编制在审计工作底稿中。然而，审计证据本身只能说明事实真相，并不能说明它的存在是合法的和（或）合理的。例如，要说明审计事项是合法的，就要运用法律法规、政策制度对其进行判断；要说明经济活动是合理的，就要运用会议决议、财务预算、技术指标和授权等进行判断，只有在正确判断的基础上，才能得出正确的审计意见和审计结论。

审计依据、审计证据和审计准则是完全不同的概念，三者之间既严格区别，又有联系。审计依据是判断审计事项正误的标准，它解决根据什么、有什么理由作出这样的判断；审计证据是审计实施阶段收集的用来证明审计对象客观存在的证据，它回答审计事项是什么、以什么形态存在的客观现状；审计准则是审计工作的规范，它解决如何进行审计的问题，是审计人员开展审计工作的行动指南。审计工作从始至终，审计人员都要在审计准则指导下，在收集充分可靠的审计证据基础上，把审计证据与审计标准进行对照，判断正误和优劣，得出恰当的审计意见和结论。因此，审计人员实施审计行为和收集审计证据的过程，既要遵守审计准则，还要有科学合理的审计依据。

4.5.2　审计依据的分类

审计目的不同，审计依据也不同；审计证据不同，评价标准也不同。通常，对审计依据可按其来源、性质和对象进行分类。

1. 按审计依据来源分类

（1）来自被审计单位外部的审计依据

国家和中央部委颁布的法律、法规、条例、政策和制度；地方政府和行业办法的规章制度和行业标准；国际惯例。

（2）来自被审计单位内部的审计依据

被审计单位股东会决议，公司管理的规章制度，经济合同，预算计划，技术标准。

2. 按审计依据的性质分类

（1）评价经济活动合法性的审计依据

①国家和中央政府颁布的法律法规

用作审计依据的法律和各种财经法规主要有：宪法、民法、刑法、公司法、税法、海关法、合同法、会计法、审计法、预算法等，还有国家行政机关制定的各种法令、条例、规定等。法律和法规具有强制执行的特点。

②地方政府和行业主管部门颁布的规章制度

用作审计依据的规章制度主要有：国务院各部委根据法律法规制定的规章制度（如会计准则、会计制度）；省市级政府制定的地方管理条例；行业管理部门和上级主管部门制定的管理办法和规定。

（2）评价经济活动合理性的审计依据

用作评价经济活动合理性的审计依据主要有：①单位内部制定的管理制度和业务规范，如内部管理控制制度和财务报告内部控制制度；②单位内部审计制度等。

（3）评价经济活动效益性的审计依据

用作评价经济活动效益性的审计依据主要有：

①计划、预算和经济合同，如生产计划、利润指标等；

②业务规范和技术经济标准，如消耗定额、废品率等；

③可比较的历史数据、同行业的先进水平等。

（4）评价内部控制系统有效性的审计依据

审计人员在进行审计时，要审查和评价被审计单位的内部控制系统的有效性，这是现代审计的一个重要特征。评价内部控制系统有效性方面的审计依据主要有：

①内部管理控制制度。内部管理控制制度是指根据规定的经营方针，为合理有效地进行经济活动而建立的各种控制制度，主要包括预算控制制度、信息管理制度、责权控制制度等。这些制度是否科学有效地实施，是评价内部控制系统有效性的重要依据。

②财务报告内部控制制度。建立财务报告内部控制制度，设置凭证的传递程序、账簿的核对制度、实物的盘点制度等，这些都是为了保证财务报告资料

的正确性和可靠性而建立的控制制度。这些制度是评价内部控制系统有效性的又一重要依据。

③内部审计制度。内部审计具有控制的功能，它既要检查和评价其他各项内部控制要素的质量与效果，同时它本身又作为整个内部控制系统的一个组成部分，与其他各项内部控制一起，共同实现内部控制的各项目标。因此，内部审计制度也成为评价内部控制系统有效性的依据。

4.5.3　审计依据的特点

作为评价和判断标准的审计依据通常具有较强的稳定性，在一定的时间、地域和范围内是有较强的实用性，但是随着时间的推移，也会做一些改变和调整。

1. 层次性

根据颁布单位、适用范围和效力大小不同，审计依据具有不同层次：

首先，全国人民代表大会及其常务委员会和中央政府颁布的法律、法规，在全国范围内对所有被审计单位都适用，具有最高的权威性。

其次，国务院各部门颁布的各种行政法规、政策、指令和规划，在一定区域范围内或者某一特殊历史阶段内有效，是国家发展战略的一部分，具有较高的权威性。

再次，地方人民代表大会和各级人民政府制定和颁布的地方性法规，在地域内具有权威性。

最后，被审计单位上级主管部门或者行业组织制定的规章制度，对本部门或本行业内的被审计单位具有约束力。

最低层次的审计依据是被审计单位内部制定的各种规章制度、计划、预算、定额、标准。

作为审计依据的法律、法规和制度，层次性越高，适用范围越广，权威性越强，低层次的法规和制度只能是对高层次的法规的补充和具体化，不得违背高层次的法规制度。如果是涉外审计，还要引用国际和有关国家的法律法规，国际组织制定的法规应高于各国的法律法规。

2. 相关性

审计依据的相关性首先表现为审计依据的选用要与评判的审计证据相关，审计依据要能够评判审计事项是否真实、合法和有效；其次是选用的审计依据要能说明提出的审计意见和得出的审计结论具有充分的理由；再次是指不同的审计依据如果能够从不同方面印证同一审计事项的某一问题，这些审计依据就是相关的。

3. 时效性

审计依据不是不变的，而是随着环境的变化而变更和修订的，审计依据要与审计事项所处的时代背景相一致。作为衡量经济活动是否真实、合法和有效的审计依据属于上层建筑范畴，应该随着经济基础的发展变化而不断修改和调整；作为衡量经济活动效益性的审计依据也必须随着科学技术水平的提高而重新制定。这就是说，审计依据的选用要与审计事项发生的时期一致，而不是与审计行为发生的时期一致。

4. 地域性

不同社会制度国家的审计依据不同；一国内不同地区的审计依据也有可能不完全一样。地方政府颁布的法规和制度只用于本地区内的经济活动，不同行业制定的规范只适用于本行业内的经济活动。审计人员在进行审计判断时，必须注意到地区差别和行业差别，审计意见和审计结论要以适用于该地区、该行业有效的法令、规定和技术标准作为依据。

4.5.4 审计依据的运用原则

审计人员选用审计依据时，除应注意审计依据的层次性、相关性、时效性和地域性等特点外，还应注意掌握下列各项原则。

1. 具体问题具体分析的原则

在社会主义市场经济条件下，企业经济活动日益多样化和复杂化，合法的经济活动不一定是合理的；反之，有些突破了现有规章制度合理性的改革措施可能是不适合当前法律法规的。所以，审计人员选用审计依据时，必须从实际出发，具体问题具体分析，作出客观公正的评价。在遇到问题时，应坚持三个原则：

（1）有法依法。有法律法规作为审计依据的，应该严格依法，这是不容置疑的。

（2）无法可依从理。没有法律法规作为审计依据的，要重视一些经济行为的合理性和创造性的依据。判断一个单位的经济行为是否合理，应看其是否符合科学发展的大方向，是否促进了生产的发展和经济效益的提高。

（3）地方法规与国家法规发生矛盾时要慎重处理。正常情况下，应将国家法规作为最主要的审计依据。如当地方法规与国家法规不一致时，应贯彻凡是符合改革精神，有利于促进地区经济繁荣，有利于调动各方面的积极性，而对宏观经济、全局利益又无妨碍的地方法规应作为审计依据的原则；凡是违背国家法规、损害国家利益或侵犯企业合法权益的要坚决抵制。

2. 辩证分析问题的原则

企业经济活动是错综复杂的，经济情况也是瞬息万变的，影响经济活动的因素是多方面的、可变的。对某项被审计的经济活动，如果几种审计依据均适用，就要认真仔细地进行研究，辩证地分析问题，分析该项经济活动的主要影响因素和主要影响因素的主要方面，并分析该经济活动的结果和影响，要善于抓住主要矛盾，把握问题的实质，然后决定选用哪一项审计依据，并据以提出审计意见和建议，作出审计结论。

3. 利益兼顾原则

在运用审计依据时，要贯彻利益兼顾的原则，全面地分析问题。利益兼顾原则主要包括：

（1）国家、企业和个人利益兼顾。在审查评价被审计单位受托经济责任时，选择审计依据必须坚持国家、企业和个人利益兼顾的原则，维护各方的合法权益，处理好各方面的经济利益关系。为此，对企业单位自己制定的审计依据，就应进行适当选择，如果审计依据有弹性时，也要注意掌握分寸。

（2）眼前利益与长远利益兼顾。选用审计依据，不能只考虑眼前利益，还要考虑长远利益。如在选用成本、费用开支标准和利润分配时，不能只考虑目前的经济利益，还要考虑企业今后的发展和增强企业实力。只有处理好眼前利益和长远利益之间的关系，才能保证企业的发展和职工的长远利益，才能使企业更好地发展。

（3）企业经济效益与社会效益兼顾。在评价企业利润完成情况时，不能只考虑企业销售利润率、资本金利润率和成本费用利润率，还应考虑使企业利润增加的营业项目和生产的产品是否有社会效益。因此，在选用审计依据时，不能机械地照搬，而应考虑企业经济效益与社会效益相结合的原则。

4. 真实可靠原则

审计依据必须真实可靠，数字要准确，凡是引用的数字，一定要经过亲自核对，切忌照抄照搬；凡列举的技术标准，必须查证核实，均有文件资料，切勿主观推测；对于内部管理控制的各项制度，要深入查对，如无真凭实据，均不能作为审计依据；凡是法律法规，一定要找到原文，认真领会其精神，并抄录文字，切不可断章取义，盲目推论；对于一般的决议、指示等，如有必要，还要复印列示于审计工作底稿中。

总之，合理地运用审计依据，对于作出客观公正的评价和正确的结论，对于促进审计质量的提高，都有重要的意义。否则，审计依据运用不当，将会造成判断失误、结论错误，影响审计工作质量。

📅 复习思考题

1. 什么叫审计法规？包括哪些内容？

2. 中国注册会计师执业准则的意义何在？我国中国注册会计师执业准则体系包括哪几个层次？

3. 我国注册会计师审计基本准则的主要内容是什么？

4. 试说明审计准则与职业道德准则、审计法律规范之间关系？

5. 试述我国政府审计准则的具体内容。

6. 中国注册会计师职业道德基本原则包括哪些内容？

7. 什么是审计依据？有哪些分类？具有什么特点？

📖 参考文献

［1］2017 中华人民共和国现行审计法规与审计准则及政策解读［M］. 北京：立信会计出版社，2017.

［2］叶陈刚. 审计学［M］. 第 2 版. 北京：机械工业出版社，2017.

［3］中国注册会计师协会. 审计（2018 年注册会计师全国统一考试辅导教材）［M］. 北京：中国财政经济出版社，2018.

［4］卢传峰. 新编审计案例［M］. 北京：中国市场出版社，2014.

第5章 审计计划、审计重要性与审计程序

学习目标

1. 了解审计计划的内容和制订过程；
2. 了解审计重要性的内容与作用；
3. 掌握国家审计、社会审计和内部审计程序的内容并比较其异同。

重点与难点

重点：审计计划和审计程序的制订；

难点：审计重要性水平的确定。

引导案例

某单位财务收支审计

审计组发现某单位经营管理着县辖区内唯一的大型农贸综合商场、定点家禽市场和农资市场以及 11 个乡镇农贸市场的物业出租。该单位财务报表反映，20××年该单位收入 722 万元，但是支出却达到了 754 万元，收支相抵亏损 32 万元，这与该单位经营管理表现尚好的情况矛盾。审计组估算了一下该单位的收入与支出金额，认为该单位该年合理支出金额应在 380 万元左右，这另外的 374 万元是如何支出的呢？审计组决定以该单位收入的完整性和支出的真实性作为审计的方向和重点。审计过程如下：

审计组发现该单位职工 C 某 20××年收取物业出让款 4.7 万元。审计组认为 C 某存在挪用公款的重大嫌疑，立即传 C 某来询问情况，在审计组掌握的确凿证据面前，C 某交代了挪用本单位物业出让款 4.7 万元作个人使用的情况，审计组及时将此线索移送该县检察机关查处。

为全面掌握该类问题的情况，审计组调取了该单位五年的全部账册资料，对物业出让事项进行详细审查，从而确认了该单位连续 5 年未经批准

擅自出让物业，取得收入 169 万元纳入本单位户头核算的事实，审计组将该问题移送有关部门处理。

审计组查阅了该单位该市场基础加固工程的竣工造价结算书，发现该工程造价为 86.27 万元。而该单位账上"预付账款"科目显示只支付了工程承包商 38 万元的工程款，尚欠工程款 48.27 万元。审计组初步判定，该单位应有另一渠道将所欠工程款支付给承包商，职工才能在竣工后顺利入住。通过询问该单位负责人和财务负责人，得知该单位与工程承包商签订了一份还款协议，协议商定 20 年内，将该单位该市场铺面出租给该工程承包商，以租金抵扣基础加固工程款 48.27 万元。

5.1　审计计划

审计计划是指注册会计师为了完成各项审计业务，达到预期的审计目标，在具体执行审计程序之前编制的工作计划。审计计划通常可分为总体审计计划和具体审计计划两部分。编制审计计划是审计实施阶段的首要工作。

5.1.1　审计计划的作用

1. 为审计工作明确方向，提高审计质量和效率

一份良好的审计计划为审计人员制定了统一目标，使所有审计人员凝聚所有资源朝着一个方向，共同努力来完成同一个任务，从而节省审计资源，促进提高审计工作效率，缩短时间，降低审计成本，促进审计任务的顺利实现。

2. 便于协调审计工作，避免与审计单位发生误解

审计计划能够在审计项目实施前统一协调各种力量和资源，从而减少内耗和重复审计工作，审计计划是面向未来的，能够通过周密细致的研究，系统运用各种科学方法手段来预测审计未来的发展变化，尽可能将审计未来的变化和不确定因素转化为确定因素。

3. 为审计考核提供前提条件，为审计控制提供标准

审计计划能够为审计考核工作提供一个合理前提，也只有审计计划才能作为审计考核的基础，才能促使审计激励工作取得最大的效果。审计计划是审计

控制的基础，为审计项目控制提供了控制标准。审计实施阶段加强审计项目过程的控制，促使审计目标的顺利实现。要进行审计控制就需要一个控制标准，否则管理人员就无法实施控制。

5.1.2　审计计划的内容

《中国注册会计师审计准则第 1201 号—计划审计工作》的第三章和第四章，分别对总体审计策略和具体审计计划的内容予以概括说明。

1. 总体审计策略

总体审计策略用以确定审计范围、时间和方向，并指导制订具体审计计划，《中国注册会计师审计准则第 1201 号—计划审计工作》第三章第九条规定，总体审计策略的制定应当包括：

（1）确定审计业务的特征，包括采用的会计准则和相关会计制度、特定行业的报告要求以及被审计单位组成部分的分布等，以界定审计范围。

（2）明确审计业务的报告目标，以计划审计的时间安排和所需沟通的性质，包括提交审计报告的时间要求，预期与管理层和治理层沟通的重要日期等。

（3）考虑影响审计业务的重要因素，以确定项目组工作方向，包括确定适当的重要性水平，初步识别可能存在较高的重大错报风险的领域，初步识别重要的组成部分和账户余额，评价是否需要针对内部控制的有效性获取审计证据，识别被审计单位、所处行业、财务报告要求及其他相关方面最近发生的重大变化等。在制定总体审计策略时，注册会计师还应考虑初步业务活动的结果，以及为被审计单位提供其他服务时所获得的经验。

《中国注册会计师审计准则第 1201 号—计划审计工作》第三章第十条，针对本准则第九条确定的事项，注册会计师应当在总体审计策略中清楚地说明下列内容：

（1）向具体审计领域调配的资源，包括向高风险领域分派有适当经验的项目组成员，就复杂的问题利用专家工作等。

（2）向具体审计领域分配资源的数量，包括安排到重要存货存放地观察存货盘点的项目组成员的数量，对其他注册会计师工作的复核范围，对高风险领域安排的审计时间预算等。

（3）何时调配这些资源，包括是在期中审计阶段还是在关键的截止日期调配资源等。

（4）如何管理、指导、监督这些资源的利用，包括预期何时召开项目组预备会和总结会，预期项目负责人和经理如何进行复核，是否需要实施项目质量控制复核等。

在审计实践中，总体审计策略被具体化为：①确定审计业务的特征；②明确审计业务的报告目标；③重要会计问题及重点审计领域；④审计工作进度及时间、费用预算；⑤审计小组成员及人员分工；⑥审计重要性的确定及审计风险的评估。⑦对专家、内部审计人员及其他审计人员工作的利用；⑧其他有关内容。

2. 具体审计计划

具体审计计划比总体审计策略更加详细，其内容包括为获取充分、适当的审计证据以将审计风险降至可接受的低水平，项目组成员拟实施的审计程序的性质、时间和范围。《中国注册会计师审计准则第 1201 号—计划审计工作》第四章第十五条规定了具体审计计划的内容：

（1）按照《中国注册会计师审计准则第 1211 号—了解被审计单位及其环境并评估重大错报风险》的规定，为了足够识别和评估财务报表重大错报风险，注册会计师计划实施的风险评估程序的性质、时间和范围。

（2）按照《中国注册会计师审计准则第 1231 号—针对评估的重大错报风险实施的程序》的规定，针对评估的认定层次的重大错报风险，注册会计师计划实施的进一步审计程序的性质、时间和范围。

（3）根据中国注册会计师审计准则的规定，注册会计师针对审计业务需要实施的其他审计程序的具体审计计划应当包括各具体审计项目的一些基本内容，如审计目标、审计程序、执行人及执行日期、审计工作底稿的索引以及其他有关内容。具体审计计划可以通过编制审计程序表完成。

在审计实践中，各审计项目具体审计计划应当包括以下内容：①审计目标；②审计步骤；③审计人及执行时间；④审计工作底稿的索引号；⑤其他有关内容。

审计计划应当经会计师事务所的有关业务负责人审核和批准。审计计划经会计师事务所的有关业务负责人审核后，应将审核和批准的意见记录于审计工作底稿。审计计划应当在具体实施前下达到审计小组的全体成员。注册会计师应当在执行中视审计情况的变化及时对审计计划进行修改、补充。审计计划的修改、补充意见，应经会计师事务所的有关业务负责人同意，并记录于审计工作底稿。

5.2　审计重要性

在编制审计计划时，审计人员应当对重要性进行适当评估。

5.2.1　对重要性的理解

1. 重要性的概念

到目前为止，各国审计准则中对重要性的概念大多沿用了会计准则中对重要性做出的定义。国际会计准则理事会（International Accounting Standards Board，IASB）对重要性的定义为："如果信息的错报或漏报会影响使用者根据财务报表采取的经济决策，信息就具有重要性"。美国财务会计准则委员会（Financial Accounting Standards Board，FASB）对重要性的定义为："一项会计信息的错报或者漏报是重要的，指在特定环境下，一个理性人依赖该信息所作出的决策可能因这一错报或漏报得以变化或修正。"英国会计准则委员会（Accounting Standards Board，ASB）对重要性的定义为："错报或漏报可能影响到财务报表使用者的决策即为重要性。重要性可能在整个财务报表范围内、单个财务报表或财务报表的单个项目中加以考虑"。

由此可见，重要性是针对财务报表提供的信息而言的，是从信息使用者角度来考虑的。重要性水平与审计对象所处的环境有密切关系。

2. 重要性与审计证据的关系

在编制审计计划前，应当对重要性水平做出初步判断，以便确定审计抽样的样本规模和审计证据的多少。重要性水平越低，抽样样本规模越大，在审计风险一定的情况下，要求的审计证据就越多。因此，审计重要性水平是影响审计证据充分性的重要因素。

3. 对重要性水平做出初步判断时应考虑的因素

（1）审计人员以往的经验。

（2）被审计单位的行业特点和经营规模。被审计单位所处的行业风险较高，则重要性水平就要低；被审计单位经营规模大，重要性水平绝对数（金额）一般比规模小的公司要大，但相对数（比例）一般比规模小的公司要小。

（3）被审计单位内部控制状况。被审计单位内部控制系统有效，则审计风险较小，重要性水平就要定得高一些，以减少审计证据数量，节约审计成本。

（4）财务报表各项目的性质及其变动情况。财务报表中流动性项目变动较快，舞弊发生的可能性也较大，因此，对于流动性项目重要性水平要低一些。

5.2.2 重要性水平的确定

1. 财务报表层次的重要性水平

财务报表层次重要性水平的确定一般采取比率法，计算基础通常包括资产总额、净资产额、营业收入或净利润等。审计人员应根据被审计单位资产负债表项目的特点，考虑选取计算基础和比率。

由于对重要性水平的判断没有一个官方标准，在审计实务中通常参考下列指标，如表 5-1 所示：

表 5-1   **报表层次重要性水平参考指标**

基础	比率	说　明
税前净利润	5%~10%	净利润较小时选 10%，较大时选 5%
资产总额	0.5%~1%	资产总额较小时选 1%，较大时选 0.5%
净资产	1%	
营业收入	0.5%~1%	营业收入较小时选 1%，较大时选 0.5%

如果上述四个指标计算的重要性水平差异较大时，审计人员应选择最低的一个值作为财务报表层次的重要性水平。

2. 账户、交易或披露层次的重要性水平

一般情况下，账户、交易或披露层次的重要性水平是对报表层次重要性水平的分配，也可以单独确定重要账户和交易的重要性水平。审计人员在确定账户、交易或披露层次的重要性水平时应当考虑两个主要因素：

（1）各账户或各类交易的性质及错报的可能性；

（2）各账户或各类交易重要性水平与财务报表层次重要性水平的关系。

对于重要的账户或交易，应从严确定重要性水平；对于出现错报可能性大

的账户或交易，可将重要性水平确定得低一些。采用分配法时，应注意各账户或各类交易层次重要性水平之和应等于财务报表层次重要性水平。

5.3　审计程序

审计程序是指审计人员实施审计工作的先后顺序。审计程序有广义审计程序和狭义审计程序之分。广义审计程序又称总体审计程序，是指审计机构和审计人员对审计项目从开始到结束的整个过程采取的系统性工作步骤，一般包括三个阶段工作：计划审计阶段工作、实施审计阶段工作和完成阶段工作，每一阶段都有其具体的工作内容。狭义的审计程序是指审计人员在实施审计的具体工作中所采取的审计方法，主要是针对获取审计证据而言。

5.3.1　国家审计的程序

按照《审计法》规定的基本原则和《审计法实施条例》第三十六条至四十八条的具体规定，审计机关和审计人员在实施项目审计时，应当遵循的审计程序主要分审计准备阶段、实施阶段、审计组提出报告阶段和审计机关审定审计报告、做出处理、处罚阶段。

规范的审计程序是由具有权威性的机构所规定的，要求在审计实践活动中遵照执行的工作步骤。对一般的审计项目，审计组提交审计报告，审计机关出具审计意见书和依法做出审计处理决定，即意味着审计任务的结束，但对一些重大的审计事项，则还要进一步地了解被审计单位对审计意见书和审计处理决定中要求纠正的问题，以及提出的改进建议和意见是否得到落实，因而需要进行后续审计。在审计处理决定下达一定时期后，进行后续审计时，如被审计单位不服，则可向做出审计处理决定的审计机关的上一级审计机关申请审计行政复议。因此，行政复议也是审计程序的一个重要内容。

1. 审计准备阶段

准备阶段一般可分为审计机关的准备工作和审计组的准备工作两个方面。

（1）审计机关的准备工作

①编制审计项目计划，确定审计事项。

审计机关应当根据法律、法规和国家其他有关规定，按照本级人民政府和上级审计机关要求，确定年度审计工作重点，对审计对象进行预测和分类，科学地编制审计计划，并确定审计事项。审计项目计划一般是年度计划，也就是审计机关本年度对辖区内哪些部门、单位进行审计监督的统筹安排。审计事项就是指审计项目计划中确定的具体审计事项。

②委派审计人员组成审计组。

审计组是审计机关特派的实施审计活动的基本单位。审计事项确定以后，审计机关应根据审计事项的特点和要求，组织一定数量和质量的审计人员组成审计组。审计组实行组长负责制，其他组员在组长领导和协调下开展工作，并对分担的工作各负其责。审计组长对审计组工作全面负责，包括制定审计方案和具体实施审计检查、组织撰写审计报告等。

③签发审计通知书。

审计机关签发的《审计通知书》是审计指令，不仅是对被审计单位进行的书面通知，而且也是审计组进驻被审计单位执行审计任务、行使国家审计监督的凭据和证件。根据审计法和实施条例的规定，审计机关在实施审计3日前，向被审计单位送达审计通知书。审计机关发送审计通知书时，应附审计文书送达回证。被审计单位收到审计通知书后，填好审计文书送达回证送（寄）审计机关。直接送达的，以被审计单位在回执上注明的签收日期为送达日期；邮寄送达的，以回执上注明的收件日期为送达日期。

审计通知书的内容包括：被审计单位名称；审计的依据、审计范围、内容、方式和时间；审计组长及其他成员的名单；对被审计单位配合审计工作的要求；审计机关公章及签发日期。审计机关认为需要被审计单位自查的，应当在审计通知书中写明自查内容、要求和期限。

审计通知书在发送被审计单位的同时，还应抄送被审计单位的上级主管部门和有关部门。

（2）审计组的准备工作

①明确审计任务，学习法规，熟悉标准。

审计负责人接到任务后，应召集全组审计人员，说明该次审计的主要任务、目的和要求，提出自己的认识和打算引导大家思考，集思广益。审计组成员还要组织学习完成审计任务可能涉及的财经法纪、审计法规及审计工作纪律，准确掌握审计法规标准，以便恰如其分地评价被审计单位的经济活动。

②进行初步调查，了解被审计单位基本情况。

审计组成员在其负责人的组织下，根据审计任务的要求，通过收集查阅被审计单位平时上报的资料，走访有关部门，如主管部门、财税部门、工商、银行、物价等部门，听取各方面情况介绍，初步了解被审计单位的业务性质、生产经营特点、组织机构设置等。如系再次审计，可以通过查阅原来的审计工作底稿、审计报告、审计决定等档案资料，了解被审计单位过去的经济情况，发生过哪些问题，是如何处理的。

③拟定审计工作方案。

审计工作方案是实施审计的总体安排，保证审计工作取得预期效果的有效措施，也是审计机关据以检查、控制审计工作质量、进度的依据。审计工作方案是在综合已经取得的资料和掌握的情况，以及明确审计的重要问题的基础上形成的。其主要内容包括：审计项目名称、被审计单位名称；审计目标；审计方式；编制依据；审计的范围和内容；审计要点、步骤和方法；时间进度和人员分工等。

编制审计工作方案应当根据重要性原则，围绕审计目标、确定审计的范围、重点。审计工作方案在制定时还应留有适当余地，以便实际情况发生变化时，做出相应的调整。审计工作方案经审计组所在部门领导或审计机关主要领导批准后，由审计组负责实施。

审计组成员需准备好审计时所必需的各种物品，如审计工作记录、计算工具等。

2. 审计实施阶段

审计实施阶段是审计组进驻被审计单位，就地审查会计凭证、会计账簿、会计报表，查阅与审计事项有关的文件、资料，检查现金、实物、有价证券，并向有关单位和人员调查，以取得证明材料的过程。它是将审计工作方案付诸实施、化为实际行动的阶段，是审计全过程的最主要阶段。实施阶段主要应做好以下几项工作。

（1）深入调查研究，调整审计方案

审计组实施审计时，首先应深入了解被审计单位的管理体制、机构设置、职责或经营范围、业务规模、资产状况等。其次对内部控制制度进行评估，根据评估结果，确定审计范围和采用的方法。必要时，修改原来制订的审计方案。其主要步骤是：

①听取被审计单位情况介绍。

审计组进驻被审计单位后，应与被审计单位领导取得联系，说明本次审计的范围、内容与目的要求，争取他们的支持；约请被审计单位领导和有关部门负责人共同确定工作部署，确定与审计组的联系人和提供必要的资料等问题，听取被审计单位负责人及有关职能部门对单位情况的介绍；并采用适当方式，使单位职工了解审计目的、内容，以取得支持和协助。

②索取、收集必要的资料。

审计组应当根据情况介绍和审计工作需要，向被审计单位索取有关资料，要求其提供银行存款账户，进行必要的资料收集工作。常规审计一般需要索取、收集的资料主要是：被审计单位有关的规章、制度、文件、计划、合同文本；被查期间的各种审计资料、分析资料，上年度财务报表、分析资料以及以往接受各种检查、审计的资料；各种自制原始凭证的存根，未黏附在记账凭证上的各种支票、发票、收据等存根，以及银行账户、银行收账单、备查簿等相关的经济信息资料。

在索取，收集资料时，一定要做好登记、清点移交工作。收集的资料要当面清点，注意残缺页码，并列表登记，注明资料来源。移交与接收双方都要在移交表或调阅单上签名。

③深入调查研究，全面了解内部控制状况。

为了全面深入地了解被审计单位业务活动的一些具体规定、手续以及内控制度的执行情况，审计组在收集资料以后，应当通过查阅资料、观察、咨询等方式了解被审计单位的有关情况。特别是了解被审计单位的各项业务处理手续，有关财务会计业务处理和现金、物资管理方面的内控制度建立完善情况和实际贯彻执行情况。

④必要时，调整原审计方案。

在深入调查确定、初步评价被审计单位内控制度的基础上，审计组应当重新审查原拟订的审计方案，如发现原方案确定的审计范围、重点具体实施步骤和方法等与实际情况相差太远，必须修改审计方案时，应按规定的程序进行修改，经派出审计组的审计机关主管领导同意后组织实施。

（2）进行符合性测试

现代审计的最大特征是以评价内部控制制度为基础的抽样审计，实行的是制度基础审计。因此，在审计实施阶段，首先必须全面了解被审计单位的内控制度，并进行评价。其目的是进一步确定审计的范围、内容重点以及有效的方法。

评价内控制度，一是进行内控制度健全性调查，二是进行内控制度符合性测试，三是对内控制度的有效性进行综合评价，从中发现内控制度的强点和弱点，并分析原因。根据内部控制的强弱点，对审计方案进行适当调整。将审查重点放在内部控制制度的弱点上，面对强点则进行一般审查，以尽可能高效、高质量地取得审计证明材料，提高审计工作效率。

（3）实施实质性测试，搜集证明材料

①分析经济业务特点。

为了把有限的审计力量花在更有价值的审计内容上，审计人员先要对经济业务从四个方面进行一般性分析，主要包括分析经济业务的重要性，业务处理的复杂程度，业务发生的频率和业务处理人员素质。

②审查有关的会计资料和经济活动，收集、鉴定审计证明材料。

审计人员实施实质性测试时，应当按照下列规定办理：

其一，搜集、取证能够证明审计事项的原始资料、有关文件和实物等；不能取得原始资料、有关文件和实物的，可以采取复制拍照等方法取得证明材料。

其二，对与审计事项有关的会议和谈话内容要做出记录，或者根据审计工作需要，要求提供会议记录。

其三，向有关单位和个人调查取得的证明材料，应当有提供者的签名或者盖章。未取得提供者签名或者盖章的，审计人员应当注明原因。

（4）编制审计工作底稿

在审计过程中，审计人员必须有详细的工作记录，以便反映出审计工作的全部过程。审计工作底稿是对审计实施阶段工作的书面记载，对审计中发现的问题做出详细、准确的记录，并注明资料来源。这些记录，有些可以直接作为正式的审计工作底稿，有些则要重新编写。审计工作底稿是审计证明材料的汇集，在汇集证明材料时，应注明证明材料的来源。审计工作底稿是撰写审计报告的基础，是检查审计工作质量的依据，也是行使复议乃至再度审计时需要审阅的重要资料。

3. 审计报告阶段

审计报告阶段，也叫审计终结阶段，是审计工作的总结阶段，这一阶段的工作主要是编制审计报告，做出审计决定，其主要步骤：

（1）整理和分析审计工作底稿

审计组长应当对审计人员的审计工作底稿进行必要的检查和复核，对审计组成员的工作质量和审计工作目标完成情况进行监督。鉴定证明材料的客观性、相关性和合法性，检查审计组是否已经收集到足以证明审计事实真相的证明材料，以便及时采取补救措施，保证审计组收集的证明材料的充分性。

（2）审计组编写审计报告

按照《审计法》第三十九条规定，审计组对审计事项实施审计后，应当向审计机关提出审计报告。审计组编写的审计报告应当征求被审计单位的意见，由审计组长签字后，连同被审计单位的书面意见等一同报送审计机关。

4. 审计机关审定审计报告阶段

按照《审计法》及其实施条例的规定，审计机关审定审计报告阶段的主要工作有四个方面：一是审定报告，对审计事项做出评价；二是出具审计意见书；三是对违反国家规定的财政收支、财务收支行为，需要依法给予处理、处罚的，在法定职权范围内做出审计决定或者向有关主管机关提出处理、处罚意见；四是提出审计结果报告和审计工作报告。

5. 审计行政复议

审计机关的审计决定送达后，被审计单位对地方审计机关做出的具体行政行为不服的，可以先向上一级审计机关或者本级人民政府申请复议；但对地方性法规规定或者本级人民政府交办的事项审计不服的，应当先向本级人民政府申请复议；对审计署做出的具体行政行为不服的，应当先向审计署申请复议。审计机关按照《行政复议条例》和其他有关法律、法规的规定，办理审计复议事项，被审计单位、个人对复议决定不服的，可以依法向人民法院起诉。

5.3.2 社会审计的程序

社会审计的程序与国家审计的程序有很多相似之处，但也有自身的特点。在三个阶段中其主要工作是签订审计业务约定书；编制审计计划；内部控制测评；运用审计方法获取审计证据；编制审计工作底稿；完成审计外勤工作和出具审计报告等。

1. 签订审计业务约定书

注册会计师应当在了解被审单位基本情况的基础上，由会计师事务所接受委托，签订审计业务约定书。这项活动是由会计师事务所与委托人共同签订，据以确认审计业务的受托与委托关系，明确委托的目的、审计范围及双方责任与义务等事项，最终形成书面合约的活动。审计业务约定书一旦签订便具有法定的约束力，因此签约活动必须按下列程序和要求进行：

（1）签约前业务洽谈

在签订审计业务约定书之前，会计师事务所应当委派注册会计师了解被审计单位的基本情况，初步评价审计风险。接受委托之前应当了解被审计单位的业务性质、经营规模和组织结构，经营情况及经营风险，以前年度接受审计的情况，财务会计机构及工作组织，以及其他与签订业务约定书相关的基本情况。在初步了解情况、评价审计风险并充分考虑自身承受委托能力的基础上，与委托人就约定事项进行商谈。如洽谈审计的目的与范围，审计中所采用的程序与方法，完成的工作量与工作时限，要求客户提供的工作条件和配合的方法、程度，双方的权利与义务，收费标准和付费方式等。商谈双方就约定事项达成一致意见后，即可接受委托，正式签订审计业务约定书。

（2）签订审计业务约定书

提出业务委托并与社会审计组织签订审计业务约定书的可以是单位，也可以是个人。签订审计业务约定书应由会计师事务所和委托人双方的法定代表人或其授权的代表签订，并加盖委托人和会计师事务所的印章。审计业务约定书应当包括签约双方的名称、委托目的、审计范围、会计责任与审计责任、签约双方的义务、出具审计报告的时间要求、审计报告的使用责任、审计收费、审计业务约定书的有效时间、违约责任、签约时间以及签约双方认为应当约定的其他事项等内容。

2. 编制审计计划

审计计划包括总体审计策略和具体审计计划。总体审计策略是对审计的预期范围和实施方式所做的规划，是注册会计师从接受审计委托到出具审计报告整个过程基本工作内容的综合计划。具体审计计划是依据总体审计计划制定的，对实施总体审计计划所需要的审计程序的性质、时间和范围所做的详细规划与说明。注册会计师在整个审计过程中，应当按照审计计划执行审计业务。

3. 内部控制制度测评

注册会计师执行审计、对被审计单位进行审计时，应当研究和评价被审计单位的相关内部控制制度，据以确定实质性测试的性质、时间和范围。在对审计过程中发现的内部控制制度的重大缺陷，应当向被审计单位报告，如有需要，可出具管理建议书。注册会计师主要对会计控制制度进行测试，也即是对控制环境、会计制度和控制程序等方面进行测试，然后据以确定内部控制可依赖的程度。为了取得满意的测试效果，注册会计师应正确地进行抽样和抽样结果的评价。

4. 运用审计方法获取审计证据

注册会计师在审计时，除运用审计抽样的方法进行符合性测试和实质性测试获取审计证据外，还可以运用抽查、监盘、观察、查询及函证、计算、分析性复核等方法，以获取充分、适当的审计证据。对于异常变动项目，注册会计师应当重新考虑其所采用的审计程序是否恰当。必要时应当追加适当的审计程序。注册会计师在获取证据时，可以同时采用上述方法。

注册会计师应当对所获取的审计证据进行分析和评价，以形成相应的审计结论。对所获取的审计证据在审计工作底稿中予以清晰、完整的记录。对审计过程中发现的、尚有疑虑的重要事项，应进一步获取审计证据，以证实或消除疑虑；如在实施必要的审计程序后，仍不能获取所需要的审计证据，或无法实施必要的审计程序，注册会计师应出具保留意见或拒绝表示意见的审计报告。

5. 编制审计工作底稿

审计工作底稿，是注册会计师在审计过程中形成的审计工作记录和获取的资料。审计工作底稿应如实反映审计计划的制订及其实施情况，包括与形成和发表审计意见有关的所有重要事项，以及注册会计师的专业判断。

会计师事务所应当建立审计工作底稿复核制度。各复核人在复核审计工作底稿时，应做出必要的复核记录，书面表示复核意见并签名。在复核中，各复核人如发现已执行的审计程序和做出的审计记录存在问题，应指示有关人员予以答复、处理，并形成相应的审计记录。

6. 完成审计外勤工作

在审计报告编制之前，注册会计师应当向被审计单位介绍审计情况，如有必要，应以书面形式向其提出调整会计报表等建议。最后，注册会计师应当根据审计外勤工作获取的审计证据撰写审计总结，概括地说明审计计划的执行情况以及审计目标是否实现。

7. 出具审计报告

注册会计师应当在实施必要的审计程序后，以经过核实的审计证据为依据，形成审计意见，出具审计报告。审计报告应说明审计范围、会计责任与审计责任、审计依据和已实施的主要审计程序等事项。审计报告应当说明被审计单位会计报表的编制是否符合国家有关财务会计法规的规定，在所有重大方面是否公允地反映了其财务状况、经营成果和资金变动情况，以及所采用的会计处理方法是否遵循了一贯性原则。注册会计师根据情况，出具无保留意见、保留意见、否定意见和拒绝表示意见审计报告时，应当明确说明理由，并在可能情况下，指出其对会计报表反映的影响程度。

5.3.3　内部审计程序

内部审计程序主要取决于单位内部管理层根据需要做出的具体规定，在三个阶段中具有不同特点：

1. 准备阶段

内部审计项目的确定、审计计划的制定更多的是依据本部门、本单位实际经济情况，以及本部门、本单位领导交办的案件。内部审计人员一般熟悉本部门、本单位的内部情况，因此，可以不需要做很多的准备工作，便能迅速地转入实施阶段。同时，因内部审计人员是本部门、本单位内部的成员，所以，审计工作方案可以比较机动灵活，并且可以随时补充修改。

2. 实施阶段

内部审计实施具体的审计工作，一般应事先通知被审计单位，但无须做初步调查，也无须对内控制度进行健全性调查、符合性测试和有效性评价。审计人员依靠自己对本部门、本单位的了解，已经积累了对审计环境的认识，一般足以使他们于实施阶段一开始便径直着手深入地审核检查工作。对审计中发现的问题，可随时向有关单位和人员提出改进的建议。

3. 终结阶段

内部审计的审计报告需由经办内部审计的审计人员提出后，征求被审计单位意见，并报送本部门、本单位领导审批。经批准的审计意见书和审计决定，送达被审计单位。被审计单位必须执行审计决定。对主要项目要进行后续审计，检查采纳审计意见后执行审计决定的情况，被审计单位对审计意见书和审计决定如有异议，可以向内部审计机构所在单位负责人提出，该负责人应当及时处理。国家审计机关派驻部门的审计机构代行所驻部门内部审计机构的职能，其做出的审计报告还应报送派出的审计机关。

📅 **复习思考题**

1. 编制审计计划的作用有哪些？
2. 如何理解审计重要性？
3. 国家审计的审计程序有哪些？

4. 社会审计的审计程序有哪些？

5. 内部审计的审计程序有哪些？

参考文献

［1］叶陈刚．审计学［M］．第2版．北京：机械工业出版社，2017．

［2］中国注册会计师协会．审计（2018年注册会计师全国统一考试辅导教材
［M］．北京：中国财政经济出版社，2018．

［3］卢传峰．新编审计案例［M］．北京：中国市场出版社，2014．

［4］李敏．审计学：理论 实务 习题 解答［M］．第2版．上海：上海财经大
学出版社，2016．

［5］成凤艳，秦桂莲，秦佳佟．审计［M］．北京：北京理工大学出版社，
2017．

［6］陈矜．审计学［M］．上海：华东师范大学出版社，2014．

［7］王顺金．审计实务［M］．北京：北京理工大学出版社，2015．

［8］刘雪清，封桂芹．审计［M］．第2版．北京：清华大学出版社，2016．

第6章 审计方法

学习目标

📝 **学习目标**

1. 掌握传统审计方法中审核书面资料的方法；
2. 掌握传统审计方法中审核财产物资的方法；
3. 掌握统计抽样中属性抽样的方法；
4. 掌握统计抽样中变量抽样的方法；
5. 掌握计算机技术在审计中的应用。

💬 **重点与难点**

重点：传统审计方法中的审核书面资料和客观事物的方法，以及计算机技术在审计中的应用；

难点：统计抽样中的属性抽样和变量抽样。

📖 **引导案例**

某省住房公积金管理中的问题

某省绝大部分住房基金管理中心能够执行公积金管理的相关规定，不对外提供担保，但也有个别地方违规对外提供担保，基金存在风险。如某市住房资金管理中心，自201×年起，多次为其下属单位某经济适用房开发中心（现更名为某经济适用房开发有限公司）银行贷款提供定期存单抵押担保，贷款用途为经济适用房建设，截至202×年年底定期存单抵押贷款担保余额1.14亿元，至审计时仍有定期存单抵押贷款担保余额6400万元。经济适用房开发中心又擅自改变贷款用途将市住房资金管理中心为其担保的住房资金质押贷款出借和投资给其他房地产公司，其中投资和出借给房地产开发公司投资额1926万元、出借款5100万元；出借给某工贸公司用于房地产开发1800万元，截至审计日，尚有1445万元款项未收回，四人因此而收受贿赂现金、房产、汽车等价值 200 万元。

究其原因：一是有关管理人员为一己私利，利用职权，收受贿赂，违规操作资金。二是有关管理人员有章不循、有法不依，制度制约机制失灵。另外，部分地方住房公积金支取手续不符合规定，公积金的支取存在一定的随意性；部分市公积金管理中心存在多头开户情况，部分市信息化建设滞后，影响了公积金业务管理的效率；部分市住房公积金贷款欠规范，部分市住房维修资金管理不规范，资金使用不合规，部分市向有关保险公司领取代理手续费未及时入账而擅自发放；部分管理中心内部控制制度不健全等方面问题。

审计方法是审计人员检查和分析审计对象、收集审计证据、形成审计意见和作出审计结论的各种专门方法的总称，是审计人员在长期的审计工作实践中总结并积累的成果。

6.1　账项基础的审计方法

账项基础的审计方法以事后查账为主，主要是针对已经发生了的经济业务所形成的会计资料的合法性和公允性进行审核所用的技术方法，包括审核会计资料的方法和证实客观事物的方法。随着审计目标多样化和审计功能不断延伸，电子计算机的普遍应用和其他学科知识的引入，审计方法日趋多样化和现代化。

对审计方法的认识归纳起来有两种观点：一种观点认为，审计方法是审计人员为取得充分有效审计证据而采取的一切技术手段，这种观点被称作狭义的审计方法论；另一种观点认为，审计方法不应只是用来收集审计证据的技术，还应将整个审计过程中所运用的各种方式、方法、手段、技术都包含在审计方法体系内，这种观点被认为是广义的审计方法论。在传统审计方法的基础上，审计调查、审计分析、内部控制测评、抽样技术等专门技术大量应用在审计实践中，形成了多样化的现代审计方法体系。

6.1.1　审核书面资料的方法

审计中，大量的工作是审核财务报告、会计账簿和会计凭证等书面会计资料和其他书面资料，如何检查这些书面资料的真实性、准确性和完整性，常用的检查方法是审阅法。

审阅法，是指审计人员审查和翻阅会计资料，以查明该资料及其反映的经济活动是否真实合规并取证的一种方法。如审阅原始凭证是否涂改、伪造、计算错误，核销手续是否齐全；审阅记账凭证是否与原始凭证的内容、金额一致；审阅有关账簿是否齐全，记账是否正确；审阅会计报表有无异常数据等。在审阅过程中，审计人员可根据审阅对象的不同情况，分别采用下列方法：

1. 顺查法、逆查法和直查法

（1）顺查法，是指顺着会计业务处理的先后顺序依次进行检查的方法。即：依次审阅原始凭证是否真实、合法，记账凭证是否正确；各类账目是否登记无误；会计报表是否准确。顺查法仔细而且全面，很少有遗漏和疏忽之处，但费时费力效率低。主要适用于规模小、业务量少的单位以及管理混乱、问题严重的单位。

（2）逆查法，是指按会计业务处理程序的相反方向，依次进行检查的方法。先从会计报表和会计账簿上发现问题和疑点，逐个进行追踪检查，直到水落石出。逆查法是现代审计中较为普遍采用的一种方法。

（3）直查法，是指直接从有关明细账的审阅和分析开始，在检查明细账以后根据需要审核有关的记账凭证及其所附原始凭证，或审核有关的总账与报表的一种审计方法。直查法最大优点是灵活方便，能抓住问题的实质，克服顺查法效率低以及逆差法难发现问题的缺点，在审计实施阶段和准备阶段都得到广泛应用。

2. 详查法、抽查法和重制法

（1）详查法，是指对被审计单位审计时间范围内全部会计资料进行检查的方法。主要适用于规模小、业务量少的单位以及管理混乱、问题严重的单位。

（2）抽查法，是指从被审查的会计资料（主要是指会计凭证）中，按照一定的方法，选取一定数量的样本进行检查，并根据抽查结果来推断总体特征的一种检查方法。抽取的样本一般掌握应在总数的 25%～40%。常用的抽样方法有两种：其一是随机抽样法，是指应用概率论和数理统计来确定样本量，对样本结果进行评估，并推断总体特征的一种方法。其二是判断抽样法，是指审计人员根据专业判断来确定样本量、选取样本和对样本结果进行评估而推断总体特征的一种方法。

（3）重制法，又称重记法，是指在被审计单位会计账簿记录不全，或者账簿记录混乱的无法正常开展审计工作的情况下，只能督促被审计单位重新记账，然后再开展审计工作。

3. 核对法、复核法和调整法

（1）核对法，是指审计人员将会计资料的相关数据按照其内在关系互相对照、复核检查以取得审计证据的一种方法。核对法的主要内容如表 6-1 所示。

表 6-1　　　　　　　　　　　　**核对法及其应用**

核对法	主 要 内 容
证证核对	原始凭证与记账凭证进行核对
账证核对	将记账凭证与各类账簿进行核对
账账核对	将日记账与分类账核对，明细账与总账核对
账表核对	将总账与会计报表核对
表表核对	将资产负债表相关数据与损益表核对
账实核对	将实物账簿记录、实物资产卡片与实物监盘结身核对，通常需配合监盘方法进行
会计资料与其他资料核对	如银行存款日记账与银行对账单核对，出入库记录与计算、结转成本的会计记录核对，等等

（2）复核法，又称复算法或重新计算法，是审计人员对被审计单位的原始凭证及会计记录中的数据进行验算或另行计算，以验证其是否正确。复核计算包括对会计资料中有关项目的加总或其他运算。复核计算过程不一定按照被审计单位原来的顺序，在观察总的计算结果是否正确的同时，还要看过账、转账等会计事项有无同类科目张冠李戴的现象。复核法的主要内容如表 6-2 所示。

表 6-2　　　　　　　　　　　　**复核法及其应用**

复核法	主 要 内 容
会计凭证复核	如复核原始凭证上的数据、单价与金额的计算有无错误，记账凭证与所附的原始凭证的金额是否相符，成本计算中费用的归集与分配以及单位成本的计算是否正确等

续表

复核法	主 要 内 容
会计账簿复核	如复核明细账、日记账、总账的本期发生额和期末余额是否正确,总账与所辖的明细账本期发生额和期末余额是否一致
会计报表复核	如复核资产负债表和现金流量表中的小计数和合计数是否有误,以及利润表中收支明细和利润分配表的计算是否正确
其他数据复核	如考勤表、入库单、领料表和发货单等记录正确与否

(3) 调整法,是指审计人员对在审阅、核对和复算过程中发现的错误数据按相关规定进行调整的一种方法。审计人员撰写审计报告时,审计结果应采用审计调整后的正确数据;若被审计单位不愿调整,审计人员应在审计报告中予以披露。

4. 比较法、分析法和推理法

①比较法,是指审计人员对被审计单位书面资料的数据与相关标准进行比较,确定差异,经过分析从中发现问题并获取证据的一种方法,包括绝对数指标比较和相对数指标比较两种形式。通过比较分析,可以判断出被审计单位的经济活动是否经济、合理和有效,进一步查找原因,据以提出改进的办法。

②分析法,是指通过对会计资料有关项目进行观察、比较、分解、综合和推理来发现问题,分析原因,寻找各影响因素之间的相互关系,从而提出改进意见的一种方法,包括比较分析法、平衡分析法、趋势分析法、比率分析法、因素分析法、综合分析法、账户分析法、科目分析法、账龄分析法等。分析法在审计工作中被广泛使用。

③推理法,是指审计人员根据已掌握的事实或线索,结合自身的经验并运用逻辑方法来确定一种审计方案,并推测实施后可能出现的结果的一种审计技术方法。推理法与分析、判断有密切关系,必须以已知的事实为依据,并对推理出的结论通过核实取证后才能利用,是一种极为重要的辅助审计技术。

6.1.2 审核财产物资的方法

审核客观事物的方法是审计人员收集书面资料以外的审计证据,证明和落实客观事物存在的形态、性质、地点、数量和价值等的方法,包括盘点法、调节法和鉴定法。

1. 盘点法

盘点法指审计人员通过对各项财产物资的实地盘存，检查实物的数量、品种、规格、金额等实际情况，借以确证经济资料和经济活动的真实正确，经济资料与实物是否一致的审计方法。

盘点法分为直接盘点法和监督盘点法两种。直接盘点法是由审计人员亲自到场盘点，以证实书面资料同有关的财产物资是否相符，这种方法一般对贵重财产，如稀有金属、珍宝、贵重文物和现金等盘点才采用，其他情况下由被审单位自己盘点，单位领导和主管人员以及审计人员签章即可。监督盘点法是审计人员亲临现场观察检查，由被审单位自行组织盘存，必要时审计人员可以进行抽查、复点，保证盘存的质量。这种方法一般用于数量较大的实物，如厂房、机器设备、材料、商品等。

2. 调节法

如果现成的数据和需要证实的数据在表面不一致时，为了证实数据的真实性，就要运用调节法。调节法就是从一定出发点上的数据着手，对已发生的正常业务而出现的数据进行必要的增减调整的一种方法。例如，通常运用调节法编制银行存款节表，以便根据银行对账单的余额来验证银行存款账户的余额是否正确。此外，调节法还可用于编制有关财产物资的调节表，以验证有关财产物资结账日账面数据与实存数是否相符，其基本方法是：当盘点日与书面资料结存日不同时，先进行实物盘点，然后加减结存日与盘点日之间的增减变动，即可审查账实是否一致。

3. 鉴定法

鉴定法是指需邀请有关专业人员运用专门技术对书面资料、实物和经济活动进行确定和识别的方法。如对实物性能、质量、价值、书面资料的真伪以及经济活动的合理性、有效性等的鉴定，就超出了一般审计人员的能力，而需要聘请工程技术人员、律师等提供鉴定结论，并作出独立的审计证据。

6.1.3 审计调查的方法

审计调查是审计方法中不可缺少的一个重要组成部分。审计实施过程除了审查书面资料和审核财产物资外，还需要对经济活动及其活动资料以内或以外的某些客观事实进行内查外调，以判断真相，或查找新的线索，或取得审计证据，这就需要审计人员深入实际进行审计调查。审计调查方法包括观察法、查询法、函证法、专题调查法。

1. 观察法

观察法是审计人员亲临观场进行实地观察检查，借以查明事实真相，取得审计证据的一种调查方法。审计人员进入被审单位后，深入车间、科室、工地、仓库等地，对于生产经营管理工作的进行、财产物资的保管和利用、内部控制制度的执行等，进行直接的观看视察，了解并判断其是否符合审计标准和书面资料的记载，从中发现薄弱环节和存在的问题，借以收集书面资料以外的证据。

2. 查询法

查询法指对审计过程中发现的疑点和问题，通过口头询问或质疑的方式弄清事实真相并取得口头或书面证据的一种调查方法。如对可疑账项或异常情况、内部控制制度、经济效益等项目的审查，可以向有关人员提出口头或书面的询问。对一般问题的查询，口头或书面方式询问均可。但对重要问题，应尽量采用书面询问并取得书面证据。查询法分三种类型：

（1）集体询问。指将相关人员集中在同一个空间，采取会议式的群体询问的方法，它适用于：①调查了解无法回避和隐瞒的一般情况，或查实普通问题，这些情况和问题是众所周知的；②调查的情况和问题无须保密；③询问的内容不会招致当事人和行为人的打击报复，所以被询问可以畅所欲言，人无后顾之忧；④调查的结果不会令众人难堪，或对反映情况人造成不利影响和后果；⑤被询问人大多性情开朗，善于言谈，无语言障碍；⑥当众调查有利启发思路，容易达到较好的询问效果。

（2）小范围询问。指对二人至三人进行查询取证。审计人员为了调查事故的起因和发生经过，比如调查群众举报的不正之风，或者事故当时的现场目击证人。小范围询问时，被询问者谈话具有很强的互补性，谈及的内容具有较好的延伸性，可以不受环境的影响，询问人和被询问人之间容易沟通，对一些不善言辞的人也能起到较好的启发开导作用。

（3）个别询问。指对被审（查）单位内部或外部某一个人单独进行询问。一般宜采用个别询问的问题包括：①询问的内容较为严重，不宜扩散；②谈话内容涉及对人和事的处理，可能招致威胁和损害当事人；③被询问人系为数不多的知情人；④询问的内容属于需要保密的范围；⑤需要与当事人、知情人和其他相关人员对质的内容；⑥被询问人有语言障碍或不善于交际和言谈，或存在心理障碍，受到挫折后容易产生不良后果；⑦有关违法乱纪活动的涉案人、参与人、知情人的调查、核实。

3. 函证法

函证法实际上也是一种查询法，它是指审计人员根据查账的具体需要，设计出一定格式的函件，寄给有关单位和人员以了解情况，取得证据的一种调查方法。这种方法主要用于往来款项的查证，作为确认债权债务的必要手段。另外，对被审单位的银行、保险公司、法律顾问以及其他相关单位的情况，也可采用这种办法核对确认。函证法有很强的核对性，在查证方面非常有效，是审计工作必不可少的重要一环。函询函常见的格式有调查表格和文字式两种形式。一般情况下审计人员不得以个人的名义函询，而只能在经过项目经理同意后，以委托机构的名义进行函证。

4. 专题审计调查法

专题审计调查实际上就是专题调查，是指国家审计机关对全国、某一地区、某个行业范围内的某些专题组织力量进行审计调查，它是审计促进微观管理和宏观调控作用的有力手段，是政府决策合理化的信息保证。

除上述审计方法外，还有一些专门方法如调查表法和流程图法以及电算化审计等，在特定审计中也发挥着重要作用。审计方法作为一个技术方法体系，在从传统审计进入现代审计的发展过程中经历了三个发展阶段：第一阶段是从单纯的面向数据，发展到面向数据和面向制度两者并举；第二阶段是从单纯的财政财务审计，发展到财政财务审计与经济效益审计和经济责任审计三者并举；第三阶段是从单纯的手录数据处理系统审计，发展到以电子数据处理系统审计为主，兼顾手录数据处理系统审计两者并举。实际工作中各种方法的使用不是单一的，一个审计项目往往要运用多种审计方法，这就要求多种方法相互补充，相互促进，"综合利用"。

6.2 风险导向的审计方法

从总体中拿出其中的一部分进行检查，即为抽样检查。审计抽样不同于一般的抽查，审计抽样的基本要求是抽取的项目必须具有代表性，并且用这一部分检查的结果来代替总体的检查结果。抽样技术运用于审计工作是审计理论和实践的重大突破，实现了审计从详查到抽查的历史性飞跃，抽样审计是一门重要的现代审计技术。

6.2.1　审计抽样法的产生与发展

审计抽样法是指审计人员先在特定审计对象总体中抽取出一部分样本进行审查，然后以其审查结果来推断该总体特征的一种审计方法。

审计抽样法在历史上先后经历了三个发展阶段，即任意抽样法、判断抽样法和统计抽样法。

1. 任意抽样法

当审计从详查法向抽查法演变时最先运用的一种抽样方法。其做法是：从被查总体中随意抽取样本进行审查，而对抽取规模、抽取技术和内容等方面均无规律可循，完全是任意的。任意抽样法的优点是易于掌握，在一定程度上减轻了工作量。其缺点是抽样过程缺乏科学依据，样本结果可靠性差，所以这种抽样法很快就被判断抽样法取代。

2. 判断抽样法

判断抽样是指审计人员根据被审项目的目标，结合被审单位内部控制的完善程度，根据自己的实践经验和判断能力，凭借自己的判断标准选取样本的一种审计抽查方法。这些判断标准通常包括：账户或业务中经常发生错误的项目（如账龄长的应收账款、关联交易、不寻常的大金额交易等）、重要程度、样本项目的代表性和金额大小等。其做法是一般分为五个步骤：

第一步，确定抽查对象——审查重点；

第二步，确定抽样数量——样本量一般占总体量 20% 左右，并且重点部分或重要项目多抽；

第三步，有判断地从总体中抽取样本；

第四步，对抽出的样本进行详细审查；

第五步，作出审计结论——用样本审查结果代替总体的审查结果。

判断抽样法的优点是简便、灵活，缺点是有一定具有主观性。判断抽样建立在审计人员以往的工作经验以及对本项目的了解程度基础上，对同一审计对象，由不同的审计人员进行抽样，抽取的样本不同，得出的审计结论也不同，因而难以保证审计结论的可靠性。

3. 统计抽样法

统计抽样是指根据概率论原理和数理统计原理，按照随机原则，从被查总体中抽取部分样本进行审查，并以样本的审查结果来推断总体特征的抽样方法。运用统计抽样，总体中的每一个单位都有均等的机会被抽到，只要样本量适当，对样本审计的结果能够很好代替总体特征。统计抽样法是现代审计广泛采用的方法。

统计抽样按照用途不同，分为属性抽样和变量抽样两种。属性抽样主要用于对内部控制系统运行状况进行测试；变量抽样主要用于对账户金额正确与否进行测试。

统计抽样的意义在于：①统计抽样能够科学地确定样本规模；②统计抽样中总体各项目被抽到的机会是均等的，避免了主观误判；③统计抽样能准确地计算出抽样误差，可以预计审计风险并把风险控制在合理的范围；④统计抽样能够使得审计工作规范化。

统计抽样法的优点在于总体中每一单位都有机会被抽到，样本特征尽可能接近或代表总体特征，审计结论受人的主观因素影响很小。另外，统计抽样法结合数理统计方法计算出样本代表性误差，并通过追加样本量来控制风险。缺点在于程序复杂，要求审计人员具有较高的统计知识和数理知识，而且这种方法只能用于资料比较齐全并且内部控制系统健全的被审计单位。对于资料残缺不全的被审单位，以及以揭露贪污舞弊为目的的财经法纪审计，则不适用统计抽样法。

6.2.2 统计抽样法的一般步骤

1. 设计样本

样本设计是指审计人员围绕审计目标、样本性质、样本量、抽样组织方式以及抽样工作质量要求等方面，所进行的规划工作。具体来讲，审计人员在设计样本时，应该考虑以下几个方面的因素：

（1）审计目标

围绕具体审计目标，并考虑其所需要获取审计证据的特征及构成误差的条件，以确定所采用的审计抽样方法。一般来讲，在控制性测试中，误差是指审计人员认为使控制程序失效的所有控制失效事件，通常指由会计处理差错或经济活动差错导致的会计报告差错；在实质性测试中，误差是指货币金额的差错。

（2）审计范围

审计人员在确定审计范围时，应确保以下两点：其一是审计对象总体必须符合具体的审计目标，避免"牛头不对马尾"现象；二是审计对象总体必须包括被审计的会计或其他资料的所有项目，避免"以偏概全"现象。审计人员应确保审计对象总体的适当性和完整性。

（3）审计风险

审计风险是指财务报表存在重大错报而注册会计师发表不恰当审计意见的可能性。审计风险通常表现为两个方面：其一是注册会计师认为公允的会计报表，但实际上却是错误的；二是注册会计师认为的错误的会计报表，但实际上是公允的。

（4）内部控制的可信赖程度

可信赖程度通常用预计抽样结果能够代表审计对象总体特征的百分比来表示。审计人员对可信赖程度要求越高，需选取的样本量相应越大。可信赖程度主要取决于被审计单位的内部控制。如果说抽样结果有90%的可信度，即是说抽样结果有90%的可能性能够代表总体特征，有10%的可能性不能够代表总体特征。10%的风险和90%的可信赖程度表达的是同一个问题的两个方面。

（5）可容忍误差发生率

可容忍误差发生率，又称精确度，是抽样误差的容许界限，是指审计人员允许在总体中发生的、但仍然愿意依赖内部控制的差错发生水平。在审计计划阶段，审计人员根据自己的职业判断和审计重要性原则，合理地确定审计总体的可容忍误差发生率，一般用 ±1%、±2%表示。可容忍误差发生率越低，需选取的样本量就越大。

在实施控制测试时，可容忍误差是审计人员不改变对内部控制的可信赖程度而愿意接受的最大误差，也就是说，只要被审计单位内部控制在运行中的实际偏离程度在审计人员可接受的范围内，审计人员就应该信任该内部控制运行的误差。在实施实质测试时，可容忍误差是指审计人员能够对某一账户余额作出合理评价所愿意接受的最大金额误差，其金额小于或等于审计人员针对某类账户余额使用的重要水平。

2. 预计总体差错发生率

审计人员根据上期审计所发现的误差、被审计单位经营业务和经营环境的变化、内部控制的评价及实施分析程序的结果等，预先估计本期的总体差错发生率，以便确定本期审计的样本规模。在实际工作中，审计人员可以利用以往年度审计结果来预计本年度的总体差错发生率，如果没有以往年度的资料，审计人员可进行小规模的测试，根据测试的差错发生率作为估计总体差错发生率。

3. 确定样本规模

抽样审计的关键在于合理确定样本规模，即确定适当的样本量。如果样本量过小，则无法保证抽样结果的代表性；反之，如果样本量过大，则会增加审计工作量，影响审计工作效率。在确定样本规模是，审计人员应当考虑将抽样风险降至可接受的低水平，可接受的风险水平越低，需要抽取的样本量也大。

一般情况下，审计人员根据可信赖程度、可容忍误差发生率、预计总体差错发生率以及审计对象总体规模等因素，采用重复抽样或者不重复抽样，分别采用相应的公式确定样本规模。

（1）重复抽样下样本规模的确定公式

$$样本量 = T^2 \times P \times \frac{1-P}{\Delta^2}$$

式中：T 为可信赖程度；P 为预计总体差错发生率；Δ 为可容忍误差发生率

（2）不重复抽样下样本规模的确定公式

$$样本量 = T^2 \times P \times (1-P) \times N / [N \times \Delta^2 + T^2 \times P \times (1-P)]$$

式中：T 为可信赖程度；P 为预计总体差错发生率；N 为审计对象总体数；Δ 为可容忍误差发生率

表 6-3　　　　　　　　　　　样本规模与影响因素之间的关系

影 响 因 素	样 本 规 模
提高风险水平	减少
增加可容忍的差错发生率	减少
增加估计总体差错发生率	增加
增加总体规模	增加

在实践中，通常在确定了可靠性程度、可容忍差错发生率和预计总体差错发生率的基础上，通过查样本量确定表来确定样本规模，如表 6-4 所示。

表 6-4 　　　　　　　　　　　**样本量确定表**
（可靠程度：90%）

预计总体差错发生率	可容忍差错发生率（%）															
	0.5	1	2	3	4	5	6	7	8	9	10	12	14	16	18	20
0.00	460	230	120	80	60	50	40	40	30	30	25	**	**	**	**	**
0.25	*	400	200	140	100	80	70	60	50	50	40	40	30	30	**	**
0.50		800	200	140	100	80	70	60	50	50	40	40	30	30	30	**
1.00			400	180	100	80	70	60	50	50	40	40	30	30	30	**
1.50			*	320	180	120	90	60	50	50	40	40	30	30	30	**
2.00				600	200	140	90	80	50	50	40	40	30	30	30	**
2.50				*	360	160	120	80	70	60	50	40	30	30	30	**
3.00					800	260	160	100	90	60	60	50	30	30	30	**
3.50					*	400	200	140	100	80	70	50	40	40	30	**
4.00						900	300	200	100	90	70	50	40	40	30	**
4.50						*	550	220	160	120	80	60	40	40	30	**
5.00							*	320	160	120	80	60	40	40	30	**
5.50							*	600	280	160	120	70	50	40	30	30
6.00								*	380	200	160	80	50	40	30	30
6.50								*	600	260	180	90	60	40	30	30
7.00									*	400	200	100	70	40	30	40
7.50										800	280	120	80	40	40	40
8.00										*	460	160	100	50	50	40
8.50										*	800	200	100	70	50	40
9.00											*	260	100	80	50	40
9.50											*	380	160	80	50	40
10.00												500	160	80	50	40

4. 选择抽样方法

在样本规模确定之后，如何从总体中把样本抽取出来，这是审计抽样中的另一个关键问题，即依照什么原则采用什么方法来抽取样本，也就是解决

"如何抽"的问题。在现代审计抽样中，根据随机原则抽取样本能够避免主观性的干扰，能够使得总体中的每一个单位都有机会被公平对待，抽取的有效样本具有代表性。在审计实际工作中，随机数表法、系统抽样法、分层抽样法等是经常用来抽取样本的基本方法。

（1）随机数表法

随机数表法又叫乱数法，是指对 0~9 这 10 个自然数字，按编码位数的要求（如两位一组，三位一组，五位甚至十位一组），利用特制的摇码器或计算机进行随机生成设定位数的数字串，并将这些随机数字串随机地纵横排列在表格中，就形成了随机数表。

随机数表法应用的具体步骤是：①将调查总体单位一一编号；②在随机数表上任意规定抽样的起点和抽样的顺序，一经确定不得改变；③依次从随机数表上抽取样本单位号码。凡是抽到编号范围内的号码，就是样本单位的号码，一直到抽满为止。

（2）系统抽样法

系统抽样法又叫作等距抽样法或机械抽样法，是依据一定的抽样距离，从总体中抽取样本。要从容量为 N 的总体中抽取容量为 n 的样本，可将总体分成均衡的若干部分，然后按照预先规定的规则，从每一部分抽取一个单位，得到所需要的样本的抽样方法。

系统抽样法应用的具体步骤是：①编码：先将总体的 N 个单位进行编号；②分段：确定分段间隔 k，对编号进行分段，当 N/n（n 是样本容量）是整数时，取 $k=N/n$；③确定第一个单位编号：在第一段用简单随机抽样确定第一个单位编号 l（$l \leqslant k$）；④成样：按照一定的规则抽取样本，通常是将 l 加上间隔 k 得到第二个个体编号（$l+k$），再加上 k 得到第三个个体编号（$l+2k$），依次进行下去，直到获取整个样本。

（3）分层抽样法

分层抽样又称分类抽样或类型抽样。将总体划分为若干个同质层，再在各层内用随机数表法或系统抽样法抽取样本。分层抽样的特点是将科学分组法与抽样法结合在一起，分组减小了各抽样层变异性的影响，抽样保证了所抽取的样本具有足够的代表性。这种方法的优点是，样本的代表性比较好，抽样误差比较小。缺点是分层抽样的手续比简单随机抽样复杂。

5. 抽样结果评价

审计人员在对样本实施必要的审计程序后，需要对样本结果进行评价，其具体步骤是根据样本误差，推断总体误差，在此基础上评价样本结果并得出结论，如表6-5所示。

表6-5 审计抽样样本结果评价

应用对象	抽样方法	评价指标（根据样本结果形成的推断总体误差）	评价指标与可容忍误差比较结果	结　　论	注册会计师的对策
控制测试（检查内部控制系统是否健全）	属性抽样	注册会计师确定的信赖过度风险条件下可能发生的偏差率上限的估计值（即总体偏差率与抽样风险允许限度之和），简称估计的总体偏差率上限	低于可容忍偏差率	总体可以接受，注册会计师对总体作出结论，样本结果支持计划评估的控制有效性，从而支持计划的重大错报风险评估水平	
			大于或等于可容忍偏差率	总体不能接受，注册会计师对总体作出结论，样本结果不支持计划评估的控制有效性，从而不支持计划的重大错报风险评估水平	应当修正重大错报风险评估水平，并增加实质性程序的数量。注册会计师也可以对影响重大错报风险评估水平的其他控制进行测试，以支持计划的重大错报风险评估水平
			低于但接近可容忍偏差率	应当结合其他审计程序的结果，考虑是否接受总体，并考虑是否需要扩大测试范围，以进一步证实计划评估的控制有效性和重大错报风险水平	
实质测试（检查账户余额是否正确）	变量抽样	注册会计师首先必须根据样本中发现的实际错报要求被审计单位调整账面记录金额。将被审计单位已更正的错报从推断的总体错报金额中减掉后，注册会计师应当将调整后的推断总体错报与该类交易或账户余额的可容忍错报相比较，但必须考虑抽样风险			
		计算的总体错报上限【等于推断的总体错报（调整后）与抽样风险允许限度之和】	低于可容忍错报	总体可以接受，注册会计师对总体作出结论，所测试的交易或账户余额不存在重大错报	
			大于或等于可容忍错报	总体不能接受，注册会计师对总体作出结论，所测试的交易或账户余额存在重大错报	在评价财务报表整体是否存在重大错报时，注册会计师应将该类交易或账户余额的错报与其他审计证据一起考虑。通常，注册会计师会建议被审计单位对错报进行调查，且在必要时调整账面记录

6.2.3 统计抽样的具体运用

1. 属性抽样

属性抽样是指在精确度界限和可靠程度一定的条件下，为了测定总体特征的发生频率而采用的方法。属性抽样是为了确定内部控制系统的设计和执行是否有效而实施的审计程序。审计人员通过对样本的审核来推断差错或舞弊的发生频率，以证明被审计单位的内部控制是否存在并得到有效执行，并同以前相比较来核实内部控制的变化。

📝 **实例分析**

审计人员拟采用抽样对某单位 2016 年度购货、付款业务的内控系统进行测试，拟审核该企业是否在将验收报告与进货发票相核对之后，才准予支付购货款项。为此，审计人员将关注其控制系统的运行情况。

审计人员将审核该单位所有购货发票。对购货、付款环节的内控偏差定义为：①购货发票未附仓库验收单；②发票所附的验收单与发票数量不相符；③发票与所附验收单不是同一笔业务。

运用属性抽样的方法，主要包括下列步骤：

第一步，确定可信赖程度、可容忍误差发生率。

审计人员利用其职业经验和专业判断，确定可信赖程度为 95%，可容忍误差率为 4%。

第二步，确定预计总体误差。

审计人员参照前期审计工作底稿，并运用专业判断，将预计总体误差率确定为 1.5%。

第三步，确定样本规模。

在内部控制的可信赖程度、可容忍误差发生率、预计总体差错发生率确定之后，审计人员便可利用查样本规模确定表来确定样本规模。具体见表 6-6。

通过查表 6-6 可知，在可信赖程度为 95%，可容忍误差率为 4% 和预计总体误差率为 1.5% 时，应选取样本数量为 200 个，样本中的预计误差为 3 个（200×1.5%）。如果发现样本中的实际误差超过 3 个，说明抽样结果不能支持审计人员对内部控制的预期信赖程度。

表 6-6　　　　　　　　　　　样本规模确定表
（可靠程度：95%）

预计总体差错发生率	可容忍差错发生率（%）															
	0.5	1	2	3	4	5	6	7	8	9	10	12	14	16	18	20
0.00	600	300	150	100	80	60	50	50	40	40	30	30	**	**	**	**
0.25	*	650	240	160	120	100	80	70	60	60	50	40	40	30	30	30
0.50		*	320	160	120	100	80	70	60	60	50	40	40	30	30	30
1.00			600	260	160	100	80	70	60	60	50	40	40	30	30	30
1.50			*	400	200	160	120	90	60	60	50	40	40	30	30	30
2.00				900	300	200	140	90	80	70	60	40	40	30	30	30
2.50				*	550	240	160	120	80	70	70	40	40	30	30	30
3.00					*	400	200	160	100	90	80	60	50	30	30	30
3.50					*	650	280	200	140	100	80	70	50	40	40	30
4.00						*	500	240	180	100	90	70	50	40	40	30
4.50						*	800	360	200	160	120	80	60	40	40	30
5.00							*	500	240	160	120	80	60	40	40	30
5.50							*	900	360	200	160	90	70	50	50	30
6.00								*	550	280	180	100	80	50	50	30
6.50								*	1000	400	240	120	90	60	40	30
7.00									*	600	300	140	100	70	50	40
7.50									*	*	460	160	100	80	50	40
8.00										*	650	200	100	80	50	50
8.50										*	*	280	140	80	70	50
9.00											*	400	180	100	70	50
9.50											*	550	200	120	70	50
10.00												800	220	120	70	50

第四步，抽取样本。

审计人员运用随机数表时，应对总体中的每一个项目都给予不同编号，并将表中数字与总体项目之间建立一一对应关系。审计人员在随机数表中选取数字时，可以从任何地方开始，也可以按任何方向进行，一经确定，不得改变，且必须按顺序进行选取。随机数表如表 6-7。

表 6-7 随机数表（部分）

行列	1	2	3	4	5	6	7	8
1	68706	73374	73948	83136	78271	61652	88021	87164
2	85896	27532	75653	89829	12623	75387	12561	63004
3	58462	94764	24953	26622	62652	96459	46642	73918
4	24210	89620	27193	55688	15849	88005	13003	57991
5	41860	69090	81332	74123	68904	99626	61105	76504
6	42897	70944	73322	27797	22908	81144	72564	65729
7	17805	15580	85031	37005	27736	76590	56921	10781
8	20793	38561	35755	77425	25249	14881	95836	94580
9	63307	37638	17504	61072	91841	71567	86404	97123
10	52462	15982	60920	65187	71968	32643	65403	80312

例如，需要从表 6-7 中抽取 10 个样本，以第二行第二列数字作为起点，取每个数据的前三位作为从总体中抽取的样本序号，抽取工作依照从左到右、自上而下顺序原则，则可选出：756、898、126、753、125、630、584、947、249、266、626、964、466、739、242 十个样本。样本在抽出之后，还要对其进行筛选，剔除无效样本。

第五步，抽样结果评价。

对选取的样本进行审查后，审计人员应当考虑误差的次数和性质，并将查出的误差加以汇总，评价抽样结果。

当样本误差数为 3 时，推断的总体误差率为 3%，小于可容忍误差率（4%），审计人员可以得出结论：总体误差率不超过 4% 的可信赖程度为 95%。当样本误差数为 4 时，推断的总体误差率为 4%，等于可容忍误差率，审计人员应重新考虑信赖过度风险，并考虑是否有必要增加样本量或执行替代审计程序。当样本误差为 5 时，推断的总体误差率为 5%，大于可容忍误差，审计人员应降低对该内部控制的可信赖程度，并实施其他审计程序。

审计人员在审查样本时若发现有欺诈、舞弊或逃避内部控制的情形，应采取其他审计程序予以揭露，并及时通知被审计单位管理层制止该类误差的再次发生。

2. 变量抽样

变量抽样是指用来估计总体金额或错误金额而采用的一种方法，是用于实质性程序方面的统计抽样，审计人员通过检查财务报表各项目数据的真实性和正确性来取得所需的直接证据，以支持和得出审计结论。在审计实践中，最常用的变量抽样方法有单位平均值估计抽样、差异估计抽样和比率估计抽样等。

📝 **实例分析：以单位平均值法为例**

单位平均值估计抽样是利用样本平均值估计总体平均值，然后对总体的金额正确性进行推断估计的一种变量抽样方法。其具体步骤如下：

第一步，确定审计的总体范围。

某单位 2016 年年末的应收账款账户账面余额为 550000 元，共有 5000 个应收账款账户。

第二步，确定可信赖程度及可容忍误差。

根据被审计单位内部控制情况及抽样风险的可接受水平，审计人员确定的可信赖程度为 95%，可信赖程度系数为 1.96，可容忍误差为 ±19 500 元。

表 6-8　　　　　　　**可靠程度与标准正态离差系数对照表**

可靠程度（%）	标准正态离差系数
70	1.04
75	1.15
80	1.28
85	1.44
90	1.64
95	1.96
99	2.58

第三步，确定预期总体误差，估计总体标准离差。

在采用单位平均值估计抽样时，审计人员通常预选一个较小的初始样本量，经检查分析后确定初始样本离差，并据此估计总体标准离差。

假设：X_i——各初始样本项目数值

$$\bar{X} = \frac{\sum X_i}{n_0} \quad\text{——初始样本平均值}$$

n_0——初始样本量

则可用下列公式估计总体标准离差：

$$S = \frac{\sum_{i=1}^{n}(X_i - \bar{X})^2}{n_0}$$

审计人员根据被审计单位应收账款明细账，确定 S 为 20 元。

第四步，确定样本规模。

在重复抽样的情况下，通过下列公式确定样本规模：

$$n' = \left(\frac{t \cdot S \cdot N}{P}\right)^2$$

在不重复抽样的情况下，则可通过下列公式确定样本量规模：

$$n = \frac{n'}{1 + \dfrac{n'}{N}}$$

式中：t——可靠程度系数（标准正态离差系数）；S——估计总体标准离差；N——总体项目个数；P——精确度；n'——放回抽样的样本规模；n——不放回抽样的样本量。

本例的重复抽样的样本量为 101 个账户；不重复抽样的样本量为 99 个账户。

第五步，选取有效样本。可用运用系统抽样法或分层抽样法抽取样本，并检样本的有效性。本例采用不重复抽样，运用系统抽样法从 5000 个账户中抽出 99 个应收账款账户进行函证。

通过对 99 个应收账款的回函整理，发现有 6 个账户的金额存在问题，情况如表 6-9 所示。

表 6-9　　　　　　　　　　　样本检查分析表　　　　　　　　（单位：元）

项目编号	函证金额	账面金额	差距金额
14	960	1020	60
151	1010	940	−70
407	1200	1260	60

续表

项目编号	函证金额	账面金额	差距金额
489	565	740	175
576	770	570	−200
820	2900	3000	100
合计	7405	7530	125

第六步，对总体错误额的估计以样本的平均数作为总体平均数的估计，对总体的总金额进行区间估计。

$$N\overline{X} = N\overline{X} \pm P$$

经计算，样本的平均值为 105.50 元，因而总体的总金额区间估计值为：

$$527500\ 元 \pm 19500\ 元$$

第七步，得出审计结论。

审计人员有 95% 的把握保证 5000 个应收账款账户的真实金额为 508000～547000 元。而该单位的应收账款账面余额为 550000 元，超出了总金额区间范围，需要扩大样本量做进一步测试。

6.3　信息技术时代的审计方法

信息技术不仅改变了人们的工作方式，也扩大了工作范围，同时也革新了工作理念和职业伦理，给传统审计带来了巨大挑战。

6.3.1　计算机审计

从美国学者 J. B. Samuel 1955 年提出"通过计算机审计"以来，计算机审计研究得到了越来越多的关注。1969 年在美国洛杉矶成立的电子数据处理审计协会（EDPAA）和 1984 年颁布的国际审计准则 15 号《电子数据处理环境下的审计》，更是有力地推动了全球计算机审计实务的发展。我国审计署在 1993 年首次发布了《审计署关于计算机审计的暂行规定》，随后在 1996 年发布了《审计机关计算机辅助审计办法》，中注协在 1999 颁布了《独立审计具体准则 20—计算机信息系统环境下的审计》，这是我国颁布的第一套与计算机审计有关的正式准则。而在 1998 年，鉴于会计信息化发展的同时出现了会计领域计算机做假和犯罪，审计署开始筹备金审工程。随着计算机审计准则的颁布和金审工程 2002 年 10 月底正式展开，快速推动了计算机审计实务的发展。

1. 计算机审计的概念

到目前为止，计算机审计发展包括三个阶段。不同阶段，人们对其定义不同：

（1）利用计算机技术辅助实施审计

审计人员将计算机软件及硬件技术等应用于审计工作中，辅助完成审计业务，如审计人员可以利用审计软件编制审计计划与审计工作底稿；从建立的审计数据库中随时查询有关法规条例以辅助审计；利用计算机软件中提供的功能进行审计分析，查找审计线索；利用计算机软件编制审计报告等。计算机成为提高审计效率的有力工具，人们把利用计算机技术协助审计人员完成审计任务的工作叫计算机辅助审计，简称为计算机审计。

（2）对计算机会计信息系统中的电子数据进行审计

在计算机会计信息系统下，会计软件逐渐代替手工会计，传统的会计核算手段和账务处理程序发生了重大的变化，数据存储形式也由纸质凭证、账簿、会计报表及其他经济资料转为以电磁形式存储的数据库数据，面对计算机会计信息系统产生的电子数据，审计对象变为以对计算机会计信息系统中的电子数据进行审计，人们称其为计算机审计。这种计算机审计实际上是传统财务审计的延伸。

（3）对计算机信息系统进行审计

对计算机信息系统进行审计，简称 IT 审计，日本通产省在 1996 年提出"IT 审计"的定义为："为了信息系统的安全、可靠与有效，由独立于审计对象的 IT 审计师，以第三方的客观立场对以计算机为核心的信息系统进行综合的检查与评价，向 IT 审计对象的最高领导，提出问题与建议的一连串的活动"。可见，IT 审计是对被审计对象所采用的计算机化的信息系统（包括会计信息系统和其他信息系统）的安全性、可靠性进行了解、测试与评价，并对信息系统对财务报告的影响做出判断或单独提出信息系统审计报告的过程，其内容包括信息系统计划、设计、编程、测试、运行、维护的整个循环周期的审计。

对上述三种内涵，第一种内涵强调了计算机审计的主体，即利用计算机技术进行审计，而不是利用手工技术进行审计；第二种内涵强调了计算机审计的客体，即对计算机会计信息系统中的财务数据进行审计，而不是对手工会计信息系统中的财务数据进行审计；第三种是对任何计算机信息系统的审计。前两种提法都是与传统手工审计相比较的提法，第三种提法突破了传统审计把财务会计作为审计对象，扩大了审计的范围。

2. 计算机审计需要审计人员掌握的知识及基本技能

（1）要求审计人员具有全面的知识结构并做复合型人才

计算机辅助审计及对计算机会计信息系统电子数据的审计要求审计人员不仅要熟练掌握会计准则及会计处理方法，掌握审计准则及相关的审计技术、方法，此外，还要掌握现代管理知识、法律知识及经济理论，除此之外，更重要的是要掌握并不断更新计算机知识，如数据处理知识，软件开发知识，信息系统、操作系统、计算机网络系统、数据库管理系统的结构、原理，等等，总之要具有全面的知识结构，只是掌握传统手工审计知识的审计人员是不能胜任计算机审计工作的。

（2）要求审计人员熟练掌握计算机硬件与软件的应用技术

计算机辅助审计中要求审计人员运用计算机的硬件技术、软件技术及网络技术，来对手工会计信息系统进行审计或对计算机会计信息系统进行审计。因而审计人员应该熟练掌握计算机的应用技术，包括办公自动化软件和计算机审计软件，这些审计软件可以辅助完成手工审计或完成对计算机会计信息系统的审计。

（3）要求审计人员熟悉计算机会计信息系统的结构和运行原理

在开展计算机会计信息系统环境下的财务审计，要求审计人员熟悉计算机会计信息系统的结构和运行原理、数据处理过程，要求审计人员熟悉计算机会计信息系统的数据库结构，并能对所获取的数据进行相关的分析和利用，且能对取得的数据和信息的质量作出职业的判断和评价。

（4）要求审计人员有能力对计算机信息系统的内部控制作出适当的评价

审计是建立在内部控制评价基础上的抽样审计，计算机会计信息系统的内部控制与手工会计的内部控制有显著的差别，因此审计上要特别注重对计算机会计信息系统的应用控制的审查和评价。

3. 计算机技术对传统审计带来的挑战

（1）审计范围拓展所带来的风险

计算机审计的对象除了手工环境下的审计对象外，还包括磁盘等信息载体；另外审计人员还要对会计信息系统本身进行审计，这都增加了审计工作的难度。审计人员如果对企业的情况缺乏足够的认识，会对审计中的职业判断有重大影响，对审计重点把握不妥当，以致最终发表不恰当的审计意见。

（2）电子化数据易被篡改、滥用和丢失

在计算机系统下，电子数据的安全性是计算机应用的关键，也是审计人员面临的重要问题。存储在计算机磁盘中的数据在处理过程中，如遇到病毒侵入、电源故障、磁盘故障、人为操作失误、处理程序错误和数据库操作不当等都会引起数据的丢失和破坏，从而影响到电子数据的安全性。若是运行在电子商务环境下传输数据的丢失则影响尤其重大，更将直接导致数据库的破坏。而目前企业电子商务系统却大多缺少计算机安全管理员，缺少对系统的实时监控。

（3）内部控制存在的风险

在传统手工会计环境中，内部控制一般表现为对人的控制，通过建立岗位责任制，加强人员之间的互相牵制以达到控制的目的，责任比较容易明确，结果也比较直观。在计算机环境下，内部控制转变为对人和机器两方面的控制，而且多数情况下是以对机器的控制为主。所以对被审计单位内部控制的了解和测试，如果还局限于原先的程序和内容，会在很大程度上增加审计风险。

6.3.2 大数据审计

在大数据时代，以云计算及数据挖掘为代表的各种信息技术快速发展，使得基于大数据背景下的新审计手段（下文简称大数据审计）逐渐成为主要审计方法。审计人员利用大数据相关技术对被审计单位与全部业务相关的所有数据进行收集整理、分析处理再到最后的审计报告输出，综合评价被审计单位是否有效利用财务信息系统对企业资产安全、经营效率等作出了充分的安排。

1. 大数据审计与计算机审计方法之比较

传统环境下，审计人员常采用审阅法、复算法、盘存法、函证法、鉴定法等方法开展审计工作；信息化环境下，审计的对象是电子数据，因此审计证据的获取多是通过采用信息技术对被审计数据进行分析来完成的；随着大数据时代的到来，被审计单位的大数据环境为电子数据审计提出了挑战。表6-10分析了大数据环境下的电子数据审计方法与现有电子数据审计方法的差异。

表6-10　**大数据环境下的电子数据审计方法与现有电子数据审计方法之比较**

比较内容	现有电子数据审计方法	大数据环境下的电子数据审计方法
被审计数据来源	审计所需要的被审计单位的部分数据，主要是审计交易数据	审计所需要的被审计单位的各种类型数据，不仅仅包括审计大交易数据，还包括审计大交互数据
审计数据采集方法	常用的审计数据采集方法主要有直接复制、通过中间文件采集、通过 ODBC 接口采集、通过专用模板采集以及远程联网数据采集等	审计大数据大环境下，除了采用现有审计数据采集方法之外，一些专门针对大数据的采集方法也可用于审计大数据采集之中，如对于非结构化数据的采集，可以采用网络数据采集方法，这种方法通过网络爬虫等方式从网站上获取审计数据信息；对于系统日志数据采集，可以采用 Hadoop 的 Chukwa，Facebook 的 Scribe 等
审计数据预处理方法	针对采集来的结构数据进行审计数据预处理，主要是解决不完整数据、不一致的数据、不正确的数据、重复的数据等问题，其中名称转换、数据类型转换、代码转换、横向合并、纵向合并、空值处理等，是目前电子数据审计数据预处理过程中的常用方法	不仅仅包括对结构化数据的预处理，还包括如何把非结构化和半结构化的数据通过预处理转化成结构化数据
审计数据分析方法	常用的审计数据分析方法主要包括：账表分析、数据查询、审计抽样、统计分析、数值分析等	传统的数据分析技术也可用于目前的审计大数据分析。但为了满足大数据环境下数据分析的需要，一些专门用于处理大数据的关键技术如 Big Table、云计算、分布式系统、Hadoop、HBase、Map/Reduce、可视化技术等被用于审计大数据分析。另外，借助以上技术，审计数据实时分析成为可能
审计数据存储方法	一般情况下，采用一般服务器来存储数据；联网审计环境下，可以在审计机关构建联网审计的海量数据存储系统，或建立审计数据中心系统	目前的数据存储技术不能满足审计大数据环境的需要，审计大数据的存储方法发生改变，包括存储设施、存储架构、数据访问机制等，可借助云计算平台进行审计数据存储，但这同时又带来了审计大数据的存储安全问题

2. 大数据时代对审计产生的影响

"互联网+"时代审计与传统审计相比较,在审计范围、审计数据、审计风险、审计技术和审计人员等方面都将发生很大变化。

(1)大数据对审计范围的影响

在传统的审计中,由于受到人力和时间的限制,无法做到对所有审计数据的收集和分析,所以审计人员在审计工作中一般采用的是审计抽样方法,选取具有代表性的数据获得最多的审计信息。大数据时代的到来,大数据挖掘技术的应用,使审计工作逐渐能够从海量数据中挖掘潜在有用的信息,这就要求审计人员有较强的数据分析、处理和存储能力,不再依赖于审计重要性水平进行重点检查,审计项目更具全面性、整体性。

(2)大数据对审计数据的影响

在传统的审计模式下,审计人员可以对获取的财务数据和业务数据等结构化数据依靠技术手段进行审计分析,而对年度工作报告、规章制度和合同等非结构化的数据还须通过审计人员翻阅来进行分析。大数据时代的到来,审计人员应该逐渐转变审计分析思路,由以结构化数据为主转变为结构化数据与非结构化数据并重的方式。大数据时代下审计数据之间的关系由"因果关系"转变为"因果关系与相关关系"并重,而且更加注重数据间的相关关系分析。

(3)大数据对审计风险的影响

云会计下的审计可以通过构建互联网上的云平台,以完成对信息和数据的传输、存储等,使得审计人员摆脱了对纸质材料的依赖,但传统审计下可视审计线索消失、数据在输出和存储的保密性等方面的审计风险加大。

(4)对审计技术的影响

传统审计中,审计人员实行的审计技术已不能满足大数据时代的需求,以前主要采用的是审计线索跟踪技术(如检查、函证、询问等),但在现行的审计模式下,审计线索具有不可见性、数字化、网格化及流动性等特点。云会计环境下,审计人员使用基于云的数据挖掘技术和数据仓库技术,通过云平台来跟踪审计线索,从结构化、非结构化的海量信息中挖掘相关审计证据。

(5)对审计人员的影响

传统的审计人员除了掌握财务或审计等专业知识,大多是凭积累的"经验"来进行审计工作;在大数据时代,审计人员既要了解数据的变化及数据处理技术,也要能够充分、及时地从海量复杂的数据中,辨认出与审计业务相关的、重要的数据，并得到最佳的审计证据。

3. 大数据时代审计工作流程

大数据对审计产生了巨大影响，但是在大数据时代审计工作仍然由审计准备阶段、审计实施阶段和审计终结三个阶段组成。三个阶段工作的审计工作流程图如图 6-1 所示。

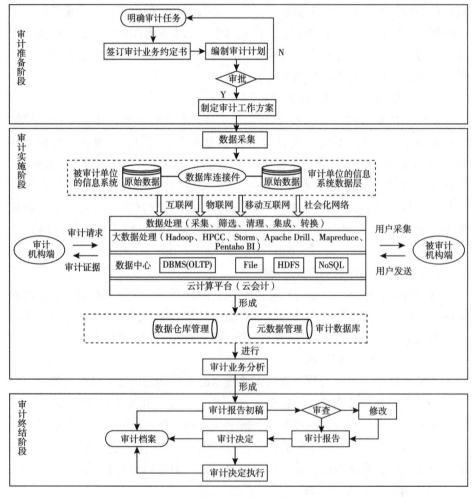

图 6-1　大数据时代审计工作流程图

4. 大数据时代审计工作的核心

大数据是一种技术化环境的产物，得益于物联网、云计算、社会计算等新兴信息技术的飞速发展，信息的采集、传递、存储和加工能力不断提升、成本不断降低。在大数据环境中，几乎任何人、事、物都可以被记录、计量和电子化采集，进而转化成数据，这个过程被称作"数据化"。

大数据时代审计工作的核心在于收集数据、处理数据、分析数据，建立多维审计分析系统，帮助数据库建立审计管理平台，分别从纵向和横向进行双向管理，大数据的审计平台建立已经成为发展审计机关数据分析能力的必然。大数据时代审计平台与数据化过程如图 6-2 所示。

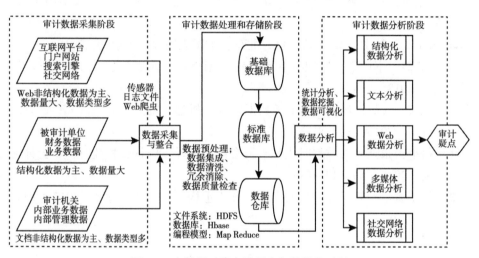

图 6-2　大数据时代审计平台与数据化过程

📅 复习思考题

1. 传统的书面资料审计方法有哪些？
2. 现代审计采用抽样技术的意义有哪些？
3. 说明抽样技术的一般步骤。
4. 计算机技术在审计中发挥哪些作用？
5. 大数据时代对审计工作产生哪些巨大影响？

参考文献

［1］李敏．审计学：理论 实务 习题 解答［M］．第 2 版．上海：上海财经大学出版社，2016.

［2］成凤艳，秦桂莲，秦佳佟．审计［M］．北京：北京理工大学出版社，2017.

［3］陈矜，审计学［M］．上海：华东师范大学出版社，2014.

［4］王顺金．审计实务［M］．北京：北京理工大学出版社，2015.

［5］刘雪清，封桂芹．审计［M］．第 2 版．北京：清华大学出版社，2016.

［6］沈征．审计理论［M］．北京：格致出版社，2013.

［7］秦荣生，卢春泉．审计学［M］．第 9 版．北京：中国人民大学出版社，2017.

［8］宋常．审计学［M］．第 8 版．北京：中国人民大学出版社，2018.

［9］李晓慧．审计学：原理与案例［M］．第 2 版．北京：中国人民大学出版社，2018.

［10］陈伟．大数据环境下的电子数据审计：机遇、挑战与方法［J］．计算机科学，2016（1）：8-13.

［11］程平，张雅．大数据时代基于云会计的审计实施框架构建［J］．会计之友，2015（5）：133-136.

［12］胡洪斌．大数据时代数据式审计方法重构［J］．财会通讯，2017（19）：116-119.

第7章 审计证据、审计工作底稿与审计风险

📝 **学习目标**

1. 掌握审计证据的内涵、种类及特征
2. 掌握审计证据的取得方法
3. 掌握审计工作底稿的格式内容及编制
4. 掌握审计风险的内容

💬 **重点与难点**

重点：本章的重点是审计证据的取得和审计工作底稿的编制
难点：本章的难点是审计风险的内涵、计量和应对

📋 **引导案例**

印尼 KDP 项目审计

印尼 KDP 项目是世界银行"区域发展项目"（KDP），每年贷款资助印尼约 15000 个村庄进行基础设施建设，资助款项一般用于购买砂石作为铺路的材料。KDP 资金是当地政府投资资金的 2 倍，对当地政府来说这是一个大项目，但是项目实施中执行小组和供应商合谋，舞弊问题非常严重，但会计记录却"完美无缺"。

为了查明印尼 KDP 项目资金使用的真实情况，哈佛大学 Benjamin 教授和调查组对超越的会计数据进行了实地勘察，获取道路建设中资金使用的实地证据。具体步骤和内容包括四个方面：

①计量材料数量

按照泰尔福特（telford）路面设计标准，公路由三种材料组成：底层是沙子，中间是一层 10~15 厘米的碎石，最上面铺一层小石形成平滑的

路面。为了估算每种材料使用量，工程师随机在已修建的道路上挖一个 1040cm×40cm 的样本，测量出每平方米道路每种材料的用量，然后结合道路的长度和平均宽度，估算出道路使用的材料总量。但是，有些沙石在运输和施工中会发生损耗，路面修建后使用中沙石在也会被雨水冲走，工程师进行样本采集时不能完全回收材料。因此，在推算材料用量时，沙石正常耗费量和测量值之间存在误差，这不是腐败产生的材料损失，应该估计一个损失率。

测算损失率，调查组在东部和中部不同地区修建了 4 段 60 米长的"试验公路"。从 1 周到 1 年不同时间，分别对使用材料持续地测量（工程师随机在道路上挖一个 1040cm×40cm 的样本）。"试验公路"实际材料使用数和建成后测量的数额之间差异率就是估计损失率。

②测算材料的实际价格

计算材料价格时应考虑的因素包括：地区材料价格差异；运输成本；供应商（供应承包商、建筑供应商店、卡车司机以及采石场工人）。项目使用的每种材料，如果获得 3~5 个不同价格，检验分析时使用中间价格。

③计量人工的工时和单位时间工资

计算工资和工时时应考虑的因素：调查工人为公路施工劳动是有偿的，还是义务的？每日工资和工作时间是多少？建设项目不同路段的计件工资是怎么安排的？调查组和现场工程师依靠以往经验和修建"试验公路"的经验推断工人能力。

④计量项目其他不明支出

$$估算实际数 = 数量×单价$$

$$项目不明支出 = 报告数 - 实际数$$

因为使用科学的取证方法，调查组获取了高质量的审计证据，项目腐败得到有效遏制。

7.1　审计证据

审计的过程就是收集、鉴定和评价审计证据的过程，审计证据是审计理论的核心概念，是审计理论的重要组成部分。审计师必须具有在每一项审计工作中收集充分必要审计证据的足够知识和技能。

7.1.1 审计证据的含义及种类

1. 审计证据的含义

我国《审计证据》准则认为审计证据（Audit Evidence）是指审计人员为了得出审计结论、形成审计意见，在实施审计程序过程中根据自己的职业判断所搜集和使用的具有证明力的一系列所有事实凭据和资料。既包括财务报表依据的会计记录中含有的信息，也包括表外的其他信息。

审计证据对于审计理论与审计实务都具有十分重要的意义。审计人员实施审计工作的最终目标是对被审计单位的受托经济责任发表意见。而审计人员发表的审计意见要令人信服，就必须以充分适当的审计证据作为基础。审计证据如果搜集得不充分，证据的可靠性较低，或者与审计目标相关性不够，审计人员形成的审计结论和审计意见就没有说服力，甚至有可能得出完全错误的结论。因此，审计证据在整个审计过程中占有特殊地位，是影响审计报告有效性、审计结果公正性的重要因素。审计人员的大量工作就是按照一定的原则和方法，去收集、审查和判断审计证据，以形成审计结论和审计意见。从一定意义上讲，审计实施过程就是收集、评价和综合审计证据，最后据以形成审计结论和审计意见的过程。

2. 审计证据的类型

关于审计证据的种类可以有多种分类，《国际审计准则—审计证据》将其分为会计报表所依据的原始凭证与会计记录、其他来源的佐证信息两大类。美国注册会计师协会发布的《审计准则说明书第 32 号》中将审计证据分为两类，一类是所依据的会计资料，二类是佐证信息。而佐证信息包括有：实物证据、凭证证据、书面声明、函证、口头证据、数学性证据和分析性证据七种。

我国通常把审计证据按其外形特征分为实物证据、书面证据、口头证据和环境证据四大类。如图 7-1 所示审计证据的主要类型。

（1）实物证据

实物证据（Physical Evidence）是指通过实际观察或清查盘点所取得的、用以确定某些实物资产是否确实存在的证据。例如库存现金、各种存货和固定资产等，可通过监盘或实地观察来证明其是否确实存在。实物证据的存在本身就具有很大的可靠性，所以实物证据通常是证明实物资产是否存在得非常有说服力的证据。但它也有其局限性，实物资产的存在并不完全能证实被审计单位

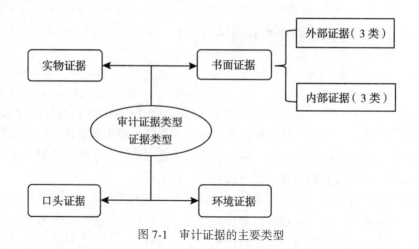

图 7-1　审计证据的主要类型

对其拥有所有权，例如年终盘点的存货可能包括其他企业寄售或委托加工的部分，或者已经销售而等待发运的商品；又如通过对某些实物资产的清点，虽然可以确定其实物数量，但质量好坏有时难以通过实物清点来加以判断，这样当然会影响到该项资产的价值量确定。因此，对于取得实物证据的账面资产，还应就其所有权归属及其价值情况通过其他途径取得审计证据加以证明。

（2）书面证据

书面证据（Evidence in the Form of Written Document）是指通过各种渠道所取得的以书面文件为形式的审计证据。这类证据包括各种书面记载的信息资料，如与被审计事项有关的会计凭证、账簿和报表，以及各种会议记录和文件、各种合同、通知书、报告书及函件等。审计工作中，往往要大量地取得和利用书面证据。因此，书面证据是审计证据的主要组成部分，也可称为基本证据。书面证据按其来源又可以分为外部证据和内部证据。

①外部证据。

外部证据（Evidence From External Sources）是由被审计单位以外的组织机构或人士所编制的书面证据。它一般具有较强的证明力。按产生主体的不同，外部证据又包括三种形式：

其一，由被审计单位以外的机构或人士编制并由其直接递交审计人员的书面证据。如应收账款的函证回函，被审计单位律师与其他独立的专家关于被审计单位资产所有权和或有负债等的证明函件，保险公司、寄售企业、证券经纪人的证明等。此类证据由于未经被审计单位有关人员之手，排除了伪造、更改凭证的可能性，因而其证明力最强。

其二，由被审计单位以外的机构或人士编制，但为被审计单位持有并提交审计人员的书面证据，如银行对账单、购货发票、应收票据，顾客订购单，有关的契约、合同等。由于此类证据已经过被审计单位职员之手，审计人员没有直接在现场观察，应注意是否存在涂改或伪造的可能性。尽管如此，在一般情况下，外部证据仍然是较被审计单位的内部证据更具证明力的一种书面证据。

其三，由审计人员为证明某个事项而自己动手编制的各种计算表或分析表等书面证据。

②内部证据。

内部证据（Evidence Generated Internally）是由被审计单位的内部机构或职员编制和提供的书面证据。它包括被审计单位的会计记录、管理当局声明书和其他各种由被审计单位编制和提供的有关书面文件。一般而言，内部证据不如外部证据可靠。但是，由于内部证据的数量较多，审计人员还需要通过大量的内部证据来支持审计结论，所以必须要充分利用这些内部审计证据，同时也必须注意其可靠程度。内部证据的可靠程度主要取决于被审计单位内部控制的好坏，若被审计单位内部控制健全，执行较好，则内部证据也具有较强的可靠性；相反，若被审计单位的内部控制不太健全，审计人员就不能过分地信赖其内部自制的书面证据。内部证据一般包括如下内容：

其一，来自被审计单位的会计记录与资料。会计记录（Accounting Records）包括各种自制的原始凭证、记账凭证、账簿记录、各种试算表和汇总表等。它是审计人员取自被审计单位内部的一类非常重要的审计证据。审计人员在审查会计报表项目时，往往须追溯审查被审计单位的会计账簿和各种凭证。他们通常须由分类账追查至日记账与记账凭证，然后再追查至支票、发票及其他原始凭证。会计记录的可靠性，一般取决于被审计单位在填制时内部控制的完善程度。

其二，来自被审计单位管理层发布的重要书面文件。被审计单位管理当局声明书（Management Representation Letter）是审计人员从被审计单位管理当局所取得的书面声明。其主要内容是以书面的形式确认被审计单位在审计过程中所做的各种重要的陈述或保证，包括：所有的会计记录、财务数据、董事会及股东大会会议记录均已提供给注册会计师；会计报表是完整的，并按国家的有关法规、制度编制；所有需披露的事项（诸如或有负债、关联方交易等）均已做了充分的披露；其他事项。被审计单位管理当局声明书属于可靠性较低的内部证据，不可替代审计人员实施其他必要的审计程序，但是它却具有：提醒被审计单位的管理人员，他们对会计报表负有主要责任；声明书可作为被审计单位管理当局未来意图的证据等作用。

其三，来自被审计单位编制与提供的其他书面文件。其他书面文件是指被审计单位提供的其他有助于审计人员形成审计结论和审计意见的书面文件，如被审计单位管理当局声明书中所提及的董事会及股东大会会议记录，重要的计划、合同资料，被审计单位的或有损失，关联方交易等。

（3）口头证据

口头证据（Oral Evidence）是指审计人员通过提问从被审计单位有关人员那里得到的口头答复而形成的审计证据。一般情况下，口头证据本身并不足以证明事物的真相，但可发掘出一些线索，有利于做进一步的调查，以搜集到更为可靠的证据。口头证据要记录在书面上，并要求当事人在书面上签名确认。通常在审计过程中，审计人员会向被审计单位的有关人员询问会计记录、文件的存放地点，采用特别会计政策和方法的理由，收回逾期应收账款的可能性等；对这些问题的口头答复，就构成了口头证据。这些证据对于审计人员进一步了解被审计单位的实际情况，增加内部证据的可信度有较大作用。一般而言，口头证据本身的证明力并不够强大，但审计人员往往可以通过口头证据发掘出一些重要的线索，从而有利于对某些需审核的情况做进一步的调查，以搜集到更为可靠的证据。

（4）环境证据

环境证据（Environment Evidence）也称状况证据，是指对被审计单位产生影响的各种环境事实。如当审计人员获知被审计单位有着良好的内部控制制度，且日常管理中又一贯地遵守其内部控制中有关的规定时，就可认被审计单位的内部控制为会计报表项目的可靠性提供了强有力的环境证据。此外，被审单位的管理条件越好，管理人员的素质和管理水平越高，则其所提供的证据发生差错的可能性就越小。环境证据一般不属于基本证据，但可帮助审计人员了解被审计单位经济活动所处的环境，是审计人员进行判断所必须掌握的资料。

3. 审计证据的质量特征

《中国注册会计师审计准则 1301 号—审计证据》规定："注册会计师应当保持职业怀疑态度，运用职业判断，执行审计业务，应当在取得充分、适当的审计证据后，形成审计意见，出具审计报告。注册会计师应当运用专业判断，确定审计证据是否充分、适当。"此处的充分和适当正是审计证据的两大特征，其内容如图 7-2 所示，下面分别予以说明。

（1）审计证据的充分性

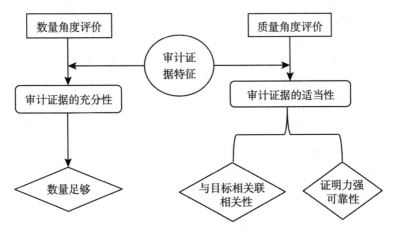

图 7-2　审计证据的基本特征

　　审计证据的充分性（Sufficiency），是指审计证据的数量（Quantity）足以使得审计人员形成审计意见，故又称为足够性。充分性涉及收集审计证据的数量方面，是审计人员为形成审计意见所需审计证据的最低数量要求。主要与注册会计师确定的审计风险有关。取得的审计证据的数量受错报风险的影响。错报风险越大，需要的审计证据可能越多。

　　一般来说，客观公正的审计意见必须建立在有足够数量审计证据的基础之上，但并非其数量越多越好。每一审计项目对审计证据的需要量，应当根据该项目的具体情况来确定审计证据的范围降低到最低限度。在某些情况下，由于时间、空间或成本的限制，审计人员不能取得最为理想的审计证据时，可考虑通过其他的途径或用其他的审计证据来替代。

　　（2）审计证据的适当性

　　审计证据的适当性（Appropriateness or Adequacy），是指审计证据的相关性和可靠性。前者是指审计证据应与审计目标相关联；后者是指审计证据应能如实地反映客观事实。审计证据的适当性是对证据质量（Quality）所提出的要求。是审计证据在支持各类交易、账户余额、列报（包括披露）的相关认定，或发现其中存在错报方面具有相关性和可靠性。需要取得的审计证据的数量也受审计证据质量的影响。审计证据质量越高，需要的审计证据可能越少。

　　审计证据的适当性与充分性是密切相关的。审计证据的适当性会影响其充分性。一般而言，审计证据的相关与可靠程度越高，则所需审计证据的数量就可减少；反之，审计证据的数量就要相应增加。但审计证据的适当性与充分性必须同时得到满足，即在保证审计证据质量达到适当性的前提下，还必须保证其数量达到充分性。

①审计证据的相关性。

相关性（Relevance）是指审计人员只能利用与审计目标相关联的审计证据来证明和否定被审计单位所认定的事项，例如存货监盘结果只能证明存货是否存在，而不能证明存货的计价和所有权的情况。相关性的强弱表现为审计证据是直接还是间接与审计目标相关联，与审计目标直接相关联的审计证据相关性强，则其说服力也较强，可信度也较高；与审计目标间接相关联的审计证据相关性弱，则其说服力也较弱，可信度也较低。因此，审计人员在收集审计证据时，应尽可能地选择那些能直接证明客观经济活动的资料。

在确定审计证据的相关性时，注册会计师应当考虑以下三个因素：

一是特定的审计程序可能只为某些认定提供相关的审计证据，而与其他认定无关；

二是针对同一项认定可以从不同来源获取审计证据或获取不同性质的审计证据；

三是只与特定认定相关的审计证据并不能替代与其他认定相关的审计证据。

②审计证据的可靠性。

可靠性（Reliability）是指审计证据能否客观地、真实地反映经济活动的实际情况，它受到来源渠道、及时性和客观性的影响。审计证据的可靠程度通常可用表 7-1 的标准来判断。

表 7-1　　　　　　　　　　　　部分审计证据可靠性比较表

证据序号	较强证明力证据	较弱证明力证据
（1）	客观	主观
（2）	书面、实物、文件、记录	口头
（3）	公开信息与专家意见	内部信息
（4）	直接	间接
（5）	内控制度健全	内控制度不健全
（6）	独立于被审单位	来源于被审单位
（7）	统计抽样	非统计抽样
（8）	有旁证支持	无旁证支持

证据序号	较强证明力证据	较弱证明力证据
(9)	及时	滞后
(10)	原件	传真、复印件

在审计实务中，绝对可靠的审计证据是很难获得的，因为审计人员取得审计证据时，一般要考虑成本效益原则。如果取得最理想的审计证据需花费高昂的审计成本，审计人员通常转而收集质量稍逊的其他证据予以替代，只要其能满足审计目标的要求。比如，抽样盘点得出的存货数量与全部清查所得到数量的可靠性不一样，后者的可靠性显然高于前者，但因为考虑成本效益原则，审计人员大多选择前者。由此可见，考虑取得审计证据的成本效益原则，审计人员并不一定要选取最有力的审计证据。不过对于重要的审计项目，审计人员不应将审计成本的高低或取得审计证据的难易程度作为减少必要审计程序的理由。审计人员对审计过程中发现的、尚有疑虑的重要事项，应进一步取得审计证据，以证实或消除疑虑。

（3）判断审计证据是否充分、适当应当考虑的因素

审计人员判断审计证据是否充分、适当时，主要应当考虑下列 6 个方面的影响因素。

①审计风险程度的大小。

审计风险是决定审计证据数量的最重要的因素。一般而言，审计风险越高，审计证据的需要量就越多；相反，审计风险越低，审计证据的需要量就越少。审计风险由重大错报风险和检查风险两部分组成。审计人员在判断审计证据是否充分、适当时主要考虑的是重大错报风险。如果审计人员对重大错报风险的性质估计得严重，其风险水平估计得很高，那么所需收集的审计证据数量就多；反之，所需收集的审计证据数量就少。可见，审计人员对重大错报风险的估计水平与所需证据的数量是同方向变动关系。重大错报风险大小具体又受到以下六个子因素的约束，如图 7-3 所示。

一是企业经营活动的性质。如果被审计单位属于风险性很大的行业，或具有投机性商业活动，则审计人员的审计就要冒很大的风险。由于这类情况多发生在新创立的被审计单位，因此审计人员在对其进行审计时，应做好有关的调查工作。在第一次进行审计时，要有意识地提高审计证据的质量，增加审计证据的数量。

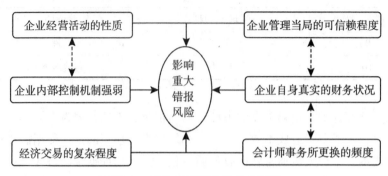

图 7-3　重大错报风险的影响因素

二是企业内部控制的强弱。一般而言，内部控制越健全、有效，其审计的相对风险就越低；反之，被审计单位的内部控制越薄弱，其审计的相对风险就越高。因此，当发现被审计单位的内部控制出现重要弱点乃至失控时，审计人员必须加倍注意，并且应搜集更详细、更多、更有力的审计证据，以降低其因内部控制存在的缺陷所带来的审计风险。

三是经济交易的复杂程度。被审计单位的经济业务越复杂，引起错误的可能性就越大，审计的相对风险就越高。因此，承接审计业务时，审计人员应充分估计这一风险，必须相应地增加审计证据以防患于未然。

四是管理当局的可信赖程度。当被审计单位管理当局的可信赖程度（Reliability）较差甚至根本不可信赖时，最容易发生重大案件，因此审计人员应格外注意这一方面的迹象。

五是企业自身真实财务状况。当被审计单位的财务状况不佳时，有时可能会采用不正当的手段来加以掩饰。例如，当被审计单位经营亏损或资金周转困难时，可能会延期注销坏账损失和废旧存货，或故意漏列负债等。在这种情况下，审计人员必须注意提高审计证据的质量，或适当增加审计证据的数量。

六是会计师事务所更换的频度。若被审计单位经常无正当理由更换会计师事务所及其注册会计师，大多数是因为其对审计报告不满。在这种情况下，接任的会计师事务所及其注册会计师就要冒很大的审计风险。此时，接任的注册会计师往往需要提高审计证据的质量或相对增加审计证据的数量。

②具体审计项目的重要程度。

具体审计项目的重要程度是指它对审计人员的审计结论或意见的影响程度。显然，越是重要的审计项目，审计人员就越需取得充分的审计证据以支持其审计结论或意见；否则一旦出现判断错误，就会影响审计人员对审计整体的判断，从而导致对整体的判断失误。相对而言，对于不太重要的审计项目，即使审计人员出现判断上的偏差，也不至于引发对整体的判断失误，故此时审计人员可减少审计证据的数量。

③审计执业人员的实务经验丰富与否。

审计是一项实践性很强的综合性学科，除了要求审计人员具有相关的专业知识外，审计经验更为重要。一个经验丰富的审计人员，可以从较少的审计证据中判断出被审事项是否存在错误或舞弊行为。相对来说，此时就可减少对审计证据数量的依赖程度。相反，对于一个缺乏审计经验的审计人员来说，少量的审计证据就不一定能使其发现被审事项是否存在错误或舞弊行为，因而应增加审计证据的数量。

④审计过程中是否发现错误或舞弊行为。

在执行审计程序的过程中，审计人员一旦发现被审事项存在错误或舞弊行为，则被审计单位整体会计报表存在问题的可能性就增加，那么，就必须相应地增加审计证据的数量，以确保能作出合理的审计结论，形成恰当的审计意见。

⑤审计证据的类型与相应的取得途径。

如果大多数审计证据都是从独立于被审计单位的第三者所取得的，而且这些证据本身不易伪造，则审计证据的质量就较高。相对而言，审计人员所需取得的审计证据的数量就可减少；反之，审计证据的数量就应增加。

⑥抽样审计的总体规模与样本特征。

在现代审计中，对很多会计报表项目都采用抽样的方法来收集证据。通常，抽样总体规模越大，所需证据的数量就越多。反之，可以减少证据的数量。这里的总体规模是指包括在总体中的项目数量，比如，赊销交易数、应收账款明细账数量及账户余额的金额数量等。总体的特征是指总体中各组成项目的同质性或变异性。审计人员对不同质的总体可能比对同质的总体需要较大的样本量。

7.1.2 审计证据的取得和整理

1. 审计证据的取得

审计人员为实现审计目标，在计划阶段就应考虑怎样取得审计证据。在实施审计过程中，对取得的审计证据还需加以鉴定、整理和分析，以判断其内容的真伪和效用，再将筛选保留的证据按审计目标归纳综合，使其成为具有充分证明力的证据，从而形成审计结论和意见。

（1）审计证据取得的方法

我国《中国注册会计师审计准则 1301 号—审计证据》准则规定，注册会计师取得审计证据的基本方法可以包括：

①检查。指注册会计师对有形资产或会计记录和其他书面文件可靠程度的审阅与复核。检查方法包括监盘，即审计人员现场监督被审计单位各种实物资产及现金、有价证券等的盘点，并进行适当的抽查（Sample Test Count）。注册会计师取得审计证据的方法与途径如图 7-4 所示。

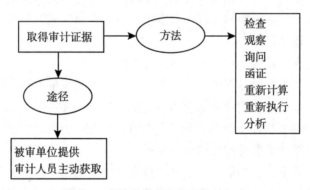

图 7-4　审计证据的取得途径与方法

②观察。指注册会计师对被审计单位的经营场所、实物资产和有关业务活动及其内部控制的执行情况等所进行的实地察看。

③询问。指注册会计师对有关人员进行的书面或口头询问。

④函证。是指注册会计师为印证被审计单位会计记录所载事项而向第三者发函询证。如果没有回函或对回函结果不满意，审计人员应当实施必要的替代审计程序，以取得相应审计证据。

⑤重新计算。是注册会计师对被审计单位原始凭证及会计记录中的数据所进行的验算或另行计算。

⑥重新执行。是指审计人员以人工的方式或用计算机辅助审计技术重新独立执行作为被审单位内部控制组成部分的程序或控制。

⑦分析性复核。是审计人员对被审计单位重要的比率或趋势进行的分析，包括调查异常变动以及这些重要比率或趋势与预期数额和相关信息的差异。对于异常变动项目，审计人员应重新考虑其所采用的审计程序是否恰当。必要时，应当追加适当的审计程序。

（2）审计证据取得的途径

至于审计证据的取得途径大致可以归纳为两个方面：一是依靠被审计单位提供各种审计证据；二是由审计人员自己主动取得。在大多数情况下，前者是审计证据的主要来源，其取得方式比较简捷，同时也可以大大节省时间和费用，但是可靠性较差。审计人员依靠自己取得的审计证据的可靠性一般来说是比较高的，但其需要的审计时一间较长，审计费用也相应较高。因此，究竟通过什么途径取得审计证据主要考虑两个方面的问题，一个是可靠性，另一个是审计成本。只有综合考虑这两个问题才能够很好地决定如何取得审计证据。

2. 审计证据的整理

（1）审计证据整理的意义

首先，审计证据整理有助于最终形成恰当的审计意见。审计人员通过具体审计方法所取得的大部分审计证据，在审计人员对其进行分析评价之前，都还是一种原始的、零散的、无序的和彼此孤立的证据，例如询问记录、监盘记录、回函、重要凭证、账簿的复印件等。因此，审计人员只有按照一定的程序、目的和方法进行科学的加工整理，才能使其变成有序的、系统化的、彼此联系的审计证据，只有这样，审计人员才能对各种审计证据合理地进行审计小结，并在此基础上，恰当地形成整体审计意见。

其次，审计证据整理有助于审计人员对被审计单位作出全面的评价与认识。各种初始状态的审计证据在整理及分析之前与审计目标的相关性并不十分明显，因此，必须将初始状态的审计证据与审计目标相联系，并就其性质和重要程度以及同其他证据之间的关系进行分析、计算和比较，以对被审计单位的各个方面作出评价，并形成比较完整的认识。

最后，审计证据整理可能产生一些有价值的新的证据，从而对被审计单位作出较为恰当的结论。在实务中，审计证据的收集与审计证据的整理、分析并非是互不相关的独立的环节，相反，它们经常是通过交叉进行才能得出全面的认识。

（2）审计证据整理的方法

审计证据的整理过程就是研究、分析、综合的过程，一般采用分类、比较、计算、综合和分析程序等方法。

①分类。分类是指将各种审计证据按其证明力的强弱，或按与审计目标的关系是否直接等，进行分门别类排列成序，看其是否符合充分性与适当性。

②比较。比较是将相同的证据放在一起，根据其可靠性与相关性的强弱进

行比较，淘汰其中说服力较弱的证据。比较包括两方面的内容：一方面，要将各种审计证据进行反复比较，从中分析出被审计单位经济业务的变动趋势及其特征；另一方面，还要与审计目标进行比较，判断其是否符合要求，如不符合要求，则需补充收集有关的审计证据。

③计算。计算是指按照一定的方法对有关数据方面的审计证据进行验算，并从中得出所需的新的证据。

④综合。综合是指对审计证据在上述分类、比较和计算的基础上，审计人员对审计证据进行归纳、总结，得出具有说服力的局部的审计结论和形成关于项目整体上的审计意见。

⑤分析程序。分析程序包括风险分析、实质性分析和复核性分析。相关内容详见表 7-2。

表 7-2 分析程序的目的与应用领域

（1）分析程序的目的	（2）分析程序的用途		
	用作风险评估程序	用作实质性程序	用于总体复核
①用作风险评估程序，以了解被审计单位及其环境 ②当使用分析程序比细节测试能更有效地将认定层次的检查风险降至可接受的水平时，分析程序可用作实质性程序 ③在审计结束或临近结束时，对财务报表进行总体复核	①总体要求——注册会计师在实施风险评估程序时，应当运用分析程序，以了解被审计单位及其环境	①总体要求——注册会计师应针对评估的认定层次重大错报风险设计和实施实质性程序。实质性程序包括对各类交易、账户余额、列报的细节测试及实质性分析程序	①总体要求——强制要求。即在总体复核过程中必须使用分析性复核
	②风险评估程序中具体应用：注册会计师可以将分析程序与询问、检查和观察程序结合应用，以取得对被审计单位及其环境的了解，识别和评估财务报表层次及具体认定层次的重大错报风险	②确定实质性分析程序对特定认定的适用性——并非所有认定都适合使用实质性分析程序。在确定实质性分析程序对特定认定的适用性时，注册会计师应当考虑评估的重大错报风险和针对同一认定的细节测试等因素	②总体复合阶段分析程序的特点：与风险评估程序中实施分析程序的时间和重点不同，以及所取得的数据的数量和质量不同

续表

(1) 分析程序的目的	(2) 分析程序的用途		
	用作风险评估程序	用作实质性程序	用于总体复核
①用作风险评估程序，以了解被审计单位及其环境 ②当使用分析程序比细节测试能更有效地将认定层次的检查风险降至可接受的水平时，分析程序可用作实质性程序 ③在审计结束或临近结束时，对财务报表进行总体复核	③风险评估过程中运用分析程序特点： A. 优点：所使用的数据汇总性较强，其对象主要是财务报表中账户余额及其相互之间的关系，所使用的分析程序通常包括对账户余额变化的分析，并辅之以趋势分析和比率分析 B. 缺点：与实质性分析程序相比，在风险评估过程中使用的分析程序所进行比较的性质、预期值的精准程度，以及所进行的分析和调查的范围都不是以提供很高的保证水平	③数据的可靠性——计划取得的保证水平越高，对数据可靠性的要求也就越高 ④做出预期的准确程度——分析程序的有效性很大程度上取决于注册会计师形成的预期值的准确性。预期值的准确性越高，注册会计师通过分析程序取得保证水平将越高 ⑤已记录金额与预期值之间可接受的差异额——注册会计师应当将识别出的差异额与可接受的差异额进行比较，以确定差异是否重大，是否需要做进一步调查	③再评估重大错报风险

3. 审计证据整理与分析应充分注意的两个问题

（1）审计人员在对审计证据进行整理与分析时，应着重注意审计证据的取舍。

在编写审计报告之前，舍弃那些无关紧要的、不必在审计报告中反映的次要证据，只选择那些具有代表性的、典型的审计证据在审计报告中加以反映。取舍的标准大体有：

①金额的大小。对于金额较大、足以对被审计单位的财务状况或经营成果的反映产生重大影响的证据，应当作为重要的审计证据；

②问题性质的严重程度。有的审计证据本身所揭露问题的金额也许并不很大，但这类问题的性质较为严重，它可能导致其他重要问题的产生或与其他可能存在的重要问题有关，则这类审计证据也应作为重要的证据。

（2）审计人员在对审计证据进行整理与分析时，应辨别并排除虚伪证据。

虚伪证据是审计证据的提供者出于某种动机而伪造的证据，或是有关方面基于主观或客观原因而提供的假证。这些证据或因精心炮制而貌似真证据，或与被审计事实之间存在某种巧合，如不认真排除，往往就会鱼目混珠，以假乱真。因此，审计人员在整理与分析审计证据过程中，必须注意由表及里、去伪存真，不能被表面的假象迷惑。

7.2　审计工作底稿

7.2.1　审计工作底稿的内涵

1. 审计工作底稿的含义

审计工作底稿（Audit Working Papers）是指审计人员或注册会计师对制定的审计计划、实施的审计程序、取得的相关审计证据，以及得出的审计结论作出的记录。其内容包括审计人员直接编制的、用以反映其审计思路和审计过程的工作记录，审计人员从被审计单位或其他有关部门取得的、用作审计证据的各种原始资料，以及审计人员接受并审阅他人代为编制的审计记录。审计工作底稿是审计证据的载体和汇集，其全部内容可作为审计过程和结果的书面证明，也是审计人员形成审计结论、发表审计意见的直接依据。

2. 审计工作底稿编制目的

注册会计师编制审计工作底稿的有两大基本目的：
①提供充分、适当的记录，作为审计报告的基础；
②提供证据，证明其按审计准则的规定执行了审计工作。

3. 审计工作底稿的作用

审计工作底稿是审计人员在审计业务中普遍使用的专业工具，它在整个审计工作中具有非常重要的作用。

（1）它是联结整个审计工作的纽带。审计项目小组一般由多人组成，因而小组内要进行合理的分工，对不同的审计程序、不同会计账项的审计往往由不同人员执行。而最终形成审计结论和发表审计意见时，则主要针对被审计单位的会计报表进行。因此，必须借助工作底稿把不同人员的审计工作有机地联结起来，以便对会计报表发表整体意见。

（2）它是评价和考核审计人员专业能力与工作业绩，解脱或减轻审计人员审计责任的重要依据。审计人员依照注册会计师审计准则的规定，实施了必要的审计程序，发表客观、公正的意见，方可解脱或减轻其审计责任。审计人员专业能力大小、工作业绩好坏，主要体现在对审计程序的选择、执行和有关的专业判断上，而审计人员是否实施了必要的审计程序，审计程序的选择是否合理，专业判断是否准确都必须通过审计工作底稿来体现和衡量。

（3）它是形成审计结论、发表审计意见的直接依据。审计结论和审计意见是根据审计人员取得的各种审计证据，以及审计人员一系列的专业判断形成的。而审计人员在审计工作中所收集到的各种审计证据和所作出的专业判断，都完整地记载于审计工作底稿中。审计工作底稿是审计证据的载体，也是系统化的审计证据的表现形式。

（4）它是审计质量控制和监督的基础。审计工作底稿可以反映出全部审计工作的轨迹，审计工作底稿的质量高低直接反映整个审计工作的质量，因此对审计质量进行控制和监督，必须以审计工作底稿作为最重要的依据。会计师事务所进行审计质量控制，主要是指导和监督注册会计师选择实施审计程序和编制审计工作底稿，并在审计报告定稿前对审计工作底稿进行严格的复核。

（5）它对未来审计业务具有参考或备查作用。审计业务有一定的连续性，同一被审计单位前后年度的审计业务具有众多联系或共同点。因此，当年度的审计工作底稿是后续年度审计业务可以借鉴的极为重要的参考或资料。

4. 审计工作底稿的存在形式和内容

（1）审计工作底稿的存在形式。实务中的审计工作底稿通常可以以纸质、电子或其他介质形式存在。

（2）审计工作底稿的内容。审计工作底稿的必要内容有：总体审计策略、具体审计计划、分析表、问题备忘录、重大事项概要、询证函回函、管理层声明书、核对表、有关重大事项的往来信件（包括电子邮件），以及对被审计单位文件记录的摘要或复印件等。

（3）审计工作底稿不包括的内容。审计工作底稿中不能包括的内容有：已被取代的审计工作底稿的草稿或财务报表的草稿；对不全面或初步思考的记录；存在印刷错误或其他错误而作废的文本以及重复的文件记录等。

7.2.2 审计工作底稿的编制

审计证据的收集过程同时又是审计工作底稿的编制和整理过程。因此，编制或取得审计工作底稿是审计人员最主要的审计工作。

1. 审计工作底稿的基本组成要素

在审计实务中，不同的审计组织都使用各自的审计工作底稿，其表现形式是多种多样的。但是，不管审计工作底稿的形式如何，其形成方式主要有两种：一种是编制；另一种是取得。就审计人员所编制的审计工作底稿而言，尤其是对业务类工作底稿而言，一般包括下列基本构成要素。

（1）被审单位名称，每一张工作底稿上都应该写明被审单位的名称。

（2）审计项目的名称，每一张工作底稿上都应该写清楚审计项目的名称，如现金盘存表、原材料抽查盘点表等。

（3）审计项目的时点或期间，资产负债表项目应该注明发生的时点，损益表项目应该注明发生的时间。

（4）审计过程的记录，审计程序实施的全过程要求详细记录在审计工作底稿中，主要包括：①被审单位的内部控制情况、有关会计账项的未审计发生额及期末余额；②审计过程的记录，包括审计人员实施的审计测试的性质、审计测试的项目、抽取的样本及检查的重要凭证、审计调整及重分类的事项等。

（5）审计的标识及说明，审计的标识在一个审计组织内部应该是统一的，并印制统一的审计标识说明表，以便审计人员在工作底稿中按规定进行标识。但是如果遇到特殊情况，没有统一标识可用时，审计人员可以自己制作标识，并对其说明，前后保持一致。如 Λ 表示纵向加总，<表示横向加总，B 表示与上年结转核对一致，T 表示与原始凭证核对一致，C 表示已发询证函，C \ 表示已收回询证函等。

（6）审计结论，如某某账户余额可以确认，某某账户余额没有重大错报等。

（7）索引号及页次，为便于查阅审计工作底稿，审计人员在形成审计工作底稿时应表明索引号及页码。页码是同一索引号下不同审计工作底稿的顺序。相关的工作底稿之间应保持清晰的钩稽关系。当审计工作底稿某一部分引用其他一些工作底稿的内容时，应在相互引用的工作底稿上注明交叉索引编号，在引用其他工作底稿内容的工作底稿上注明被引用的工作底稿索引号，以表示证据来源，在被引用的工作底稿上注明引用的工作底稿编号，以表示证据的去向。这样便于审计工作底稿的复核检查。

（8）编者姓名及编制日期，为了明确责任，审计工作底稿上应该写明编者的姓名和编制工作底稿的日期。

（9）复核者姓名及复核者日期，审计人员编制的审计工作底稿一般要经过多级复核，为了明确复核责任，复核者应该在复核后的工作底稿上签名，并注明复核日期。

（10）其他说明事项，应该在工作底稿中予以记录的其他事项。

2. 编制审计工作底稿的基本要求

审计人员在编制审计工作底稿时，应当做到内容完整、格式规范、标识一致、记录清晰、结论明确。

（1）内容完整。即构成审计工作底稿的基本内容须完整无缺，所附审计证据应该齐全。

（2）格式规范。审计工作底稿在结构设计上应当合理，并有一定的逻辑性。审计组织一般都有印制好的具有一定格式的工作底稿，审计人员应严格按照格式编制工作底稿。但要求格式规范并非意味着格式统一。

（3）标识一致。前已述及，审计人员在审计工作底稿中可以使用各种审计标识，但应说明其含义，并保持前后一致。

（4）记录清晰。首先，审计工作底稿所记录的审计人员的审计思路应该清晰；其次，审计工作底稿的记录应该文字工整、记录清楚、数字整洁、便于识别。

（5）结论明确。审计人员对会计报表的总体意见是根据各具体审计事项的具体审计结论综合而成的。审计人员对每一具体审计事项的审计工作完成后，应有明确的审计结论，并列示于审计工作底稿上。

3. 取得审计工作底稿的基本要求

审计人员也可直接从被审计单位或其他有关单位取得相关资料，也可以要求被审计单位有关人员代为编制有关会计账项的明细分类或汇总底稿，甚至可以要求被审计单位就有关事项提供声明，诸如从被审计单位取得的有关法律性文件、合同与章程，要求被审计单位编制的存货盘点清单等。注意：在审计实务中，对上述审计资料，审计人员必须做如下三方面要求：

（1）注明资料来源。其目的是划清责任，谁提供资料，谁就应当对资料的真实性负责。同时，也有利于审计人员辨别资料的可信性和证明力。

（2）实施必要的审计程序。如对有关法律性文件的复印件审阅并同原件核对一致。审计人员只有在实施了必要的审计程序后，才能作为自己的审计工作底稿。

（3）形成相应的审计记录。审计人员在对他人提供的资料审阅或核对后，应形成相应的文字记录并签名，方能形成审计工作底稿。

4. 审计工作底稿的繁简程度考虑的因素

审计工作底稿的繁简程度是审计工作详简程度的表现，合理确定其繁简程度是保证审计质量不可忽视的方面。审计工作底稿应当繁简得当，该简化的要简化，该详细的就应该详细，只有繁简得当才能够保证重点突出。我国《中国注册会计师审计准则第 1131 号——审计工作底稿》准则指出，审计工作底稿的繁简程度与以下六个方面的因素相关：

（1）审计约定事项的性质、目的和要求。各种不同性质的审计具有不同的目的和要求，这些都要反映到审计工作底稿上，影响审计工作底稿的繁简程度。

（2）被审计单位的经营规模及审计约定事项的复杂程度。审计内容越复杂，审计工作底稿相应就越详细。

（3）被审计单位的内部控制制度是否健全、有效。内部控制越健全有效，审计工作底稿相应就越简化。

（4）被审计单位的会计记录是否真实、合法、完整。

（5）是否有必要对业务助理人员的工作进行特别指导、监督和检查。

（6）审计意见类型。

5. 审计实务中常用的审计工作底稿类型

对审计工作底稿的种类如何划分，目前在我国审计实务界和理论界都有不同的看法。依据审计工作底稿形成的不同阶段，以及审计工作底稿的性质和作用，一般可将审计工作底稿分为：综合类工作底稿、业务类工作底稿和备查类工作底稿三类。

（1）综合类工作底稿

综合类工作底稿是指审计人员在审计计划和审计报告阶段，为规划、控制和总结整个审计工作，并发表审计意见所形成的审计工作底稿。该类工作底稿的内容主要包括：审计业务约定书、审计计划、审计报告书未定稿、审计工作总结及审计调整分录汇总表等审计工作记录。该类工作底稿的作用：体现了审计工作的全过程，属于综合性的工作底稿，可以有效地反映审计人员对整个审计工作的规划和控制作用，并体现审计结论和意见。这一类工作底稿一般都是在审计人员的办公室完成的。

（2）业务类工作底稿

业务类工作底稿是指审计人员在审计实施阶段执行具体审计程序所编制和取得的工作底稿。该类工作底稿内容主要包括：审计人员在按照审计计划执行控制测试和实质性测试等审计程序过程中，从被审计单位内部和外部搜集的各种审计证据资料而形成的工作底稿。业务类工作底稿可以很好地反映出审计人员执行审计计划的具体情况和实施过程。该类工作底稿一般都是在外勤工作现场编制和取得的。常见的如表 7-3 材料盘点表、内部控制测试表等。

表 7-3　　　　　　　　　　　审计工作底稿—材料盘点表

被审单位名称：　　　　　　　　编制人：

日期：　　　　　　　　　　复核人：　　　　　　　　底稿号码：

编号	规格品种	计量单位	单价	账存	实存	盘盈	盘亏
盘盈盘亏原因分析							

审计负责人：　　　审计员：　　　会计主管：　　　　保管：

（3）备查类工作底稿

备查类工作底稿是指审计人员在审计过程中形成的、对审计工作仅具有备查作用的审计工作底稿。该类工作底稿内容主要包括：与审计约定事项有关的重要法律性文件、被审计单位的营业执照及章程、重要会议记录与纪要、重要经济合同与协议等原始资料的副本或复印件，其他与完成审计约定事项有关的资料等。该类工作底稿的作用：可以用以补充说明注册会计师审计过程中审计事项和相关审计证据。该工作底稿一般是在审计工作开始前或辅助审计过程中取得的。

7.2.3　审计工作底稿复核

1. 审计工作底稿复核的作用

复核审计工作底稿不仅是审计准则的要求，也是质量控制准则的要求。一张审计工作底稿往往由一名专业人员独立完成，编制者对有关资料的引用、对有关事项的判断、对会计数据的加计验算等都可能出现误差，因此，在审计工作底稿编制完成后，通过一定的程序，经过多层次的复核显然是十分必要的，因为它可以减少或消除人为的审计误差，降低审计风险，提高审计质量；能够及时发现和解决问题，保证审计计划顺利执行，并不断地协调审计进度、节约审计时间、提高审计效率；便于上级管理部门对审计人员进行审计质量监控和工作业绩考评。因而，会计师事务所应结合本单位实际情况制定出实用有效的审计工作底稿复核制度，即对有关复核人级别、复核程序与要点、复核人职责等所做出明文规定。

2. 审计工作底稿复核的基本要求

复核审计工作底稿是会计师事务所进行审计项目质量控制的一项重要程序，必须要有严格和明确的规则。根据《中国注册会计师质量控制准则第5101 号—会计师事务所对执行财务报表审计和审阅、其他鉴证和相关服务业务实施的质量控制》的要求，会计师事务所应当建立多层次的审计工作底稿复核制度，而不同层次的复核人可能有不同的复核重点，但就复核工作的基本要点来看，不外乎以下几点：

①所引用的有关资料是否翔实、可靠；
②所取得的审计证据是否充分、适当；
③审计判断是否有理有据；
④审计结论是否恰当。

3. 审计工作底稿的复核制度

会计师事务所应建立多层次的审计工作底稿复核制度，以保证审计工作底稿复核工作的质量。我国会计师事务所一般建立三级复核制度，即会计师事务所制定的以主任会计师、部门经理（或签字注册会计师）和项目负责人为复核人，对审计工作底稿进行逐级复核的一种复核制度。具体内容如表7-4 所示。

表 7-4 　　　　　　　　　　　　**审计工作底稿的复核制度**

复核级次	基 本 要 求	负责人
一级复核 ——详细复核、基层复核	要求项目负责人对下属审计助理人员形成的审计工作底稿逐张复合，发现问题并指出并督促审计人员及时修改完善	项目经理（或组长）

续表

复核级次	基本要求	负责人
二级复核 ——一般复核、中层复核	对审计工作底稿中重要会计账项的审计、重要审计程序的执行，以及审计调整事项等进行复核	部门经理（或签字注册会计师）
三级复核 ——重点复核、高层复核	对审计过程中的重大会计审计问题，重大审计调整事项及重要的审计工作底稿所进行的复核。该复核即是对前面两集复核的再监督，也是对整个审计工作的计划、进度和质量的重点把握	主任会计师（或合伙人）

4. 审计报告日后对审计工作底稿的变动

在审计报告日后，如果发现遇到修改或增加工作底稿相关内容的例外情况；实施的新的或追加的审计程序，取得的审计证据以及新得出的结论；对审计工作底稿作出变动的理由、变动对审计结论的影响及其复核的时间和人员等情况时，一般要求注册会计师实施新的或追加的审计程序，或导致注册会计师会得出新的结论时，注册会计师应在审计工作底稿中记录。

7.3 审计风险

7.3.1 审计风险概述

1. 审计风险的含义

审计风险是指审计人员因做出错误审计结论和表达错误审计意见从而导致审计组织和审计人员承担法律责任和相应经济损失的可能性。无论是国家审计、内部审计，还是社会审计，都有可能发表错误审计意见或做出错误的审计结论，由此承担相应的责任。虽然由于不同审计组织性质的差别，其风险体现形式和最后承担责任的方式会有所差异，但是其审计风险都具有一些共同的特征。

2. 审计风险的特征

（1）客观性。现代审计大多采用抽样审计方法，即根据总体的样本特征来推断总体特征。然而，样本的特征与总体的特征总会有一定差别，这种差别导致了判断的误差。这种误差虽然可以控制，但是难以完全消除。因此，审计人员只要运用抽样方法总要承担一定程度地做出错误结论的审计风险。即使是详细审计，由于经济业务的繁杂，管理人员的素质等原因，也存在审计结论不一定完全符合审计事项实际情况的可能，因此审计风险总是存在于审计活动中审计风险可以控制，却不能完全消除。

（2）不确定性。审计人员选择被审计单位不当，制订审计计划和审计方案不周，配备审计人员不能胜任工作，收集审计证据不充分，编制审计报告有误等都会导致最终的审计风险。因此，对审计风险的控制，需要控制上述各项工作环节的风险。

（3）潜在性。审计风险具有潜在性，即审计人员的审计结论虽偏离了审计事项的客观事实，但没造成不良后果，没引发追究审计责任的行为，审计风险只是停留在潜在阶段。但是，这并不是说明审计风险是不存在的，一旦造成影响，引发追究行为，潜在风险就会转化为实际风险。需要加以控制的审计风险是由审计人员非故意行为所引发的风险。无论是由于审计人员的计划不周、经验不足、审计方法不当，还是审计抽样误差、判断失误，或是被审计单位故意提供虚假资料，使审计结论与审计事项事实不符，都是审计人员需要加以控制的审计风险。

（4）可控性。审计取证模式的发展表明：审计风险虽然存在，但可以加以控制。审计人员可以通过认识审计风险，分析其存在或产生的原因，采取相应的措施加以预防和控制，只要将审计风险控制在可接受的水平，审计就是成功的。

7.3.2   审计风险的表现形式

1. 审计风险在审计计划阶段表现为对重要性水平的评估

在计划审计工作时，审计人员应当在了解被审计单位及其环境的基础上确定重要性，对各类交易、账户余额、列报认定层次的重要性进行评估，以确定审计程序，将审计风险控制在可以接受的水平内。

审计重要性的判断是从审计信息使用者角度考虑的，通常用重要性水平高低来衡量账户余额、交易和列报的重要性程度。重要性水平是一个金额数值，与审计风险之间存在者相反的关系：重要性水平越高，审计风险越低；重要性水平越低，审计风险越高。审计风险的高低取决于对审计重要性的判断，重要性水平越低，应当获取更多的审计证据，以降低审计风险。因此，审计人员应当保持职业谨慎，合理确定重要性水平。

2. 审计风险在审计抽样环节表现为抽样风险和（或）非抽样风险

（1）抽样风险。抽样风险是指审计人员根据样本得出的结论，和对总体全部项目实施与样本同样的审计程序而得出的结论存在差异的可能性。抽样风险分为下列两种类型：

(1)信赖过度风险（控制测试）和误受风险（细节测试）——影响审计效果。信赖过度风险是指审计人员推断的控制有效性高于其实际有效性，即过度信赖内控有效性的风险。误受风险是指在实质性测试中，审计人员推断某一重大错报不存在而实际上存在的风险。

②信赖不足风险（控制测试）和误拒风险（细节测试）——影响审计效率。信赖不足风险是指在控制性测试中，审计人员推断的控制有效性低于其实际有效性的风险，即不信任内部控制有效性的风险。误拒风险是指在实质性测试中，审计人员推断某一重大错报存在而实际上不存在的风险。

现代审计中，只要采用抽样方法，抽样风险就存在。抽样风险与样本规模呈反方向变动：样本规模越小，抽样风险越大；样本规模越大，抽样风险越小。既然抽样风险只与被检查项目的数量有关，那么控制抽样风险的唯一途径就是控制样本规模。无论是控制测试还是细节测试，审计人员都可以通过扩大样本规模来降低抽样风险。假如对总体中的所有项目都实施检查，即样本规模与实际规模相等情况下，抽样风险就不存在，此时审计风险则完全等同于非抽样风险。

（2）非抽样风险。非抽样风险是指由某些与样本规模无关的因素而导致，得出错误结论的风险。在审计过程中，可能导致非抽样风险的原因很多，常见的原因有下列几种情况：

①选择的总体不适合测试目标。

②未能发现样本中存在的偏差或错报。

③选择了不适合实现特定目标的审计程序。

④未能适当地评价审计发现的情况。

3. 审计风险在风险导向审计模式下表现为重大错报风险和检查风险

在风险导向模式下，审计风险取决于重大错报风险和检查风险，三者之间的关系表现为：

审计风险 = 重大错报风险 × 检查风险

重大错报风险是指财务报表在审计之前就存在的重大错报的可能性，它是由被审计单位会计政策和内部控制引起的。审计人员应当从财务报表层次，以及各类交易、账户余额、列报和认定层次考虑重大错报风险，并通过向项目组派遣更有经验的审计人员，或者利用专家意见等措施以降低发生重大错报的可能性。

检查风险是审计人员在实施审计过程中因实施抽样审计方法，或者没有遵守审计准则或审计职业道德而造成的审计风险。检查风险取决于审计程序设计的合理性及执行的有效性。在可承受的审计风险一定的前提下，检查风险与重大错报风险呈相反关系。被审计单位财务报表的重大错报风险越高，审计人员的检查风险就要尽量降低，也就是说审计人员在审计过程中应该执行更严格的审计程序，收集更多的审计证据。

7.3.3　审计风险的计量

1. 属性抽样中审计风险的计量

在属性抽样中，利用查表法确定样本数量的决定因素之一就是可靠程度，即样本性质代表总体性质的可靠性程度。审计人员在确定审计程序时应该合理确定可靠程度，因为可靠程度与审计风险呈反向关系，对可靠程度要求越高，审计证据就越多，审计风险也就越低。比如，如果把可靠程度定为 90%，也就是样本代表总体的代表性为 90%，那么另外 10% 就是审计风险度。可靠程度主要取决于被审计单位的内部控制系统有效性，同时也取决于审计人员承受风险的能力。

2. 变量抽样中审计风险的计量

变量抽样对样本规模的确定使用了概率论方法：

$$n' = \left(\frac{t \cdot S \cdot N}{P} \right)^2$$

式中：n'——放回抽样的样本规模；t——标准正态离差系数（可靠程度系数）；S——估计总体标准离差；N——总体项目个数；P——精确度。

总体标准离差（S）是指在抽样对象总体中，每个审计对象与总体平均数（期望值）的平均偏离程度。平均偏离程度越大，说明审计对象总体中单个之间差异值越大，审计风险就可能越高。

标准正态离差系数是为克服审计对象总体规模不同的项目之间风险程度不能比较的问题而产生的。根据统计学结果，标准正态离差系数（t）与可靠程度之间的关系如表 6-8 所示。

7.3.4 重大错报风险的识别与评估

风险评估是对重大错报发生的可能性和后果的严重程度进行的评估。在风险导向审计模式下，注册会计师以重大错报风险的识别、评估和应对作为审计工作的起点和主线，最终将审计风险降低至可以承受的范围内。

1. 识别重大错报风险

（1）存在重大错报风险的可能情况

出现下列情况，表明被审计单位可能存在重大错报风险：

①在经济不稳定的国家或地区开展业务；

②在高度波动的市场环境中开展业务；

③持续经营和资产流动性出现问题；

④所在行业发生重大变化，或者打算进入新的行业；

⑤发生重大的资产重组、联营等资本变动情况；

⑥频繁发生重大的关联方交易；

⑦关键岗位人员经常变动；

⑧存在重大的未决诉讼和或有负债；

⑨管理混乱，内部控制存在严重问题。

（2）需要特别考虑的重大错报风险

审计人员应该根据风险的性质、潜在错报的重要程度以及发生的可能性，特别考虑以下情况：

①是否存在舞弊；

②会计政策和会计估计是否经常更改；

③交易过程是否非常复杂；

④会计处理过程是否受到重大干扰；

⑤会计处理过程是否人工成分较多；

⑥会计核算过程是否完全遵守《企业会计准则》。

2. 评估重大错报风险的审计程序

对被审计单位是否存在重大错报风险，以及重大错报风险严重程度进行评估，评估程序为：

（1）识别重大错报风险；

（2）将识别出的风险与认定层次可能发生错报的领域相联系；

（3）评估识别出的错报风险，并评价其与财务报表整体，还是与特定的交易或事项相关联；

（4）判断重大错报的性质。

7.3.5　应对重大错报风险

1. 应对财务报表层次重大错报风险的措施

（1）审计项目组必须保持高度的职业怀疑态度；

（2）指派更有经验或具有特殊技能的审计人员，以及利用专家工作成果；

（3）选择适当策略，如调整抽样方法、审计程序和审计项目，以防被审计单位采取相应的规避对策；

（4）扩大审计范围，对低于重要性水平和根据经验判断风险较小的账户余额实施追加审计程序。

2. 应对认定层次重大错报风险的措施

注册会计师对认定层次重大错报风险设计和实施的进一步审计程序，应该与评估认定层次重大错报风险具备明确的对应关系，并考虑以下因素：

（1）风险后果的严重性；

（2）风险发生的可能性；

（3）账户的性质和被审计单位业务特点；

（4）被审计单位内部控制情况；

（5）实施进一步审计程序的时间和范围。

📅 复习思考题

1. 简述审计证据的类型和质量特征。

2. 简述审计证据取得的方法。

3. 审计工作底稿的作用和种类。

4. 简述我国审计工作的依据。

5. 审计风险包括哪些内容？

6. 如何预防重大错报风险？

参考文献

［1］陈汉文，韩洪灵．审计理论与实务［M］．北京：中国人民大学出版社，2019.

［2］秦荣生，卢春泉．审计学［M］．第9版．北京：中国人民大学出版社，2018.

［3］叶陈刚．审计学［M］．北京：机械工业出版社，2015.

［4］宋常．审计学［M］．北京：中国人民大学出版社，2014.

［5］李晓慧．审计学：实务与案例［M］．北京：中国人民大学出版社，2014.

［6］吴秋生．审计学［M］．北京：中国财政经济出版社，2014.

［7］叶忠明，阮滢．审计学［M］．北京：清华大学出版社，2013.

［8］杨闻萍．审计学［M］．北京：中国人民大学出版社，2012.

［9］陈力生．审计学［M］．北京：立信会计出版社，2012.

［10］上官晓文．审计学［M］．上海：上海财经大学出版社，2013.

［11］陈淑芳．审计学［M］．北京：立信会计出版社，2015.

［12］雷·惠廷顿，库尔特·帕尼．审计学原理［M］．北京：中国人民大学出版社，2015.

［13］［美］梅西尔．审计学：一种系统的方法［M］．北京：清华大学出版社，2015.

第8章　终结审计和审计报告

📝 **学习目标**

1. 理解终结审计的含义
2. 掌握终结审计的流程
3. 理解审计报告的含义、作用和种类
4. 掌握审计报告的编制

💬 **重点与难点**

重点：终结审计的流程、审计报告的种类级编制；

难点：是审计报告的编制及关键审计事项的披露。

📖 **引导案例**

审 计 质 量

某会计师事务所的注册会计师对××公司审计后发表了如下审计意见："我们认为，××公司财务报表已经按照企业会计准则和《××会计制度》的规定编制，在所有重大方面公允反映了××公司 2011 年 12 月 31 日的财务状况以及 2011 年度的经营成果和现金流量。"

半年后，××公司因无法按时偿还巨额债务而宣告破产。股东与债权人状告为××公司审计的会计师事务所。其诉讼理由是××公司 2011 年的财务报表中存在严重错误，而注册会计师发表了无保留意见，从而误导了报表使用人。

会计师事务所对此提出了抗辩，认为审计中发现的被审计单位 ABC 公司财务报表中存在的重大错报都已要求××公司调整并且××公司也接受了调整建议，未调整的错报是不重要的，且在审计报告中发表意见时使用了"在所有重大方面公允反映了××公司 2011 年 12 月 31 日的财务状况以及 2011 年度的经营成果和现金流量"这一表述。

　　法院经过审理最终认定：××公司财务报表中存在将 2012 年的销售收入提前计入 2011 年的财务报表中，造成 2011 年虚增收入 12.9 万元与高估资产 15.7 万元，以及漏计与少计负债 20.7 万元的错报。对于销售额近千万元、资产近千万元的××公司来说，这些错报虽然从金额来看并不重要，却导致××公司的盈利能力保持持续增长的状态，偿债能力的指标恰巧达到了银行贷款门槛。因此这些错报对于报表使用人来说是重大的，无疑会误导报表使用人，会计师事务所理应承担赔偿责任。

8.1　终结审计

8.1.1　终结审计的含义

　　终结审计即完成审计工作，是财务报表审计的最后阶段，是指注册会计师在执行了对各项交易及账户余额的测试后、编制与签发审计报告前所进行的审计结果评价、审计意见确定及最终提出审计报告的一项综合性测试工作。该工作通常由审计项目的负责人或高级经理来执行，其主要特点是在资产负债表日后执行，关注综合影响而不注重特定交易或账户余额，较多地涉及注册会计师的主观判断，其作出的决定，对审计报告有着直接而重要的影响。

8.1.2　终结审计的流程

　　终结审计的主要内容和流程包括：期初余额审计、复核期后事项与或有损失；取得被审计单位与律师声明书；评价审计结果，复核工作底稿；确定审计意见，与被审单位沟通，提出审计报告等。

1. 期初余额审计

（1）期初余额审计的含义

　　期初余额，是指被审单位在所审计的会计期间期初已存在的余额，它以上期期末余额为基础，反映了前期交易、事项及其会计处理的结果。一般而言，期初余额是上期结转至本期账户的余额，在数量上与上期金额相等。但是，有时由于受上期期后事项、会计政策诸因素的影响，上期期末余额结转至本期时，是需要经过调整或重编的。注册会计师在首次接受委托时会涉及期初余额，而期初余额是本期财务报表的基础，往往对本期财务报表产生重要的影响。所以，注册会计师应以高度的责任感和慎重的态度，来判断期初余额对所审计财务报表影响的程度。

（2）期初余额审计的常用审计程序

对期初余额实施审计时常常采用以下审计程序：

①询问被审计单位董事会和经理层。

②审阅上期会计资料及相关资料。

③通过对本期财务报表实施的审计程序进行证实。

④补充实施其他适当的实质性测试程序。

上述审计程序，可做如下理解：

首先，注册会计师执行期初余额审计时，可向被审计单位董事会和经理层询问有关情况，诸如对本期经营有重要影响的事项、政府新颁布的影响行业发展的法律法规以及其他重要事项。

其次，在审阅上期会计资料及相关资料时，注册会计师应关注其合法性和公允性。

再次，通过对本期财务报表实施的审计程序也可证实某些期初余额。在对流动资产或流动负债的期初余额审计时，一般结合当期审计程序进行。例如，应收账款或应付账款的期初余额，通常在本期内即可收回或支付，则此后收回或支付的事实即可视为应收账款或应付账款期初余额存在的适当证据。

最后，有些期初余额项目尚需补充实施其他适当的实质性测试程序。就存货而言，审计本期交易仍难获取期初余额是否适当的证据。因此，注册会计师通常必须采用其他审计程序。例如，审阅被审计单位上期存货盘点记录及文件，测试期初存货项目的价值量，以及运用毛利百分比法分析比较。对于非流动资产和非流动负债期初余额的审计，注册会计师通常要检查其期初的有关记录。在某些情况下，注册会计师可向第三者函证以获取对期初余额的确认。

（3）期初余额审计的结果处理

注册会计师进行财务报表审计时，一般无须专门对期初余额发表审计意见，但应当实施适当的审计程序。如果实施相关审计程序后无法获取有关期初余额的充分、适当的审计证据，那么注册会计师应当出具保留意见或无法表示意见的审计报告；如果期初余额存在对本期财务报表产生重大影响的错报，那么注册会计师应当告知被审计单位董事会；如果上期财务报表由前任注册会计师审计，注册会计师还应当考虑提请被审计单位董事会告知前任注册会计师。如果错报的影响未能得到正确的会计处理和恰当的披露，那么注册会计师应当出具保留意见或否定意见的审计报告。如果与期初余额相关的会计政策未能在本期得到一贯运用，并且会计政策的变更未能得到正确的会计处理和恰当的列报，那么注册会计师应当出具保留意见或否定意见的审计报告。

2. 复核期后事项与或有事项

（1）复核期后事项

所谓期后事项，是指财务报表日至审计报告日之间发生的事项，以及审计报告日后注册会计师知悉的事实。注册会计师要关注期后事项，是因为这些事项有可能导致注册会计师改变对所审计财务报表合法性、公允性的意见。

按照中国注册会计师执业准则，注册会计师对被审计单位财务报表合法性、公允性的责任，并不限于财务报表日前发生的事项和交易，还应包括对期后事项的复核。具体包括：

①资产负债表日至审计报告日之间发生事项的复核。

常用的审计程序应当包括：了解董事会、经理层为确保识别期后事项而建立的程序；询问董事会、经理层和股东，确定是否已发生可能影响财务报表的期后事项；查阅被审计单位的所有者、董事会、经理层在财务报表日后举行会议的纪要，在不能获取会议纪要的情况下，询问此类会议讨论的事项；查阅被审计单位最近的中期财务报表。

注册会计师实施审计程序后，如果识别出需要在财务报表中调整或披露的事项，应当确定这些事项是否按照适用的财务报告编制基础的规定在财务报表中得到恰当反映。注册会计师应当要求董事会提供书面声明，确认所有在财务报表日后发生的、按照适用的财务报告编制基础的规定应予调整或披露的事项均已得到调整或披露。

②审计报告日后至财务报表报出日前发现事实的复核。

所谓财务报表报出日，是指被审计单位对外披露已审计的财务报表的日期。在审计报告日后，注册会计师没有责任针对财务报表实施审计程序或进行专门查询。在审计报告日至财务报表报出日期间，管理层有责任告知注册会计师可能影响财务报表的事实。在审计报告日后至财务报表报出日前，如果知悉了某事实，且若在审计报告日知悉可能导致修改审计报告，注册会计师应当：与董事会和经理讨论该事项；确定财务报表是否需要修改；如果需要修改，询问董事会将如何在财务报表中处理该事项。

如果董事会修改财务报表，注册会计师应当：根据具体情况对有关修改实施必要的审计程序；将审计程序延伸至新的审计报告日，并针对修改后的财务报表出具新的审计报告。新的审计报告日不应早于修改后的财务报表被批准的日期。

如果董事会对财务报表的修改仅限于反映导致修改的期后事项的影响，被审计单位的董事会、经理层或类似机构也仅对有关修改进行批准，那么注册会计师可以仅针对有关修改将审计程序延伸至新的审计报告日。在这种情况下，注册会计师应当选用下列处理方式之一：其一，修改审计报告，针对财务报表修改部分增加补充报告日期，从而表明注册会计师对期后事项实施的审计程序仅限于财务报表相关附注所述的修改；其二，出具新的或经修改的审计报告，在强调事项段或其他事项段中说明注册会计师对期后事项实施的审计程序仅限于财务报表相关附注所述的修改。

如果认为董事会应当修改财务报表而没有修改，那么注册会计师应当分别以下情况予以处理：如果审计报告尚未提交给被审计单位，那么注册会计师应当发表非无保留意见，然后再提交审计报告；如果审计报告已经提交给被审计单位，那么注册会计师应当通知董事会和股东在财务报表作出必要修改前不要向第三方报出。如果财务报表在未经必要修改的情况下仍被报出，那么注册会计师应当采取适当措施，以设法防止财务报表使用者信赖该审计报告。

③财务报表报出后知悉事实的复核。

在财务报表报出后，注册会计师没有义务针对财务报表实施任何审计程序。在财务报表报出后，如果知悉了某事实，且若在审计报告日知悉可能导致修改审计报告，那么注册会计师应当：与董事会和股东（如适用）讨论该事项；确定财务报表是否需要修改；如果需要修改，询问董事会将如何在财务报表中处理该事项。

如果董事会修改了财务报表，那么注册会计师应当：根据具体情况对有关修改实施必要的审计程序；复核董事会采取的措施能否确保所有收到原财务报表和审计报告的人士了解这一情况；将审计程序延伸至新的审计报告日，并针对修改后的财务报表出具新的审计报告，新的审计报告日不应早于修改后的财务报表被批准的日期；修改审计报告或提供新的审计报告。注册会计师应当在新的或经修改的审计报告中增加强调事项段或其他事项段，提醒财务报表使用者关注财务报表附注中有关修改原财务报表的详细原因和注册会计师提供的原审计报告。

如果董事会没有采取必要措施确保所有收到原财务报表的人士了解这一情况，也没有在注册会计师认为需要修改的情况下修改财务报表，那么注册会计师应当通知董事会和股东，注册会计师将设法防止财务报表使用者信赖该审计报告。如果注册会计师已经通知董事会或股东，而董事会或股东没有采取必要措施，那么注册会计师应当采取适当措施，以设法防止财务报表使用者信赖该审计报告。

（2）复核或有事项

或有事项是指由过去的交易或事项形成的，其结果须由某些未来事项的发生或不发生才能决定的不确定事项。常见的或有事项主要有：未决诉讼或仲裁、债务担保、产品质量保证、承诺、重组义务、环境整治保证等。或有事项在被审计单位财务报表日虽不能确定，但对于截至审计报告日被审计单位未披露的或有事项，注册会计师应提请被审计单位以恰当的方式加以披露。如果被审计单位不接受建议，注册会计师应根据其重要程度，确定是否在审计报告中反映。这是因为或有事项对财务报表使用者非常重要。按照企业会计准则，被审计单位对或有事项应根据未来发生可能性的判断，选择以下方法处理：其一，作为或有负债应计项目；其二，在财务报表附注中披露；其三，不作为应计项目也不加附注，予以忽略。或有事项究竟如何处理，需要注册会计师有相当程度的专业判断能力。

注册会计师并不限于在完成审计工作阶段才关注或有事项。许多或有事项项目的审计，往往作为其他审计事项的一个组成部分，而不是在完成审计阶段才作为一个独立的部分来执行。例如，所得税的争执也可作为分析所得税费用、复核往来通信档案的一部分加以核实；在查找未入账的负债项目时，注册会计师也对或有事项高度警觉，另外阅读董事会的会议记录时，注册会计师也会关注或有事项。在完成审计阶段，注册会计师对或有事项的审核，大多数属于复核，而非第一次审计。

或有事项复核的主要目标在于确定或有事项的存在，而其他审计项目的目标主要是核实记录资料的合法性、公允性。复核或有事项主要是寻找未记录的或有事项，而对其重要性的评价及如何加以反映则较容易解决。

复核或有事项采取的程序主要包括以下方面：

①向被审计单位董事会、经理层询问。由于或有事项由董事会、经理层直接负责，因此，董事会、经理层是这些事项有关信息的主要来源。注册会计师应向董事会、经理层询问和索取下列资料：询问其确定、评价与控制诉讼、索赔及或有负债相关事项的方针政策和工作程序；取得其书面声明，保证其已按企业会计准则的规定，对全部或有事项作了反映；取得其有关诉讼、索赔及或有负债的全部文件资料和凭证；取得其与银行之间的往来函件、贷款协定及担保条件；取得其有关债务的其他说明资料。

②向被审计单位律师或法律顾问函证，以获取其确认意见，表明对资产负债表日已存在的以及资产负债表日至复函日所存在的或有事项的意见。

③复核审计期间税务机关的税务结算报告，检查有无税款拖延及存在税务纠纷。

④向被审计单位开户银行及往来银行函证有关应收票据贴现及贷款担保。

⑤阅读被审计单位董事会及股东大会会议记录，确定是否有关于诉讼或其他或有事项的记录。

⑥寻找被审计单位对未来事项和有关协议的承诺。如被审计单位是否作出了按某一价格购买原料或租赁设备的承诺，或按某一固定价格出售商品的协议的承诺。

（3）被审计单位书面声明与律师的询问函

注册会计师在复核被审计单位期后事项和或有事项时，需要向被审计单位索取书面声明并向律师发出审计询问函。这种书面声明和回函记录了被审计单位和律师对注册会计师查询的答复，是注册会计师从被审计单位和律师处获得查询的书面证据，从而减少错误或误解的可能性。

1）被审计单位书面声明

注册会计师在完成审计工作阶段出具审计报告前，应取得被审计单位书面声明，以明确会计责任与审计责任。被审计单位书面声明，是指董事会或经理层向注册会计师提供的书面陈述，用以确认某些事项或支持其他审计证据。书面声明不包括财务报表及其认定，以及支持性账簿和相关记录。尽管书面声明提供必要的审计证据，但其本身并不为所涉及的任何事项提供充分、适当的审计证据。而且，被审计单位董事会已提供可靠书面声明的事实，并不影响注册会计师就管理层责任履行情况或具体认定获取的其他审计证据的性质和范围。

被审计单位书面声明应包括以下基本要素：①标题：××公司董事会声明。②抬头：致××注册会计师（或呈××会计师事务所）。③正文：根据注册会计师要求声明的内容，列出各项声明。④日期：被审计单位书面声明的日期应与审计报告的日期一致，以防日期不一致而可能发生误解。⑤签章：被审计单位主要负责人签名并加盖被审计单位公章。书面声明的日期应当尽量接近对财务报表出具审计报告的日期，但不得在审计报告日后。书面声明应当涵盖审计报告针对的所有财务报表和期间。

被审计单位书面声明表面上出自被审计单位董事会，实际上往往由注册会计师准备好内容，而要求被审计单位董事会用其信笺打印并签名。被审计单位管理层书面声明的正文通常应包括以下内容：①管理层认可其设计和实施内部控制以防止或发现并纠正错报的责任。②已按财务准则的要求编制财务报表，财务报表的合法性、公允性由管理层负责。③财务会计资料已全部提供给注册会计师审查。④股东大会及董事会（或其他高层领导会议）的会议记录已全部提供给注册会计师查阅。⑤被审计年度的所有交易事项均已入账。关联公司交易的有关资料已提交注册会计师审查。⑥期后事项均已向注册会计师提供，重大的期后事项均已在财务报表中作出相应的调整或披露。⑦对注册会计师在审计过程中提出的所有重大调整事项已做调整。⑧无违法、违纪、舞弊现象。⑨无蓄意歪曲或粉饰财务报表各项目的金额或分类的情况。⑩无重大的不确定事项。其他须作声明的事项。

注册会计师获取被审计单位的书面声明，其意义主要体现在以下两个方面：①明确被审计单位对其财务报表应负的会计责任。被审计单位董事会应对其财务报表的编制和提供给注册会计师的有关资料的真实性、合法性和完整性负责，并在声明中作出陈述。为了达到这一目的，声明应尽可能详细，以充当被审计单位董事会的提醒者。被审计单位书面声明为明确被审计单位董事会的会计责任提供了依据。②有利于保护注册会计师。被审计单位书面声明把董事会或经理层对各方面审计问题的回答以书面方式记录下来，当被审计单位和注册会计师发生意见分歧和法律诉讼时，它作为书面证据，有利于保护注册会计师。需要指出，被审计单位书面声明是一种非独立来源的书面说明，不能将它视为十分可靠的证据。虽然它提供了注册会计师要求被审计单位董事会回答的某些问题的证据，但其主要作用是心理方面的，是用来保护注册会计师，并使其不致卷入由于董事会不明白自身责任而导致的潜在纠纷。

如果对董事会或经理层的胜任能力、诚信、道德价值观或勤勉尽责存在疑虑，或者对管理层在这些方面的承诺或贯彻执行存在疑虑，注册会计师应当确定这些疑虑对书面或口头声明和审计证据总体的可靠性可能产生的影响。如果书面声明与其他审计证据不一致，注册会计师应当实施程序以设法解决这些问题。如果问题仍未解决，注册会计师应当重新考虑对董事会或经理层的胜任能力、诚信、道德价值观或勤勉尽责的评估，或者重新考虑对董事会或经理层在这些方面的承诺或贯彻执行的评估，并确定书面声明与其他审计证据的不一致对书面或口头声明和审计证据总体的可靠性可能产生的影响。如果认为书面声明不可靠，注册会计师应当采取适当措施，确定其对审计意见可能产生的影响。如果被审计单位董事会拒绝准备声明并拒绝签名，注册会计师也不能通过其他程序来佐证对财务报表相当重要的书面声明，则应视为对其审计范围的一种限制。在这种情况下，注册会计师就应考虑签发保留意见或无法表示意见的审计报告。

2）对律师的审计询问函

对律师的审计询问函的意义：注册会计师对被审计单位或有关事项进行复核时，由于注册会计师不可能像律师那样具有良好的法律技能，往往需要向被审计单位的律师（或法律顾问）进行函证，以获取其对财务报表日就已存在的以及财务报表日至其复函日这一时期内存在的或有事项的确认证据。向被审计单位律师寄发审计询问函是注册会计师获取或有事项证据的一种主要手段。向律师发出审计询问函，律师可能由于缺少有关或有事项方面的知识，或者认为所询问事项属于机密信息而拒绝向注册会计师回答。如果被拒绝回答的问题很重要，注册会计师因为缺少有效证据可能需要对审计意见加以修改。为此，中国注册会计师执业准则要求被审计单位董事会或经理层允许其聘用的律师向注册会计师提供与或有事项有关的资料，并鼓励律师在取得有关或有事项资料方面与注册会计师通力合作。

致被审计单位律师的标准审计询问函，通常应使用被审计单位的信笺书写，并由被审计单位签名和寄出。被审计单位应对曾为其进行法律代理或咨询的所有律师寄发审计询问函。标准审计询问函应包括以下内容：①由被审计单位列具一份清单，说明律师已在很大程度上涉足的重要的未决或正面临的诉讼、索赔等事项；或函请律师准备一份这样的清单。②由被审计单位列具一份清单，说明律师已在很大程度上涉足的尚未认定的索赔等事项。③被审计单位就已列具的每一事项准备采取的法律行动，不利结果发生的可能性和可能造成的损失金额或范围大小，向律师进行调查，要求律师提供有关资料和说明。④要求律师确认未列出的或有事项及其影响；或者说明被审计单位的清单是完整的。⑤由被审计单位以书面形式将有关责任告知律师。律师根据其职业判断，如认为有必要在财务报表上反映某一法律事项时，应通知被审计单位。此外，还要求律师直接向注册会计师说明，他本人理解这些责任。⑥要求律师就其答复中所受限制的原因及性质进行确认，并予以说明。

审计询问函的回函与审计意见的发表：审计询问函应要求律师将接近审计报告日的或有事项直接回函告知注册会计师。被审计单位律师对函证问题的答复和说明就是律师声明，它可以作为审计证据，并足以使注册会计师解释并报告有关或有事项。律师声明的格式和措辞没有定式，但律师声明的内容会直接影响注册会计师发表审计意见的类型。注册会计师应根据该律师的职业声誉来确定律师声明的合理性。如果注册会计师熟悉该律师的职业声誉，就不需要作专门的查询，否则应查询该律师的职业背景、声誉及其在法律界的地位，并考虑从律师协会中获取信息。若这些方面都能令人满意,除非律师关于被审计单位或有事项的意见是不合情理的,注册会计师一般会接纳律师声明中的意见。

①如果律师声明指出或有事项产生有利结果的可能性很大,或者争论的事项并不重要,那么注册会计师可以签发无保留意见的审计报告。

②如果律师声明指出或有事项可能引起不利结果,或者潜在损失发生的金额和范围都具有重大不确定性。在这种情况下,如果被审计单位的财务报表充分披露了这一不确定事项,那么注册会计师可签发带强调事项段的无保留意见审计报告。

③倘若律师拒绝回答审计询问函,或律师声明表明律师拒绝提供信息或隐瞒信息,或者对被审计单位叙述的情况不加修正,注册会计师应认为审计范围受到限制。这种情况下,注册会计师应根据或有事项的重要程度,对被审计单位财务报表发表保留意见或无法表示意见。

3. 评价审计结果

注册会计师履行完所有具体审计程序后,需要综合各种结果,得出一个全面的结论,即进行审计结果评价。这一评价工作需要对审计计划与风险、审计测试的各个程序以及审计证据和工作底稿等各方面进行复核,确定审计工作是否遵循了审计准则,所收集的审计证据是否足以保证财务报表按企业会计准则表达,其编报基础是否与以前年度一致,并确定将要发表的审计意见。为实现这些目标,注册会计师在评价审计结果阶段主要应完成以下各方面的工作。

(1)评价审计证据是否足以支持审计结论

注册会计师评价审计结果,对财务报表形成意见时,应综合考虑在审计过程中收集的所有证据,即就审计证据是否充分作一次最后总结与复查。评价审计证据应由注册会计师对全部审计工作进行复查,以确定是否所有与审计计划有关的重要方面已经根据审计的具体目标进行了适当的测试。一般通过对审计方案的复核,以确保方案中的每一部分都已准确完成,并编制工作底稿,形成审计证据,对审计方案是否适宜作出判断。评价证据时,为了确定财务报表是否合法、公允表达,还应总结审计中发现的错报。对审计中发现的错报,只要错报本身很重要,就应建议被审计单位调整财务报表。调整建议一般通过调整分录汇总表或审计差异汇总表的形式提交被审计单位。对于被审计单位未调整错报,就单个账户来说也许不重要,注册会计师也可能没有要求被审计单位予以更正。为确定错报的综合影响,应将所有账户错报加总,确定对净利润及其他与这些错报有关的财务报表总额的影响程度。可以编制未调整错报工作底稿，将错报总额与重要性初步判断或审计计划所确定的风险的可接受水平比较，以判断财务报表表达是否合法、公允。

如果审计计划规定的任务虽已完成但未能获取充分的证据，应执行追加的审计程序，以获取需要的证据；如果错报总额影响较大，即使已获取充分的证据，但仍不能接受审计风险，注册会计师必须说服被审计单位进一步对财务报表做必要的修正，以便使错报的风险降到一个可接受的水平。倘若不能做到以上两方面，就应选择签发保留意见或否定意见的审计报告。

（2）复核财务报表反映的合法性和公允性

在完成审计工作时，注册会计师应确定财务报表的反映是否合法、公允。在审计过程中，审核的重点是对重要账户的测试，核实总账余额的准确性，并反映在财务报表中，当然也包括附注的披露是否恰当。核实账户余额所形成的记录，应反映会计准则的运用是否与以前年度一致。复核财务报表反映时，应检查审计过程中的上述记录，由审计项目负责人对初步审核的注册会计师的财务报表审查清单加以核对，对财务报表技术上的准确性作出判断。如果复核的注册会计师认为不足以对财务报表的合法性和公允性作出结论，就应采取额外的审计程序获取必要证据，否则应签发保留意见或无法表示意见的审计报告。

（3）撰写审计总结，形成审计意见

注册会计师完成审计工作后，还应当根据评价后的审计证据撰写审计总结，概要地说明审计计划的执行情况以及审计目标是否实现，同时对每个注册会计师的审计结果加以汇总和评价，对财务报表形成适当的审计意见。审计总结一般应包括以下内容：

①序言。阐述被审计单位背景信息及重要会计政策和会计估计的变更情况，审计计划在执行过程中产生重大偏差的原因等。

②审计概况。说明在审计过程中所采用的审计方法、获取的审计证据、财务报表项目的余额或发生额、不符事项的调整或未调整的理由、关联交易、财务承诺、期后事项以及需要主任会计师注意的其他重大事项等。

③审计结论。说明拟出具的审计报告类型。

（4）签发审计报告前对审计工作底稿的最终复核

签发审计报告前对审计工作底稿的最终复核，一般由会计师事务所的主管合伙人或主任会计师负责进行，是对整套审计工作底稿的原则性复核。该项复核是会计师事务所审计工作底稿分级复核制度的重要组成部分。

1）签发审计报告前对工作底稿复核的意义

①实施对审计意见恰当性的质量控制。注册会计师在审计工作中将工作结

果和工作过程中的各种情况记录于审计工作底稿中，并据此形成审计意见。若形成的审计意见与工作结果存在矛盾，注册会计师的工作就失去其有效性。对签发审计报告前的审计工作底稿进行复核，是对审计工作结果实施的最后质量控制，能避免因对重大审计问题的遗漏或对审计工作情况理解不透彻等情况而形成与审计工作结果相矛盾的审计意见。

②保证审计工作已达到会计师事务所的工作标准。会计师事务所对开展各项审计工作都应有明确的标准。在会计师事务所内，不同注册会计师的工作质量有很大不同。因此，必须由主管合伙人或主任会计师谨慎复核，严格保持审计工作质量的一致性，确认该审计工作已达到会计师事务所的工作标准。

③抵制妨碍注册会计师判断的偏见。在审计工作中，常常需要注册会计师对各种问题作出专业判断。注册会计师可能期望在整个审计过程中保持客观性，但如有大量问题需要解决而又经过长时间的审计，就容易丧失正确的观察能力和判断能力，对一些问题作出不符合事实的审计结论。而主管合伙人或主任会计师在签发审计报告前对审计工作底稿进行复核，可以抵制妨碍注册会计师正确判断的偏见，作出符合事实的审计结论。

2）复核审计工作底稿的内容

会计师事务所的主管合伙人或主任会计师在签发审计报告前，对审计工作底稿复核的主要内容包括以下四个方面：

①审计程序的恰当性。复核所实施的审计程序是否符合审计计划的要求，这些审计程序在审计过程中是否得到了充分应用，所有审计程序是否已完成并且在审计工作底稿中予以恰当记录。

②审计工作底稿的充分性。复核已获取的审计工作底稿是否足以支持注册会计师所发表的审计意见；对已经收集的被审计单位的概况资料、经济业务情况、内部控制系统及会计记录等，连同注册会计师制定的审计计划、审计程序以及所采用的审计步骤、方法，是否都已编入审计工作底稿；每份审计工作底稿的标题、编制日期、资料来源及资料的性质等基本要素是否完整；相关审计工作底稿是否表述清晰、记录有序等。

③审计过程中是否存在重大遗漏。复核是否存在会导致需进一步查询和追加审计程序的事项；是否存在涉及会计准则或未遵循有关管理机构要求的重大事项；所有例外事项是否已经查清并已记录；是否存在审计步骤不完善或存在未解决的问题；是否存在前期审计中注明的至今未解决的重大事项；是否存在与被审计单位未达成一致意见的未解决的会计和审计事项；是否存在严重影响被审计单位财务报表反映的其他事项。

④审计工作是否符合会计师事务所的质量要求。复核和检查注册会计师在审计工作中是否遵循了独立性原则；对助理审计人员是否进行了指导和监督；对超越注册 会计师知识范围的事项是否向有关专家或机构进行了咨询；是否遵循了会计师事务所的内部管理制度；注册会计师和助理人员的知识、专业技能是否符合要求；是否已经实现了审计目标；提出的结论是否与工作结果一致。

8.2   审计报告

8.2.1   审计报告的意义、作用和种类

审计报告是审计工作的最终结果，它是审计工作的总结。注册会计师在对约定事项实施了必要的审计程序，确认作为发表审计意见依据的审计证据已得到充分的收集和鉴定后，应根据对审计证据的综合和判断，编制审计报告，以书面形式向委托人就被审计单位的财务状况、经营成果和现金流量情况是否公允反映发表审计意见。

1. 审计报告的意义

审计报告是注册会计师根据中国注册会计师执业准则的要求，在实施了必要的审计程序后出具的用于对被审计单位财务报表发表审计意见的书面文件，具有法定证明效力。其重要意义表现在以下几个方面：

（1）审计报告是注册会计师完成审计任务，表达审计意见的主要方式

会计师事务所接受委托人的委托，对被审计单位的经济活动、财务收支及其会计处理进行审计，鉴证被审计单位财务报表的合法性、公允性。注册会计师在审计过程中平时形成的意见或判断分散在审计工作底稿中，期末通过对审计工作底稿的整理、归纳、综合、分析，形成系统的审计意见，总结编制成审计报告。毫无疑问，以书面形式编制审计报告是审计工作中十分必要的步骤，它利于阅读和查考，是口头汇报及其他报告方式所无法替代的。审计报告工作若做得不好，既会影响审计任务的完成，也不能正确、客观地表达审计意见。

（2）审计报告是明确注册会计师的责任，发挥鉴证作用的重要载体

审计报告是注册会计师发表审计意见、提出审计结论的书面文件。注册会计师出具的审计报告，应由审计项目合伙人签字并由所在单位签章，然后连同有关文件报送给委托人，由委托人分送给各使用单位。注册会计师应对出具的

审计报告负责，无须报经任何机关、部门或单位审定。注册会计师对审计报告所负的责任，并不能代替或减轻被审计单位对财务报表的公允性、合法性所负的责任。注册会计师在审计报告上签名盖章，是保证审计报告真实、合法，并对其出具负责的重要条件。通过审计报告可以明确注册会计师作出审计结论的审计责任以及存在重大过失的法律责任。至于委托人使用审计报告，则应遵守委托时的约定，如因委托人引用不当或错误引用而造成后果的，应由引用者自负责任。

审计报告是发挥鉴证作用的重要载体。财务报表使用者通过阅读审计报告，可以更好地了解被审计单位的财务状况、经营成果和现金流量等情况，可据以提出改进管理的办法或制定科学的投资、信贷等方面的决策。

(3) 审计报告是审计档案的重要组成部分

审计档案是审计工作形成的各种需要归档保管的文件。审计报告是审计档案中不可缺少的重要组成部分。它既反映审计计划、审计工作方案的执行结果，也与各种审计记录和工作底稿有密切的联系，是审计记录和工作底稿的总结，是一个审计项目形成的各种需要归档保管的档案资料中综合性最强的，也是最重要的文件。它可以考核注册会计师的责任，将其作为审计档案归档，也是保证审计工作质量，提高审计工作水平的要求。按规定，会计师事务所除应将审计报告报送委托人外，应由注册会计师对审计报告副本进行复核和签署，作为审计档案，立卷归档，妥善保管。

2. 审计报告的作用

审计报告由项目负责人签章并加盖会计师事务所公章后，报送给委托人，可以表明审计工作的质量，明确注册会计师的责任。委托人将审计报告分送给各个不同的使用单位，使之发挥鉴证作用、保护作用和建设性作用。鉴证作用是指注册会计师以独立的第三者通过审计报告，对被审计单位财务报表所反映的财务状况、经营成果等是否合法、公允作出客观的评价和合理的保证；保护作用是指审计报告能够在一定程度上揭露被审计单位财务报表存在的重大错报和舞弊行为，保护投资者及有关利益相关者的利益；建设性作用是指审计报告可以针对被审计单位经营管理方面的问题，提出改进措施和合理化建议，有助于被审计单位改进经营管理。此外，审计报告也是不同的使用单位了解情况和处理问题的重要依据。

(1) 审计报告是投资者作出投资决策的重要依据

任何投资都蕴含着风险，要求投资者认真研究投资对象的经营情况和财务状况，以提高投资的安全性和效益性。注册会计师通过审计，可以对被审计单位出具不同类型审计意见的审计报告，以提高或降低财务报表信息使用者对财务报表的信赖程度，能够在一定程度上对被审计单位的财产、债权人和股东权益及企业利益相关者的利益起到保护作用。如投资者为了减少投资风险，在进行投资之前，必须查阅被投资企业的财务报表和注册会计师的审计报告，了解被投资企业的经营情况和财务状况。投资者根据注册会计师的审计报告作出投资决策，可以减少投资风险。

（2）审计报告是政府有关部门了解、掌握企业情况的重要依据

政府有关部门，如财政部门、税务部门及有关综合管理部门，需要通过企业财务报表来了解企业的财务状况和经营成果。财务报表是否合法、公允，需要审计报告提供证明。因此，审计报告是财政、税务机关等政府部门了解企业真实情况的重要依据，是财政、税务部门等进行税收征管及作出有关决策的依据。

（3）审计报告是银行等金融机构进行信贷决策提的依据

信贷资金总是流向效益好的企业或部门，以保证信贷资金的效益性和安全性，获得较高的利息收入。银行在作出贷款决策之前，需要了解申请贷款企业的财务状况，掌握其偿债能力和获利能力。审计报告可以为银行了解其客户的资信状况提供证明，是银行及其他金融机构决定贷款项目、规模和时间的重要依据。

3. 审计报告的种类

审计报告可以按照不同标准，划分为不同的类型，有公布的标准的简式的审计报告和非公布非标准详式的审计报告。

（1）按照审计报告使用的目的分类

①公布目的的审计报告。一般是用于对企业股东、投资者、债权人等非特定利益关系者公布的，附送财务报表的审计报告。

②非公布目的的审计报告。一般是用于经营管理、合并或业务转让、融通资金等特定目的而实施审计的审计报告。这类审计报告是分发给特定使用者的，如经营者、合并或业务转让的关系人、提供贷款的金融机构等。

（2）按审计报告的格式分类

注册会计师应根据审计结论，出具下列审计意见之一的审计报告：无保留意见审计报告；带强调事项段和其他事项段的无保留意见审计报告；保留意见审计报告；否定意见审计报告；无法表示意见审计报告。

①标准审计报告。是指格式和措辞基本统一的审计报告。审计职业界认为，为了避免混乱，有必要统一报告的格式和措辞。因为如果每个审计报告的格式和措辞不一，审计报告使用者势必难以理解其准确含义。标准审计报告一般适用于对外公布的审计报告，无保留意见审计报告一般属于标准格式。

②非标准审计报告。是指格式和措辞不统一，可以根据具体审计项目的目的来决定的审计报告。它包括对不是以会计准则为基础编制的财务报表的审计报告，对财务报表中某些特定项目、账户等发表意见的审计报告，对是否符合法规规定发表意见的审计报告等特殊审计报告。非标准审计报告一般适用于非公布的审计报告。带强调事项段和其他事项段的无保留意见审计报告，保留意见审计报告，否定意见审计报告，无法表示意见审计报告一般属于非标准格式。

（3）按照审计报告的详略程度分类

①简式审计报告，又称短式审计报告。它是指注册会计师对应公布的财务报表进行审计后所编制的简明扼要的审计报告。简式审计报告反映的内容是非特定多数的利益相关者共同认为的必要审计事项，它具有记载事项为法令或审计准则所规定的特征，具有标准格式。因而简式审计报告一般适用于公布目的，具有标准审计报告的特点。

②详式审计报告，又称长式审计报告。它是指对审计对象所有重要的经济业务和情况都要做详细说明和分析的审计报告。详式审计报告主要用于帮助企业改善经营管理，故其内容比简式审计报告要丰富得多、详细得多。详式审计报告一般适用于非公布目的，具有非标准审计报告的特点。

此外，审计报告还可按审查的财务报表所涵盖期间的不同，分为年度财务报表审计报告、中期财务报表审计报告；按审计内容和范围的不同，分为财政财务审计报告、财经法纪审计报告和经济效益审计报告。

8.2.2 审计报告的内容

审计报告是注册会计师审计工作的最终成果，审计报告可以综合反映注册会计师的工作质量和执业水准及审计风险。审计报告应采用书面形式。

1. 审计报告的要素

（1）标题；
（2）收件人；
（3）审计意见；

（4）形成审计意见的基础；

（5）管理层对财务报表的责任；

（6）注册会计师对财务报表审计的责任；

（7）按照相关法律法规的要求报告的事项（如适用）；

（8）注册会计师的签名和盖章；

（9）会计师事务所的名称、地址和盖章；

（10）报告日期。

在适用的情况下，注册会计师还应当按照相关规定，在审计报告中对与持续经营相关的重大不确定性、关键审计事项、被审计单位年度报告中包含的除财务报表和审计报告之外的其他信息进行报告。

2. 审计报告的具体内容

（1）审计报告应当具有标题，统一规范为"审计报告"。

（2）审计报告应当按照审计业务约定的要求载明收件人。

（3）审计报告的第一部分应当包含审计意见，并以"审计意见"作为标题。审计意见部分还应当包括下列方面：

①指出被审计单位的名称；

②说明财务报表已经审计；

③指出构成整套财务报表的每一财务报表的名称；

④提及财务报表附注，包括重大会计政策和会计估计；

⑤指明构成整套财务报表的每一财务报表的日期或涵盖的期间。

如果对财务报表发表无保留意见，除非法律法规另有规定，审计意见应当使用"我们认为，后附的财务报表在所有重大方面按照［适用的财务报告编制基础（如企业会计准则等）］的规定编制，公允反映了：［……］"的措辞。

（4）审计报告应当包含标题为"形成审计意见的基础"的部分。该部分应当紧接在审计意见部分之后，并包括下列方面：

①说明注册会计师按照审计准则的规定执行了审计工作；

②提及审计报告中用于描述审计准则规定的注册会计师责任的部分；

③声明按照与相关的职业道德要求独立于被审计单位，并履行了职业道德方面的其他责任，声明中应当指明适用的职业道德要求，如中国注册会计师职业道德守则；

④说明注册会计师是否相信获取的审计证据是充分、适当的，为发表审计意见提供了基础。

（5）审计报告应当包含标题为"管理层对财务报表的责任"的部分。审计报告中应当使用特定国家或地区法律框架下的恰当术语，而不必限定为"管理层"。在某些国家或地区，恰当的术语可能是"治理层"。管理层对财务报表的责任部分应当说明管理层负责下列方面：

①按照适用的财务报告编制基础的规定编制财务报表，使其实现公允反映，并设计、执行和维护必要的内部控制，以使财务报表不存在由于舞弊或错误导致的重大错报；

②评估被审计单位的持续经营能力和使用持续经营假设是否适当，并披露与持续经营相关的事项（如适用），对管理层评估责任的说明应当包括描述在何种情况下使用持续经营假设是适当的。

（6）审计报告应当包含标题为"注册会计师对财务报表审计的责任"的部分。注册会计师对财务报表审计的责任部分应当包括下列内容：

①说明注册会计师的目标是对财务报表整体是否不存在由于舞弊或错误导致的重大错报获取合理保证，并出具包含审计意见的审计报告；

②说明合理保证是高水平的保证，但并不能保证按照审计准则执行的审计在某一重大错报存在时总能发现；

③说明错报可能由于舞弊或错误导致。

在说明错报可能由于舞弊或错误导致时，注册会计师应当从下列两种做法中选取一种：一是描述如果合理预期错报单独或汇总起来可能影响财务报表使用者依据财务报表作出的经济决策，则通常认为错报是重大的；二是根据适用的财务报告编制基础，提供关于重要性的定义或描述。

注册会计师对财务报表审计的责任部分还应当包括说明在按照审计准则执行审计工作的过程中，注册会计师运用职业判断，并保持职业怀疑；通过说明注册会计师的责任，对审计工作进行描述。这些责任包括：

①识别和评估由于舞弊或错误导致的财务报表重大错报风险，设计和实施审计程序以应对这些风险，并获取充分、适当的审计证据，作为发表审计意见的基础。由于舞弊可能涉及串通、伪造、故意遗漏、虚假陈述或凌驾于内部控制之上，未能发现由于舞弊导致的重大错报的风险高于未能发现由于错误导致的重大错报的风险。

②了解与审计相关的内部控制，以设计恰当的审计程序，但目的并非对内部控制的有效性发表意见。当注册会计师有责任在财务报表审计的同时对内部控制的有效性发表意见时，应当略去上述"目的并非对内部控制的有效性发表意见"的表述。

③评价管理层选用会计政策的恰当性和作出会计估计及相关披露的合理性。

④对管理层使用持续经营假设的恰当性得出结论。同时，根据获取的审计证据，就可能导致对被审计单位持续经营能力产生重大疑虑的事项或情况是否存在重大不确定性得出结论。如果得出结论认为存在重大不确定性，准则要求注册会计师在审计报告中提请报表使用者关注财务报表中的相关披露；如果披露不充分，注册会计师应当发表非无保留意见。注册会计师的结论基于截至审计报告日可获得的信息。然而，未来的事项或情况可能导致被审计单位不能持续经营。

⑤评价财务报表的总体列报、结构和内容（包括披露），并评价财务报表是否公允反映相关交易和事项。

注册会计师对财务报表审计的责任部分还应当包括下列内容：

①说明注册会计师与治理层就计划的审计范围、时间安排和重大审计发现等事项进行沟通，包括沟通注册会计师在审计中识别的值得关注的内部控制缺陷。

②对于上市实体财务报表审计，指出注册会计师就已遵守与独立性相关的职业道德要求向治理层提供声明，并与治理层沟通可能被合理认为影响注册会计师独立性的所有关系和其他事项，以及相关的防范措施（如适用）。

③对于上市实体财务报表审计，规定沟通关键审计事项的其他情况，说明注册会计师从与治理层沟通过的事项中确定哪些事项对本期财务报表审计最为重要，因而构成关键审计事项。注册会计师应当在审计报告中描述这些事项，除非法律法规禁止公开披露这些事项，或在极少数情形下，注册会计师合理预期在审计报告中沟通某事项造成的负面后果超过在公众利益方面产生的益处，因而确定不应在审计报告中沟通该事项。

（7）按照相关法律法规的要求报告的事项。除审计准则规定的注册会计师责任外，如果注册会计师在对财务报表出具的审计报告中履行其他报告责任，应当在审计报告中将其单独作为一部分，并以"按照相关法律法规的要求报告的事项"为标题，或使用适合于该部分内容的其他标题，除非其他报告责任涉及的事项与审计准则规定的报告责任涉及的事项相同。如果涉及相同的事项，其他报告责任可以在审计准则规定的同一报告要素部分列示。

如果将其他报告责任在审计准则要求的同一报告要素部分列示，审计报告应当清楚区分其他报告责任和审计准则要求的报告责任。如果审计报告将其他报告责任单独作为一部分，应当置于"对财务报表出具的审计报告"标题下，

"按照相关法律法规的要求报告的事项"部分置于"对财务报表出具的审计报告"部分之后。

（8）审计报告应当由项目负责人和另一名负责该项目的注册会计师签名和盖章。注册会计师应当在对上市实体整套通用目的财务报表出具的审计报告中注明项目负责人。

（9）审计报告应当载明会计师事务所的名称和地址，并加盖会计师事务所公章。

（10）审计报告应当注明报告日期。审计报告日不应早于注册会计师获取充分、适当的审计证据，并在此基础上对财务报表形成审计意见的日期。

在确定审计报告日时，注册会计师应当确信已获取下列两方面的审计证据：

①构成整套财务报表的所有报表（包括相关附注）已编制完成。

②被审计单位的董事会、经理层或类似机构已经认可其对财务报表负责。

8.2.3 在审计报告中沟通关键审计事项

关键审计事项，是指注册会计师根据职业判断认为对本期财务报表最为重要的事项。关键审计事项从注册会计师与治理层沟通过的事项中选取。注册会计师的目标是，确定关键审计事项，并在对财务报表形成审计意见后，以在审计报告中描述关键审计事项的方式沟通这些事项。

1. 在审计报告中沟通关键审计事项的意义

在审计报告中沟通关键审计事项，旨在通过提高已执行审计工作的透明度增加审计报告的沟通价值。沟通关键审计事项能够为财务报表预期使用者提供额外的信息，以帮助其了解注册会计师根据职业判断认为对本期财务报表审计最为重要的事项。沟通关键审计事项还能够帮助财务报表预期使用者了解被审计单位以及已审计财务报表中涉及重大管理层判断的领域。在审计报告中沟通关键审计事项，还能够为财务报表预期使用者就与被审计单位、已审计财务报表或已执行审计工作相关的事项进一步与管理层和治理层沟通提供基础。

在审计报告中沟通关键审计事项以注册会计师已就财务报表整体形成审计意见为背景。在审计报告中沟通关键审计事项不能代替下列事项：①管理层按照适用的财务报告编制基础在财务报表中作出的披露，或为使财务报表实现公允反映而作出的披露；②注册会计师根据审计业务的具体情况发表非无保留意见；③当可能导致对被审计单位持续经营能力产生重大疑虑的事项或情况存在重大不确定性时，注册会计师按照持续经营的规定进行报告。

在审计报告中沟通关键审计事项也不是注册会计师就单一事项单独发表意见。注册会计师在对财务报表发表无法表示意见时，不得在审计报告中沟通关键审计事项，除非法律法规要求沟通。

2. 在审计报告中确定关键审计事项

注册会计师应当从与治理层沟通过的事项中确定在执行审计工作时重点关注过的事项。在确定时，注册会计师应当考虑下列方面：①通过了解被审计单位及其环境识别和评估重大错报风险，评估出的重大错报风险较高的领域或识别出的特别风险；②与财务报表中涉及重大管理层判断（包括被认为具有高度估计不确定性的会计估计）的领域相关的重大审计判断；③本期重大交易或事项对审计的影响。注册会计师应当从确定的事项中，确定哪些事项对本期财务报表审计最为重要，从而构成关键审计事项。

3. 在审计报告中沟通关键审计事项

注册会计师应当在审计报告中单设一部分，以"关键审计事项"为标题，并在该部分使用恰当的子标题逐项描述关键审计事项。关键审计事项部分的引言应当同时说明下列事项：①关键审计事项是注册会计师根据职业判断，认为对本期财务报表审计最为重要的事项；②关键审计事项的应对以对整体进行审计并形成意见为背景，注册会计师不对关键审计事项单独发表意见。

在审计报告的关键审计事项部分逐项反映关键审计事项时，注册会计师应当分别索引至财务报表的相关披露（如有），同时说明下列内容：①该事项被认定为审计中最为重要的事项之一，因而被确定为关键审计事项的原因；②该事项在审计中是如何应对的。

除非存在下列情形之一，注册会计师应当在审计报告中描述每项关键审计事项：（1）法律法规禁止公开披露某事项；（2）在极少数情形下，如果合理预期在审计报告中沟通某事项造成的负面后果超过在公众利益方面产生的益处，注册会计师确定不应在审计报告中沟通该事项。

如果注册会计师根据被审计单位和审计业务的具体事实和情况，确定不存在需要沟通的关键审计事项，或者仅有的需要沟通的关键审计事项是导致非无保留意见的事项或者可能导致对被审计单位持续经营能力产生重大疑虑的事项，那么注册会计师应当在审计报告中单设的关键审计事项部分对此进行说明。如果注册会计师发表非无保留意见，那么不得在审计报告的关键审计事项部分沟通这些事项。

8.2.4 常见的审计报告样例

如果认为财务报表在所有重大方面按照适用的财务报告编制基础的规定编制并实现合法、公允反映，注册会计师应当发表无保留意见。如果财务报表没有实现公允反映，注册会计师应当就该事项与管理层讨论，并根据适用的财务报告编制基础的规定和该事项得到解决的情况，决定是否有必要在审计报告中发表非无保留意见。

当存在下列情形之一时，注册会计师应当在审计报告中发表非无保留意见：①根据获取的审计证据，得出财务报表整体存在重大错报的结论；②无法获取充分、适当的审计证据，不能得出财务报表整体不存在重大错报的结论。导致非无保留意见的事项，或者可能导致对被审计单位持续经营能力产生重大疑虑的事项，就其性质而言都属于关键审计事项。然而，这些事项不得在审计报告的关键审计事项部分进行描述。

当出具非无保留意见的审计报告时，注册会计师应当在审计意见段之后、注册会计师的责任段之前增加说明段，清楚地说明导致所发表意见或无法发表意见的所有原因，并在可能的情况下，指出其对财务报表的影响程度。

1. 标准格式审计报告

当注册会计师出具的无保留意见审计报告且不附加强调事项段和其他事项段或任何修饰性用语时，该审计报告称为标准审计报告。因此标准审计报告是指不含有说明段、强调事项段、其他事项段或其他任何修饰性用语的无保留意见的审计报告。标准审计报告格式和内容如例8-1所示。

2. 非标准格式审计报告

非标准审计报告是指标准审计报告以外的其他审计报告，包括带强调事项段和其他事项段的无保留意见的审计报告，以及非无保留意见的审计报告。非无保留意见的审计报告包括保留意见的审计报告、否定意见的审计报告和无法表示意见的审计报告。审计报告的说明段是指审计报告中位于审计意见之后用于描述注册会计师对财务报表发表保留意见、否定意见或无法表示意见理由的段落。

（1）带强调事项段和其他事项段的无保留意见审计报告

强调事项段，是指审计报告中含有的一个段落，该段落提及已在被审计单位财务报表中恰当列报或披露的事项，根据注册会计师的职业判断，该事项对财务报表使用者理解财务报表至关重要。如果认为有必要提醒财务报表使用者关注已在财务报表中列报或披露，且根据职业判断认为对财务报表使用者理解财务报表至关重要的事项，在同时满足下列条件时，注册会计师为了提醒使用者关注应当在审计报告中补充信息增加强调事项段：①该事项不会导致注册会计师发表非无保留意见；②该事项未被确定为在审计报告中沟通的关键审计事项。

如果在审计报告中包含强调事项段，注册会计师应当采取下列措施：①将强调事项段作为单独的一部分置于审计报告中，并使用包含"强调事项"这一术语的适当标题；②明确提及被强调事项以及相关披露的位置，以便能够在财务报表中找到对该事项的详细描述。强调事项段应当仅提及已在财务报表中列报或披露的信息；③指出审计意见没有因该强调事项而改变。带强调事项段的无保留意见审计报告格式和内容如例 8-2 所示。

其他事项段，是指审计报告中含有的一个段落，该段落提及未在被审计单位财务报表中列报或披露的事项，根据注册会计师的职业判断，该事项与财务报表使用者理解审计工作、注册会计师的责任或审计报告相关。如果认为有必要沟通未在财务报表中列报或披露，但根据职业判断认为与财务报表使用者理解审计工作、注册会计师的责任或审计报告相关的事项，在同时满足下列条件时，注册会计师应当在审计报告中增加其他事项段：①未被法律法规禁止；②该事项未被确定为在审计报告中沟通的关键审计事项。如果在审计报告中包含其他事项段，那么注册会计师应当将该段落作为单独的一部分，并使用"其他事项"或其他适当标题。带其他事项段的无保留意见审计报告格式和内容如例 8-3 所示。

（2）保留意见审计报告

保留意见是指注册会计师对被审计单位财务报表的反映有所保留的审计意见。一般是由于某些事项的存在，使无保留意见的条件不完全具备，影响了被审计单位财务报表的表达，因而注册会计师对无保留意见加以修正，对影响事项提出保留意见，并表示对该意见负责。如果认为被审计单位财务报表就其整体是公允的，当存在下列情形之一时，注册会计师应当发表保留意见：①在获取充分、适当的审计证据后，注册会计师认为错报单独或累计起来对被审计单位财务报表影响重大，但不具有广泛性；②注册会计师无法获取充分、适当的审计证据以作为形成审计意见的基础，但认为未发现的错报（如存在）对被审计单位财务报表可能产生的影响重大，但不具有广泛性。只有当注册会计师认定被审计单位整个财务报表是公允表达的情况下，才能采用保留意见，如果注册会计师认为所报告的情况极为严重，则应用否定意见或无法表示意见。因此，保留意见应认为是一种在不能提出无保留意见的情况下最不严厉的意见。保留意见的审计报告举例如例8-4所示。

（3）否定意见审计报告

只有当注册会计师确信被审计单位整个财务报表存在严重错报和歪曲以致根本不能按照企业会计准则公允表达财务状况、经营成果和现金流量情况时，才发表否定意见。无论是注册会计师还是被审计单位都不希望发表此类意见的审计报告。所谓发表否定意见是指与无保留意见相反，提出否定财务报表公允地反映被审计单位财务状况、经营成果和现金流量的审计意见。当未调整事项、未确定事项等对财务报表的影响程度在一定范围内时，注册会计师可以发表保留意见。但是如果其影响程度超出一定范围，以致财务报表无法被接受，被审计单位的财务报表已失去其价值，注册会计师就不能发表保留意见，又不应不发表意见，而只能发表否定意见。在获取充分、适当的审计证据后，如果认为错报单独或累计起来对财务报表的影响重大且具有广泛性，注册会计师应当发表否定意见。当出具否定意见审计报告时，注册会计师应当在意见段中使用"由于上述问题造成的重大影响""由于受到前段所述事项的重大影响"等专业术语。否定意见审计报告举例如例8-5所示。

（4）无法表示意见的审计报告

注册会计师出具无法表示意见的审计报告，不同于未接受委托，它是注册会计师实施了一定的审计程序后发表审计意见的一种方式。注册会计师出具无法表示意见的审计报告，也不是不愿发表意见。如果注册会计师已能确定应当发表保留意见或否定意见，不得以无法表示意见来代替。保留意见或否定意见是注册会计师在取得充分、适当的审计证据后形成的，由于被审计单位存在某些未调整事项或未确定事项等，按其影响的严重程度而表示保留或否定意见，并不是无法判断使用的措辞或问题的归属。无法表示意见是因某些限制而未对某些重要事项取得证据，没有完成取证工作，使得注册会计师无法判断问题的归属。

如果无法获取充分、适当的审计证据以作为形成审计意见的基础，但认为未发现的错报（如存在）对财务报表可能产生的影响重大且具有广泛性，注册会计师应当发表无法表示意见。

在极其特殊的情况下，可能存在多个不确定事项。尽管注册会计师对每个单独的不确定事项获取了充分、适当的审计证据，但由于不确定事项之间可能存在相互影响，以及可能对财务报表产生累计影响，注册会计师不可能对财务报表形成审计意见。在这种情况下，注册会计师应当发表无法表示意见。

无法表示意见不同于否定意见，它仅仅适用于注册会计师在审计过程中由于审计范围受到严重限制。而要发表否定意见，注册会计师必须有足够的证据证实被审计单位财务报表表达不合法、不公允。

当出具无法表示意见的审计报告时，注册会计师应当删除注册会计师的责任段，并在意见段中使用"由于审计范围受到限制可能产生的影响非常重大和广泛""我们无法对上述财务报表发表意见"等专业术语。无法表示意见的审计报告举例如8-6所示。

☞ 例8-1

审 计 报 告

ABC 股份有限公司全体股东：

一、对财务报表出具的审计报告

（一）审计意见

我们审计了 ABC 股份有限公司（以下简称 ABC 公司）财务报表，包括 2016 年 12 月 31 日的资产负债表，2016 年度的利润表、现金流量表、股东权益变动表，以及财务报表附注（包括重大会计政策和会计估计）。

我们认为，后附的财务报表在所有重大方面按照企业会计准则的规定编制，公允反映了 ABC 公司 2016 年 12 月 31 日的财务状况以及 2016 年度的经营成果和现金流量。

（二）形成审计意见的基础

我们按照中国注册会计师审计准则的规定执行了审计工作。审计报告的"注册会计师对财务报表审计的责任"部分进一步阐述了我们在这些准则下的责任。按照中国注册会计师职业道德守则，我们独立于 ABC 公司，并履行了职业道德方面的其他责任。我们相信，我们获取的审计证据是充分、适当的，为发表审计意见提供了基础。

（三）关键审计事项

关键审计事项是我们根据职业判断，认为对本期财务报表审计最为重要的事项。这些事项的应对以对财务报表整体进行审计并形成审计意见为背景，我们不对这些事项单独发表意见。

在公司良好业绩背后，是 ABC 公司与控股股东存在的巨额的关联交易。公司 2016 年向控股股东及其子公司关联方出售商品和提供劳务发生关联交易金额为 806.54 亿元，占总收入的 85.5%。有些关联交易难以找到市场可比价格。

（四）其他信息

董事会对其他信息负责，其他信息包括 ABC 公司"十三五"规划报告中涵盖的信息，但不包括财务报表和我们的审计报告。

我们对财务报表的审计意见并不涵盖其他信息，我们也不对其他信息发表任何形式的鉴证结论。

结合我们对财务报表的审计，我们的责任是阅读其他信息，在此过程中，考虑其他信息是否与财务报表或我们在审计过程中了解的情况存在重大不一致或者似乎存在重大错报。

基于我们已经执行的工作，如果我们确定其他信息存在重大错报，我们应当报告该事实。本次审计，我们确定其他信息不存在重大错报。

（五）管理层和治理层对财务报表的责任

管理层负责按照企业会计准则的规定编制财务报表，使其实现公允反映，并设计、执行和维护必要的内部控制，不存在由于舞弊或错误导致的重大错报。在编制财务报表时，管理层负责评估 ABC 公司的持续经营能力，披露与持续经营相关的事项（如适用），并运用持续经营假设，除非管理层计划清算 ABC 公司、终止运营或别无其他现实的选择。治理层负责监督 ABC 公司的财务报告过程。

（六）注册会计师对财务报表审计的责任

我们的目标是对财务报表整体是否不存在由于舞弊或错误导致的重大错报获取合理保证，并出具包含审计意见的审计报告。合理保证是高水平的保证，但按照审计准则执行的审计并不能保证一定会发现存在的重大错报。错报可能由于舞弊或错误导致，如果合理预期错报单独或汇总起来可能影响财务报表使用者依据财务报表作出的经济决策，则通常认为错报是重大的。

在按照审计准则执行审计工作的过程中，我们运用职业判断，并保持职业怀疑。同时，我们也执行以下工作：

1. 识别和评估由于舞弊或错误导致的财务报表重大错报风险，设计和实施审计程序以应对这些风险，并获取充分、适当的审计证据，作为发表审计意见的基础。由于舞弊可能涉及串通、伪造、故意遗漏、虚假陈述或凌驾于内部控制之上，未能发现由于舞弊导致的重大错报的风险高于未能发现由于错误导致的重大错报的风险。

2. 了解与审计相关的内部控制，以设计恰当的审计程序，但目的并非对内部控制的有效性发表意见。

3. 评价管理层选用会计政策的恰当性和作出会计估计及相关披露的合理

4. 对管理层使用持续经营假设的恰当性得出结论。同时，根据获取的审计证据，就可能导致对 ABC 公司持续经营能力产生重大疑虑的事项或情况是否存在重大不确定性得出结论。如果我们得出结论认为存在重大不确定性，审计准则要求我们在审计报告中提请报表使用者注意财务报表中的相关披露；如果披露不充分，我们应当发表非无保留意见。我们的结论基于截至审计报告日可获得的信息。然而，未来的事项或情况可能导致 ABC 公司不能持续经营。

5. 评价财务报表的总体列报、结构和内容（包括披露），并评价财务报表是否公允反映相关交易和事项。

我们与治理层就计划的审计范围、时间安排和重大审计发现等事项进行沟通，包括沟通我们在审计中识别出的值得关注的内部控制缺陷。

我们还就已遵守与独立性相关的职业道德要求向治理层提供声明，并与治理层沟通可能被合理认为影响我们独立性的所有关系和其他事项，以及相关的防范措施（如适用）。

从与治理层沟通的事项中，我们确定哪些事项对本期财务报表审计最为重要，因而构成关键审计事项。我们在审计报告中描述这些事项，除非法律法规禁止公开披露这些事项，或在极少数情形下，如果合理预期在审计报告中沟通某事项造成的负面后果超过在公众利益方面产生的益处，我们确定不应在审计报告中沟通该事项。

二、按照相关法律法规的要求报告的事项

根据现行法律法规对其他报告责任性质的规定，我们没有发现 ABC 公司在所审计期间有需要报告的其他事项。

×× 会计师事务所　　　中国注册会计师：李× （项目负责人）

　　　　　　　　　　　　　　　　　　（签名并盖章）

（盖章）　　　　　　　中国注册会计师：王×

　　　　　　　　　　　　　　　　　　（签名并盖章）

☞ 例8-2

审计报告

××股份有限公司全体股东：

一、对财务报表出具的审计报告

（一）审计意见

我们审计了××股份有限公司（以下简称××公司）财务报表，包括2016年12月31日的资产负债表，2016年度的利润表、现金流量表、股东权益变动表，以及财务报表附注（包括重大会计政策和会计估计）。

我们认为，后附的财务报表在所有重大方面按照企业会计准则的规定编制，公允反映了××公司2016年12月31日的财务状况以及2016年度的经营成果和现金流量。

（二）形成审计意见的基础

我们按照中国注册会计师审计准则的规定执行了审计工作。审计报告的"注册会计师对财务报表审计的责任"部分进一步阐述了我们在这些准则下的责任。按照中国注册会计师职业道德守则，我们独立于××公司，并履行了职业道德方面的其他责任。我们相信，我们获取的审计证据是充分、适当的，为发表审计意见提供了基础。

（三）强调事项

我们提醒财务报表使用者关注，财务报表附注（九）描述了火灾对××公司的生产设备造成的影响。本段内容不影响已发表的审计意见。

（四）关键审计事项

关键审计事项是我们根据职业判断，认为对本期财务报表审计最为重要的事项。这些事项是在对财务报表整体进行审计并形成意见的背景下进行应对的，我们不对这些事项单独发表意见。

××公司2016年12月份出售了1000万股中宏证券，获利约2.58亿元。非经常性损益占××公司2016年净利润的65%。

（五）其他信息

董事会对其他信息负责，其他信息包括××公司发展战略调整报告中涵盖的信息，但不包括财务报表和我们的审计报告。

我们对财务报表的审计意见并不涵盖其他信息，我们也不对其他信息发表任何形式的鉴证结论。

结合我们对财务报表的审计，我们的责任是阅读其他信息，在此过程中，考虑其他信息是否与财务报表或我们在审计过程中了解的情况存在重大不一致或者似乎存在重大错报。

基于我们已经执行的工作，如果我们确定其他信息存在重大错报，我们应当报告该事实。本次审计，我们确定××公司其他信息不存在重大错报。

（六）管理层和治理层对财务报表的责任

管理层负责按照企业会计准则的规定编制财务报表，使其实现公允反映，并设计、执行和维护必要的内部控制，以使财务报表不存在由于舞弊或错误导致的重大错报。

在编制财务报表时，管理层负责评估××公司的持续经营能力，披露与持续经营相关的事项（如适用），并运用持续经营假设，除非管理层计划清算××公司、终止运营或别无其他现实的选择。

治理层负责监督××公司的财务报告过程。

（七）注册会计师对财务报表审计的责任

我们的目标是对财务报表整体是否不存在由于舞弊或错误导致的重大错报获取合理保证，并出具包含审计意见的审计报告。合理保证是高水平的保证，但按照审计准则执行的审计并不能保证一定会发现存在的重大错报。错报可能由于舞弊或错误导致，如果合理预期错报单独或汇总起来可能影响财务报表使用者依据财务报表作出的经济决策，则通常认为错报是重大的。

在按照审计准则执行审计工作的过程中，我们运用职业判断，并保持职业怀疑。

同时，我们也执行以下工作：

（1）识别和评估由于舞弊或错误导致的财务报表重大错报风险，设计和实施审计程序以应对这些风险，并获取充分、适当的审计证据，作为发表审计意见的基础。由于舞弊可能涉及串通、伪造、故意遗漏、虚假陈述或凌驾于内部控制之上，未能发现由于舞弊导致的重大错报的风险高于未能发现由于错误导致的重大错报的风险。

（2）了解与审计相关的内部控制，以设计恰当的审计程序，但目的并非对内部控制的有效性发表意见。

（3）评价管理层选用会计政策的恰当性和作出会计估计及相关披露的合理性。

（4）对管理层使用持续经营假设的恰当性得出结论。同时，根据获取的审计证据，就可能导致对××公司持续经营能力产生重大疑虑的事项或情况是否存在重大不确定性得出结论。如果我们得出结论认为存在重大不确定性，审计准则要求我们在审计报告中提请报表使用者注意财务报表中的相关披露；如果披露不充分，我们应当发表非无保留意见。我们的结论基于截至审计报告日可获得的信息。然而，未来的事项或情况可能导致××公司不能持续经营。

（5）评价财务报表的总体列报、结构和内容（包括披露），并评价财务报表是否公允反映相关交易和事项。

我们与治理层就计划的审计范围、时间安排和重大审计发现等事项进行沟通，包括沟通我们在审计中识别出的值得关注的内部控制缺陷。

我们还就已遵守与独立性相关的职业道德要求向治理层提供声明，并与治理层沟通可能被合理认为影响我们独立性的所有关系和其他事项，以及相关的防范措施。

从与治理层沟通的事项中，我们确定哪些事项对本期财务报表审计最为重要，因而构成关键审计事项。我们在审计报告中描述这些事项，除非法律法规禁止公开披露这些事项，或在极少数情形下，如果合理预期在审计报告中沟通某事项造成的负面后果超过在公众利益方面产生的益处，我们确定不应在审计报告中沟通该事项。

二、按照相关法律法规的要求报告的事项

根据现行法律法规对其他报告责任性质的规定，我们没有发现××公司在所审计期间有需要报告的其他事项。

××会计师事务所　　中国注册会计师：张×（项目合伙人）
　　　　　　　　　　　　　　　　　　（签名并盖章）
（盖章）　　　　　　中国注册会计师：曾×
　　　　　　　　　　　　　　　　　　（签名并盖章）

☞ 例8-3

审 计 报 告

××股份有限公司全体股东：

一、对财务报表出具的审计报告

（一）审计意见

我们审计了××股份有限公司（以下简称××公司）财务报表，包括 2016 年 12 月 31 日的资产负债表，2016 年度的利润表、现金流量表、股东权益变动表，以及财务报表附注（包括重大会计政策和会计估计）。

我们认为，后附的财务报表在所有重大方面按照企业会计准则的规定编制，公允反映了××公司 2016 年 12 月 31 日的财务状况以及 2016 年度的经营成果和现金流量。

（二）形成审计意见的基础

我们按照中国注册会计师审计准则的规定执行了审计工作。审计报告的"注册会计师对财务报表审计的责任"部分进一步阐述了我们在这些准则下的责任。按照中国注册会计师职业道德守则，我们独立于××公司，并履行了职业道德方面的其他责任。我们相信，我们获取的审计证据是充分、适当的，为发表审计意见提供了基础。

（三）其他事项

在审计过程中，我们发现××公司于 2016 年 12 月通过了在 2017 年实施大幅度降低产品销售价格扩大市场占有率的经营策略，这预计将导致××公司在 2017 年出现利润减少 4800 万元，提醒财务报表使用者关注。本段内容并不影响已发表的审计意见。

（四）关键审计事项

关键审计事项是我们根据职业判断，认为对本期财务报表审计最为重要的事项。这些事项是在对财务报表整体进行审计并形成意见的背景下进行应对的，我们不对这些事项单独发表意见。

××公司 2016 年获得的政府补贴为 7940.54 万元，在这部分政府补贴中，资源综合利用增值税退税总计 6878.81 万元。政府补贴占××公司 2016 年净利润的 45%。

（五）其他信息

董事会对其他信息负责，其他信息包括××公司参与"一带一路"发展报告中涵盖的信息，但不包括财务报表和我们的审计报告。

我们对财务报表的审计意见并不涵盖其他信息，我们也不对其他信息发表任何形式的鉴证结论。

结合我们对财务报表的审计，我们的责任是阅读其他信息，在此过程中，考虑其他信息是否与财务报表或我们在审计过程中了解的情况存在重大不一致或者似乎存在重大错报。

基于我们已经执行的工作，如果我们确定其他信息存在重大错报，我们应当报告该事实。本次审计，我们确定××公司其他信息不存在重大错报。

（六）管理层和治理层对财务报表的责任

管理层负责按照企业会计准则的规定编，制财务报表，使其实现公允反映，并设计、执行和维护必要的内部控制，以使财务报表不存在由于舞弊或错误导致的重大错报。

在编制财务报表时，董事会负责评估××公司的持续经营能力，披露与持续经营相关的事项（如适用），并运用持续经营假设，除非董事会计划清算××公司、终止运营或别无其他现实的选择。

治理层负责监督××公司的财务报告过程。

（七）注册会计师对财务报表审计的责任

我们的目标是对财务报表整体是否不存在由于舞弊或错误导致的重大错报获取合理保证，并出具包含审计意见的审计报告。合理保证是高水平的保证，但按照审计准则执行的审计并不能保证一定会发现存在的重大错报。错报可能由于舞弊或错误导致，如果合理预期错报单独或汇总起来可能影响财务报表使用者依据财务报表作出的经济决策，则通常认为错报是重大的。在按照审计准则执行审计工作的过程中，我们运用职业判断，并保持职业怀疑同时，我们也执行以下工作：

（1）识别和评估由于舞弊或错误导致的财务报表重大错报风险，设计和实施审计程序以应对这些风险，并获取充分、适当的审计证据，作为发表审计意见的基础。由于舞弊可能涉及串通、伪造、故意遗漏、虚假陈述或凌驾于内部控制之上，未能发现由于舞弊导致的重大错报的风险高于未能发现由于错误导致的重大错报的风险。

（2）了解与审计相关的内部控制，以设计恰当的审计程序，但目的并非对内部控制的有效性发表意见。

（3）评价管理层选用会计政策的恰当性和作出会计估计及相关披露的合理性。

（4）对管理层使用持续经营假设的恰当性得出结论。同时，根据获取的审计证据，就可能导致对××公司持续经营能力产生重大疑虑的事项或情况是否存在重大不确定性得出结论。如果我们得出结论认为存在重大不确定性，审计准则要求我们在审计报告中提请报表使用者注意财务报表中的相关披露；如果披露不充分，我们应当发表非无保留意见。我们的结论基于截至审计报告日可获得的信息。然而，未来的事项或情况可能导致××公司不能持续经营。

（5）评价财务报表的总体列报、结构和内容（包括披露），并评价财务报表是否公允反映相关交易和事项。

我们与治理层就计划的审计范围、时间安排和重大审计发现等事项进行沟通，包括沟通我们在审计中识别出的值得关注的内部控制缺陷。

我们还就已遵守与独立性相关的职业道德要求向治理层提供声明，并与治理层沟通可能被合理认为影响我们独立性的所有关系和其他事项，以及相关的防范措施。

从与治理层沟通的事项中，我们确定哪些事项对本期财务报表审计最为重要，因而构成关键审计事项。我们在审计报告中描述这些事项，除非法律法规禁止公开披露这些事项，或在极少数情形下，如果合理预期在审计报告中沟通某事项造成的负面后果超过在公众利益方面产生的益处，我们确定不应在审计报告中沟通该事项。

二、按照相关法律法规的要求报告的事项

根据现行法律法规对其他报告责任性质的规定，我们没有发现××公司在所审计期间有需要报告的其他事项。

××会计师事务所　　中国注册会计师：陈×（项目合伙人）

（签名并盖章）

（盖章）　　　　　　中国注册会计师：黄×

（签名并盖章）

☞ 例 8-4

审 计 报 告

××股份有限公司全体股东：

一、对财务报表出具的审计报告

（一）保留意见

我们审计了××股份有限公司（以下简称××公司）财务报表，包括 2016 年 12 月 31 日的资产负债表，2016 年度的利润表、现金流量表、股东权益变动表，以及财务报表附注（包括重大会计政策和会计估计）。

我们认为，除"形成保留意见的基础"部分所述事项产生的影响外，后附的财务报表在所有重大方面按照企业会计准则的规定编制，公允反映了××公司 2016 年 12 月 31 日的财务状况以及 2016 年度的经营成果和现金流量。

(二) 形成保留意见的基础

××公司 2016 年 12 月 31 日资产负债表中存货的列示金额为 32178604 元。董事会根据成本对存货进行计量，而没有根据成本与可变现净值孰低的原则进行计量，这不符合企业会计准则的规定。××公司的会计记录显示，如果董事会以成本与可变现净值孰低来计量存货，存货列示金额将减少 5421098 元。相应地，资产减值损失将增加 5421098 元，所得税、净利润和股东权益将分别减少。

我们按照中国注册会计师审计准则的规定执行了审计工作。审计报告的"注册会计师对财务报表审计的责任"部分进一步阐述了我们在这些准则下的责任。按照中国注册会计师职业道德守则，我们独立于××公司，并履行了职业道德方面的其他责任。

我们相信，我们获取的审计证据是充分、适当的，为发表保留意见提供了基础。

(三) 其他信息

董事会对其他信息负责，其他信息包括××公司全面信息化发展报告中涵盖的信息，但不包括财务报表和我们的审计报告。

我们对财务报表的审计意见并不涵盖其他信息，我们也不对其他信息发表任何形式的鉴证结论。

结合我们对财务报表的审计，我们的责任是阅读其他信息，在此过程中，考虑其他信息是否与财务报表或我们在审计过程中了解的情况存在重大不一致或者似乎存在重大错报。

基于我们已经执行的工作，如果我们确定其他信息存在重大错报，我们应当报告该事实。本次审计，我们确定××公司其他信息不存在重大错报。

(四) 关键审计事项

关键审计事项是我们根据职业判断，认为对本期财务报表审计最为重要的事项。这些事项是在对财务报表整体进行审计并形成意见的背景下进行应对的，我们不对这些事项单独发表意见。除"形成保留意见的基础"部分所述事项外，我们确定下列事项是需要在审计报告中沟通的关键审计事项。

××公司 2016 年营业收入和盈利下降，经营活动产生的现金流量净额为-1.56 亿元。对此，××公司给出的解释是行业不景气所致。

（五）管理层和治理层对财务报表的责任

董事会负责按照企业会计准则的规定编制财务报表，使其实现公允反映，并设计、执行和维护必要的内部控制，以使财务报表不存在由于舞弊或错误导致的重大错报。

在编制财务报表时，董事会负责评估××公司的持续经营能力，披露与持续经营相关的事项（如适用），并运用持续经营假设，除非管理层计划清算××公司、终止运营或别无其他现实的选择。治理层负责监督××公司的财务报告过程。

（六）注册会计师对财务报表审计的责任

我们的目标是对财务报表整体是否不存在由于舞弊或错误导致的重大错报获取合理保证，并出具包含审计意见的审计报告。合理保证是高水平的保证，但按照审计准则执行的审计并不能保证一定会发现存在的重大错报。错报可能由于舞弊或错误导致，如果合理预期错报单独或汇总起来可能影响财务报表使用者依据财务报表作出的经济决策，则通常认为错报是重大的。

在按照审计准则执行审计工作的过程中，我们运用职业判断，并保持职业怀疑。同时，我们也执行以下工作：

（1）识别和评估由于舞弊或错误导致的财务报表重大错报风险，设计和实施审计程序以应对这些风险，并获取充分、适当的审计证据，作为发表审计意见的基础。由于舞弊可能涉及串通、伪造、故意遗漏、虚假陈述或凌驾于内部控制之上，未能发现由于舞弊导致的重大错报的险高于未能发现由于错误导致的重大错报的风险。

（2）了解与审计相关的内部控制，以设计恰当的审计程序，但目的并非对内部控制的有效性发表意见。

（3）评价管理层选用会计政策的恰当性和作出会计估计及相关披露的合理性。

（4）对管理层使用持续经营假设的恰当性得出结论。同时，根据获取的审计证据，就可能导致对××公司持续经营能力产生重大疑虑的事项或情况是否存在重大不确定性得出结论。如果我们得出结论认为存在重大不确定性，审计准则要求我们在审计报告中提请报表使用者注意财务报表中的相关披露；如果披露不充分，我们应当发表非无保留意见。我们的结论基于截至审计报告日可获得的信息。然而，未来的事项或情况可能导致××公司不能持续经营。

（5）评价财务报表的总体列报、结构和内容（包括披露），并评价财务报表是否公允反映相关交易和事项。

我们与治理层就计划的审计范围、时间安排和重大审计发现等事项进行沟通，包括沟通我们在审计中识别出的值得关注的内部控制缺陷。

我们还就已遵守与独立性相关的职业道德要求向治理层提供声明，并与治理层沟通可能被合理认为影响我们独立性的所有关系和其他事项，以及相关的防范措施。

从与治理层沟通的事项中，我们确定哪些事项对本期财务报表审计最为重要，因而构成关键审计事项。我们在审计报告中描述这些事项，除非法律法规禁止公开披露这些事项，或在极少数情形下，如果合理预期在审计报告中沟通某事项造成的负面后果超过在公众利益方面产生的益处，我们确定不应在审计报告中沟通该事项。

二、按照相关法律法规的要求报告的事项

根据现行法律法规对其他报告责任性质的规定，我们没有发现××公司在所审计期间有需要报告的其他事项。

××会计师事务所　中国注册会计师：杜×（项目合伙人）

（签名并盖章）

（盖章）　　　　　中国注册会计师：高×

（签名并盖章）

☞ 例8-5

审计报告

××股份有限公司全体股东：

一、对合并财务报表出具的审计报告

（一）否定意见

我们审计了××股份有限公司及其子公司（以下简称××集团）的合并财务报表，包括2016年12月31日的合并资产负债表，2016年度的合并利润表、合并现金流量表、合并股东权益变动表，以及合并财务报表附注（包括重大会计政策和会计估计）。

我们认为，由于"形成否定意见的基础"部分所述事项的重要性，后附的××集团合并财务报表没有在所有重大方面按照企业会计准则的规定编制，未能公允反映××集团 2016 年 12 月 31 日的合并财务状况以及 2016 年度的合并经营成果和合并现金流量。

（二）形成否定意见的基础

如财务报表附注六所述，2016 年××集团通过非同一控制下的企业合并获得对××公司的控制权，因未能取得购买日××公司某些重要资产和负债的公允价值，故未将××公司纳入合并财务报表的范围。按照企业会计准则的规定，该集团应将这一子公司纳入合并范围，并以暂时确定的价值为基础核算该项收购。如果将××公司纳入合并财务报表的范围，后附的××集团合并财务报表的多个报表项目将受到重大影响。

但我们无法确定未将××公司纳入合并范围对合并财务报表产生的影响。

我们按照中国注册会计师审计准则的规定执行了审计工作。审计报告的"注册会计师对合并财务报表审计的责任"部分进一步阐述了我们在这些准则下的责任。按照中国注册会计师职业道德守则，我们独立于××集团，并履行了职业道德方面的其他责任。我们相信，我们获取的审计证据是充分、适当的，为发表否定意见提供了基础。

（三）其他信息

董事会对其他信息负责，其他信息包括××集团三年做大做强发展报告中涵盖的信息，但不包括财务报表和我们的审计报告。

我们对财务报表的审计意见并不涵盖其他信息，我们也不对其他信息发表任何形式的鉴证结论。

结合我们对财务报表的审计，我们的责任是阅读其他信息，在此过程中，考虑其他信息是否与财务报表或我们在审计过程中了解的情况存在重大不一致或者似乎存在重大错报。

基于我们已经执行的工作，如果我们确定其他信息存在重大错报，××集团近年来一直处于亏损状态，扭亏为盈是当前紧迫的任务，做大做强是长远的发展目标。

（四）关键审计事项

除"形成否定意见的基础"部分所述事项外，我们认为，没有其他需要在我们的报告中沟通的关键审计事项。

（五）管理层和治理层对财务报表的责任

董事会负责按照企业会计准则的规定编制财务报表，使其实现公允反映，并设计、执行和维护必要的内部控制，以使财务报表不存在由于舞弊或错误导致的重大错报。

在编制财务报表时，董事会负责评估××集团的持续经营能力，披露与持续经营相关的事项（如适用），并运用持续经营假设，除非管理层计划清算××集团、终止运营或别无其他现实的选择。

治理层负责监督××集团的财务报告过程。

（六）注册会计师对财务报表审计的责任

我们的目标是对财务报表整体是否不存在由于舞弊或错误导致的重大错报获取合理保证，并出具包含审计意见的审计报告。合理保证是高水平的保证，但按照审计准则执行的审计并不能保证一定会发现存在的重大错报。错报可能由于舞弊或错误导致，如果合理预期错报单独或汇总起来可能影响财务报表使用者依据财务报表作出的经济决策，则通常认为错报是重大的。在按照审计准则执行审计工作的过程中，我们运用职业判断，并保持职业怀疑。

同时，我们也执行以下工作：

（1）识别和评估由于舞弊或错误导致的财务报表重大错报风险，设计和实施审计程序以应对这些风险，并获取充分、适当的审计证据，作为发表审计意见的基础。由于舞弊可能涉及串通、伪造、故意遗漏、虚假陈述或凌驾于内部控制之上，未能发现由于舞弊导致的重大错报的风险高于未能发现由于错误导致的重大错报的风险。

（2）了解与审计相关的内部控制，以设计恰当的审计程序，但目的并非对内部控制的有效性发表意见。

（3）评价管理层选用会计政策的恰当性和作出会计估计及相关披露的合理性。

（4）对管理层使用持续经营假设的恰当性得出结论。同时，根据获取的审计证据，就可能导致对××集团持续经营能力产生重大疑虑的事项或情况是否存在重大不确定性得出结论。如果我们得出结论认为存在重大不确定性，审计准则要求我们在审计报告中提请报表使用者注意财务报表中的相关披露；如果披露不充分，我们应当发表非无保留意见。我们的结论基于截至审计报告日可获得的信息。然而，未来的事项或情况可能导致××集团不能持续经营。

（5）评价财务报表的总体列报、结构和内容（包括披露），并评价财务报表是否公允反映相关交易和事项。

我们与治理层就计划的审计范围、时间安排和重大审计发现等事项进行沟通，包括沟通我们在审计中识别出的值得关注的内部控制缺陷。

我们还就已遵守与独立性相关的职业道德要求向治理层提供声明，并与治理层沟通可能被合理认为影响我们独立性的所有关系和其他事项，以及相关的防范措施。

从与治理层沟通的事项中，我们确定哪些事项对本期财务报表审计最为重要，因而构成关键审计事项。我们在审计报告中描述这些事项，除非法律法规禁止公开披露这些事项，或在极少数情形下，如果合理预期在审计报告中沟通某事项造成的负面后果超过在公众利益方面产生的益处，我们确定不应在审计报告中沟通该事项。

二、按照相关法律法规的要求报告的事项

根据现行法律法规对其他报告责任性质的规定，我们发现××集团在所审计期间需要及时披露的合并××公司的相关事项，未能及时披露。

××会计师事务所　　中国注册会计师：蔡×（项目合伙人）

（签名并盖章）

（盖章）　　　　　　中国注册会计师：李×

（签名并盖章）

☞ **例 8-6**

审 计 报 告

××股份有限公司全体股东：

一 、对财务报表出具的审计报告

（一）无法表示意见

我们接受委托，审计××股份有限公司及其子公司（以下简称××公司）财务报表，包括 2016 年 12 月 31 日的资产负债表，2016 年度的利润表、现金流量表、股东权益变动表，以及财务报表附注（包括重大会计政策和会计估计）。

我们不对后附的××公司财务报表发表审计意见。由于"形成无法表示意见的基础"部分所述事项的重要性，我们无法获取充分、适当的审计证据以作为对财务报表发表审计意见的基础。

（二）形成无法表示意见的基础

××公司未对 2016 年 12 月 31 日的存货进行盘点，金额为 43250 万元，占期末资产总额的65%。我们无法实施存货监盘，也无法实施其他替代审计程序，以对期末存货的数量和状况获取充分、适当的审计证据。

（三）管理层和治理层对合并财务报表的责任

董事会负责按照企业会计准则的规定编制财务报表，使其实现公允反映，并设计、执行和维护必要的内部控制，以使财务报表不存在由于舞弊或错误导致的重大错报。

在编制财务报表时，董事会负责评估××公司的持续经营能力，披露与持续经营相关的事项（如适用），并运用持续经营假设，除非管理层计划清算××公司、终止运营或别无其他现实的选择。

治理层负责监督××公司的财务报告过程。

（四）注册会计师对合并财务报表审计的责任

我们的责任是按照中国注册会计师审计准则的规定，对××公司的财务报表执行审计工作，以出具审计报告。但由于"形成无法表示意见的基础"部分所述的事项，我们无法获取充分、适当的审计证据以作为发表审计意见的基础。

按照中国注册会计师职业道德守则，我们独立于××公司，并履行了职业道德方面的其他责任。

二、按照相关法律法规的要求报告的事项

根据现行法律法规对其他报告责任性质的规定，我们由于审计范围受限制，无法发现××公司在所审计期间有需要报告的其他事项。

××会计师事务所　中国注册会计师：高×（项目合伙人）

（签名并盖章）

（盖章）　　　　　中国注册会计师：吕×

（签名并盖章）

8.2.5 审计报告的编制和要求

编制审计报告是一项严格而细致的工作。为确保审计报告的质量，注册会计师应掌握编制审计报告的步骤和要求，认真做好审计报告的编制工作。

1. 编制审计报告的步骤

审计报告一般由审计项目负责人编制。编制审计报告时，审计项目负责人应当仔细查阅注册会计师在审计过程中形成的审计工作底稿，并要检查注册会计师的审计是否严格遵循了中国注册会计师执业准则的要求，被审计单位是否按照企业会计准则的规定编制财务报表，使注册会计师能够在按照中国注册会计师执业准则要求进行审计并形成一整套审计工作底稿的基础上，提出公正、客观、实事求是的审计意见。一般来说，编制审计报告需要经过以下几个步骤：

（1）整理和分析审计工作底稿

在现场审计过程中，注册会计师所积累的审计工作底稿是分散的、不系统的。编写审计报告时，注册会计师应根据委托审计的目的、要求，对审计工作底稿进行整理和分析，全面总结审计工作。审计小组的每位成员都应整理好自己的审计工作底稿，着重列举审计中所发现的问题。审计项目负责人应对全部审计工作底稿中的记录、证据和有关结论进行检查、复核和分析，也可召开汇报讨论会。检查和复核审计工作底稿，应仔细审阅，检查注册会计师的审计是否严格遵守了中国注册会计师执业准则要求，被审计单位的会计核算是否符合企业会计准则要求，并实现公允表达。注册会计师是否按专业要求进行审计，并形成有效的审计工作底稿。通过对工作底稿的检查、复核、分析，进行去伪存真、去粗取精、由此及彼、由表及里的思考筛选，按重要性原则提炼出有价值的资料，形成初步的审计结论，作为编写审计报告的基础。对审计工作底稿进行整理和分析的情况，也应当在审计工作底稿中予以记录和说明。

（2）提出对被审计单位财务报表的调整建议

在整理和分析审计工作底稿的基础上，注册会计师应向被审计单位介绍审计情况、初步结论和对于会计事项、财务报表项目的调整意见，提请被审计单位加以调整。一般来说，注册会计师发现被审计单位会计账簿和财务报表的数据、内容或处理方法有错误，应提请改正。对于会计处理不当或其他应该调整的事项（如或有事项、期后事项），应提请被审计单位予以调整，或在财务报表中予以说明。审计报告如用于公布目的，应附列被审计单位的主要财务报表，除财务报表不需调整者外，注册会计师应以被审计单位调整后的财务报表作为附送。

（3）确定审计报告意见的类型和措辞

注册会计师在了解被审计单位是否接受提出的调整建议以及是否已经作了调整以后，可以确定审计报告意见的类型和措辞。如被审计单位财务报表已经调整，其合法性、公允性予以确认以后，除在审计工作底稿中说明外，审计报告不必将被审计单位已调整的事项再作说明。如果被审计单位由于某种原因未能接受调整建议，注册会计师应当根据需要调整事项的性质和重要程度，确定是否在审计报告中予以反映。对于期后事项的影响，除被审计单位已调整财务报表附注或说明者外，注册会计师也应根据其性质和重要程度，确定是否在审计报告中予以说明。如果在审计之前，被审计单位已将需要调整的财务报表送出，注册会计师应将需要调整的主要事项在审计报告中说明，并附列调整后的财务报表（包括资产负债表、利润表、股东权益变动表、现金流量表以及财务报表附注）。对于委托审计的项目，如果委托人已约请其他会计师事务所对其中一部分或一项内容进行了审计，编写审计报告时应注意划清与其他会计师事务所及其注册会计师之间的责任。

发表保留意见还是否定意见的界限：重要性水平。在其他条件相同的前提下，重要性水平是考虑发表保留意见还是否定意见的主要因素。在具体运用重要性水平时，可将重要性水平分作两种情况：

①金额重要但对整个财务报表没有影响或影响不大。财务报表中的错报可能影响某个使用者的决策，但整个财务报表的表达仍然是公允的，因而也是有用的。例如，假若存货已作为借款的抵押品，则财务报表中存货严重错报将影响使用者向公司发放贷款的意愿。但存货的错报并不意味着现金、应收账款和其他财务报表项目，或整个财务报表也有重大错报。在发生某种不能提出无保留意见的情况时，注册会计师必须评价这一情况对财务报表的全部影响，以决定其重要性。假如注册会计师在确定对审计报告应提出何种类型的意见时，无法确定存货项目的表达是否公允，由于存货项目的错报对财务报表其他项目乃至整个财务报表都有影响，因此，注册会计师需要考虑这一错报对存货、流动资产合计、净资产、总资产、销售成本、税前利润、应交税费、流动负债合计、税后净利润等财务报表项目的综合影响。

②金额非常重要而又广泛影响财务报表总体上的公允性。使用者如果以总的财务报表为依据，将会作出错误的决策，这就发生了重要性的最高层次。仍应用上例，假如在财务报表中，存货项目的余额很大，那么对存货的重大错报就或许极为重要，注册会计师报告中应指明财务报表从总体上来说是不公允的。如果存在这种最重要的错报，注册会计师应发表否定意见。在判定某项例外是否非常重要时，必须考虑这项例外对财务报表各个部分的影响程度，这叫作牵涉性。库存现金和银行存款之间分类不当只影响这两个账户，因此并无牵涉性，而一项重要的销售业务没有入账则影响销售收入、应收账款、所得税费用、应交税费以及税后利润，进而影响流动资产、资产总额、流动负债、负债总额、所有者权益、销售成本等，因此有很大牵涉性。一项错报越有牵涉性，

则发表否定意见而不是保留意见的可能性越大。举例来说，如果注册会计师由于现金和应收账款的一项分类不当比较重要而决定发表保留意见，那么，相同金额的销售业务没有入账就可能由于其牵涉性而应当发表否定意见。

从理论上说明重要性程度对审计意见种类的影响并不难，但在实际工作中，根据特定情况来判断实际的重要性程度却很不容易。某一问题不重要、重要或非常重要，并无明确的标准。这时需考虑的重要性有以下两个方面：

①与某一基数比较时金额的大小。在被审计单位未遵循企业会计准则时，衡量重要性主要考虑有关账户中的金额错报总计数与某一基数相比时的大小。比如，100000 元的错报对一家小公司来讲或许是重要的，但对大公司来讲就并不重要。所以，在确定未遵循企业会计准则的重要性时，应首先选定某种用作比较的基数，然后再将错报的金额与这个基数进行比较。用作比较的基数通常有净利润、总资产、净资产、流动资产合计等。假设注册会计师认为，由于被审计单位未遵循企业会计准则，使某项存货价值高估 150000 元，同时还假定报表中存货的账面价值为 1000000 元，流动资产合计为 3000000 元，净利润为 2000000 元。这时，就必须评价占存货总额 15%，流动资产合计 5%，以及净利润 7.5‰的错报是否重要。

为了评价总的重要性，注册会计师还必须将全部错报金额汇总起来，判断原本并不重要的个别错报在汇总以后是否对财务报表构成严重影响。仍以存货为例，假定注册会计师认为应收账款也夸大了 300000 元，这样，流动资产的错报金额合计数就占流动资产合计数的 15%（即 450000/3000000）和净利润的 22.5%（即 450000/2000000）。这时，注册会计师就应考虑汇总的错报数额是否足以发表否定意见。在将潜在的错误与某一基数进行比较时，注册会计师必须考虑受这一错误影响的所有账户（即牵涉性）。

②项目的性质。财务报表中错误的类型不同，也会影响使用者的决策。下列错误将影响使用者的决策，因而也将以与大多数错误不同的方式影响注册会计师的意见：非法交易或舞弊；某一项目单独从本期考虑虽不重要但对未来某些期间有重大影响；具有心理效应的项目。例如，小额利润相对于小额亏损，存款结余相对于透支；根据合同责任或法律法规规定导致的结果，某一项目可以判定为重要的。例如，违反债务限制可能导致债权人要求收回一笔重要的贷款。

（4）撰写审计报告

注册会计师在整理、分析工作底稿和提请调整财务报表，并确定审计意见类型和措辞后，应拟订出审计报告提纲，概括和汇总审计工作底稿所提供的资料。审计报告提纲没有固定格式，应根据审计报告种类确定其具体结构。标准审计报告可以只拟订简单的提纲，详式审计报告应编写全面、具体的报告提纲。根据报告提纲进行文字加工就可以编写出审计报告。审计报告一般由审计项目负责人编写，如由助理人员编写时，须由审计项目负责人复核、校对。标准审计报告必须按前述规定的形式、结构和专业术语进行表述，以便为各类使用者所理解。审计报告完稿后，应经过会计师事务所主管合伙人或主任会计师的复核，主要对审计报告的意见及审计证据的充分性与适当性进行复核，确保出具的审计报告客观、公正和实事求是。审计报告经审核、修改定稿并完成签署后，正本直接报送委托人，副本归档存查。

2. 编写审计报告的要求

审计报告是注册会计师提供给委托人的表明审计意见的书面文件，是审计工作的最终成果。为便于审计报告使用者根据审计意见来判断被审计单位的财务状况、经营成果和现金流量情况，发挥审计报告的作用，编写各类审计报告时应符合下列基本要求。

（1）语言清晰简练

审计报告旨在表达审计意见，是非常严肃的实用文体。写作审计报告时，语言必须清晰、准确、简练。一方面要注意用词清楚明确，文字朴实，对问题的定性、定量应慎重斟酌，恰如其分，切忌使用模棱两可的文字和夸张的语言，无须追求文辞华丽，也无须像理论文章一样推理论述。另一方面，审计报告要开门见山，不要转弯抹角，文字不宜写得过长，做到有话即长，无话则短。总之，审计报告应达到事实清楚，责任明确，意见表达准确，便于使用者理解。

（2）证据确凿充分

审计报告向使用者传递信息，提供其决策的依据。因此审计报告所列的事实或材料必须确凿充分。为此，审计报告一定要从实际出发，凭事实说话，切不可泛泛而谈，言之无物，更不可虚构材料，提供伪证。一方面，审计报告所列事实必须确凿可靠，引用资料必须经过复核，运用的依据必须查对原文和出处；另一方面，审计报告所列事实必须具备充分性，应足以支持审计意见的形成，决不能凭主观愿望对被审计单位财务状况、经营成果和现金流量提出意见或结论。事实胜于雄辩，只有证据确凿充分，才能使审计报告令人信服，符合客观、公正的要求。

（3）态度客观公正

客观公正是审计工作的基本原则。编写审计报告必须持客观公正的态度，遵守中国注册会计师的执业准则，决不能丧失注册会计师独立、客观、公正的立场。审计报告中作出判断或提出意见，不论是给予肯定、表示保留还是表示否定，都必须站在客观公正的立场上，不能先入为主，带有个人成见或单凭印象草率表示意见。对于涉及审计责任的事项，态度更应明朗，不能含糊其词或故意采用模棱两可之词。这是保证审计报告权威性的先决条件。

（4）内容全面完整

编写审计报告要做到内容完整、重点突出，并按审计业务委托书约定的时间认真及时地完成审计报告。内容全面完整是指审计报告要按中国注册会计师执业准则规定的形式、结构和内容编写。书写形式上，应当能清楚地表明收件人、签发人、签发单位；主体部分按照中国注册会计师执业准则规定的结构编写；签署和时间要齐全。还应注意，所谓审计报告要全面完整，并不是面面俱到。相反，说明和表述审计意见时，应重点突出，充分揭示被审计单位所存在的影响财务报表的重要事项，对于一些无足轻重的枝节问题可以不写。

8.3　管理建议书

注册会计师在完成审计工作阶段，不仅要出具审计报告，而且可以对被审计单位出具管理建议书。审计报告和管理建议书都是注册会计师提出的关于审计结果的正式文件。除注册会计师对上市公司要出具内部控制审计报告外，管理建议书是注册会计师为被审计单位董事会和经理层掌握经营管理中存在的问题，改进内部控制和强化会计管理提供建议，董事会和经理层借以采取改善控制和管理的措施，增强企业的竞争能力。但管理建议书与审计报告的性质、作用、内容和要求是不同的。

8.3.1　管理建议书的意义

管理建议书是注册会计师在完成审计工作后，针对审计过程中已注意到的，可能导致被审计单位财务报表产生重大错报的内部控制和经营管理重大缺陷提出的书面建议。提交管理建议书是注册会计师对被审计单位提供的服务之一。

注册会计师在审计过程中，能够了解被审计单位内部控制和经营管理中的不足与缺陷。职业责任要求注册会计师完成审计工作后，不仅应出具审计报告，而且要根据对被审计单位内部控制和经营管理的观察、了解，以自己的经验和判断向被审计单位董事会和经理层提出改进建议，以帮助其改进经营管理。因此，管理建议书是衡量注册会计师向被审计单位提供服务质量的重要标志之一。管理建议书的优劣也是鉴定注册会计师工作态度、敬业精神、道德品质以及专业水平的依据。而且，管理建议书所提建议的深度、广度和效果，往往也是委托人决定是否继续聘任或委托会计师事务所和注册会计师担任常年审计的重要因素。

8.3.2 管理建议书的作用

管理建议书不同于审计报告。它是注册会计师在审计过程中就内部控制和经营管理的评价结果提交的建议，虽然内部控制审计也可以成为对上市公司的一项约定，提交管理建议书大多不作为审计业务约定项目的内容。从性质上看，管理建议书既不是审计的委托事项，也不是承接会计咨询业务的报告，而是注册会计师对被审计单位提供的一种纯粹的服务。其报送对象一般只限于被审计单位董事会和经理层，不对外公布。所提出的问题及改进建议不具有公正性和强制性。

管理建议书的具体作用表现在两个方面。一方面，由于注册会计师的职业特点，在审计过程中按规定需要审计被审计单位的内部控制系统和经营管理活动，能够了解被审计单位经营管理中存在的问题。通过管理建议书，可以针对内部控制和经营管理弱点，提供进一步完善内部控制，改进会计工作，提高经营管理水平的参考意见。这种意见最及时、最有效，能促使被审计单位注意加强控制，改善工作，以防止弊端的发生。另一方面，注册会计师借助管理建议书，事先提出了改进建议，可以把注册会计师的法律责任降到最低程度。

8.3.3 管理建议书的结构和内容

管理建议书应说明审查的范围、发现的内部控制和经营管理缺陷，提出关于内部控制实现整体控制目标和提高经营管理水平的判断意见及改进建议。其基本结构和内容包括：

（1）标题。标题统一使用"管理建议书"。

（2）收件人。管理建议书的收件人应为被审计单位董事会或经理。

（3）审计目的、会计责任与审计责任。

（4）管理建议书的性质。管理建议书所指出的重大缺陷，仅为审计过程中发现的，并非内部控制和经营管理可能存在的全部缺陷，也不应视为对被审计单位内部控制和经营管理发表的审计意见。

（5）前期建议改进但仍未改进的内部控制和经营管理重大缺陷。

（6）本期审计发现的内部控制和经营管理重大缺陷及其影响和改进建议。对所发现的问题应以其影响的重要程度为序分类进行排列，如会计系统方面的；会计工作机构、人员职责及内部稽核系统方面的；财产管理方面的；内部审计系统方面的等。对每一问题应包括：①对该项内部控制和经营管理存在问题的简要阐述；②对存在问题的分析意见；③改进建议及理由。

管理建议书中所提出的问题主要是关于被审计单位的内部控制和经营管理是否存在重大缺陷，有时也包括其所编制的财务报表是否遵循国家有关法规、会计准则。所表示的意见应使阅读者明白其内部控制和经营管理对被审计单位主要目标的符合程度，即注册会计师发表内部控制和经营管理对预防和及时发现重大错报的判断意见。管理建议书提出的意见和建议应具有逻辑性，最重要的意见通常列为首项。

管理建议书中应当将被审计单位准备依据建议进行调整或改进的情况加以说明。如果被审计单位对审计过程中提出的问题已进行调整或改进，可只作简要说明；对于未进行调整或改进的问题，应将注册会计师和被审计单位有关人员的意见一并列示。如果因被审计单位对以前年度管理建议书所提出的问题与建议未采纳，从而扩大了内部控制和经营管理的缺陷或弱点，应明确指出并作重点分析。一般来说，提出的问题、意见与建议，主要是针对内部控制和经营管理而言的。对于内部控制和经营管理之外的影响企业经营与发展的问题，也可以采取一定的方式在管理建议书中予以说明。

（7）使用范围及使用责任。管理建议书应指明其使用范围，并要求被审计单位合理使用。因使用不当造成的后果，与注册会计师及其所在会计师事务所无关。还应说明注册会计师的建议以抽样审计为基础，有一定的局限性，不可能揭示被审计单位内部控制和经营管理中现存的全部问题或弱点及由此引发的所有错弊。建立完善的内部控制和提高经营管理水平是被审计单位董事会和经理层的责任。提供管理建议书不是审计业务的规定内容，而是会计师事务所为被审计单位提供的委托项目之外的服务。

（8）签章。管理建议书应由注册会计师（项目合伙人）签名并签章，并加盖会计师事务所公章。

（9）日期。管理建议书应当注明日期。

管理建议书的举例如例 8-7 所示。

8.3.4 管理建议书的基本要求

管理建议书是针对内部控制和经营管理的弱点而提出的，多数意见是在审计过程中对被审计单位财务资料的深入研究中识别而来的。但怎样确定哪些事项应纳入管理建议书，什么条件下需要提供管理建议书，如何编写管理建议书等，需要了解管理建议书的基本要求。管理建议书的基本要求也是注册会计师出具有价值的管理建议书所必须掌握的。

1. 提交管理建议书的要求

注册会计师提交管理建议书应遵守中国注册会计师执业准则的要求。建议范围主要是指可能对会计记录、财务报表的公允性、合法性产生影响的有关内部控制。包括内部会计控制、内部财务收支管理系统、财产管理系统、会计工作机构的内部稽核系统、内部审计系统、各管理机构的内部报告和相互牵制系统，以及其他与会计工作联系密切的内部控制系统。注册会计师在审计过程中发现上述内部控制经营管理中存在的问题后，应及时向被审计单位有关部门或人员提出和交换意见，并将具体情况记录在工作底稿中。但审计工作完成后，是否要提交管理建议书，则应视以下原则处理：

（1）对于年度财务报表审计业务，因审计程序中包含内部控制评审的要求，一般均应提供管理建议书。但是，如果被审计单位内部控制比较健全，或存在的问题基本不影响会计记录与财务报表的可靠性，注册会计师可将发现的问题记录于审计工作底稿中，在与被审计单位有关人员交换意见时，以适当的方式提出，可不再提交管理建议书。

（2）对于中期财务报表和特定目的的审计业务，是否提供管理建议书，分别视以下两种情况处理：其一，凡规定的审计程序中要求评审内部控制，并且在评审中发现了问题，则应提供管理建议书；其二，凡规定的审计程序中不要求评审内部控制，或虽要求评审内部控制，但未发现应当提请被审计单位重视并改进的问题，则可不提交管理建议书。

2. 编写管理建议书的要求

编写管理建议书，不仅需要收集、整理有关内部控制现实情况的材料，还应征集各有关方面和被审计单位的意见，形成管理建议。有时委托人可能要求注册会计师对内部控制单独提出评审报告（包括内部控制的全面检查、局部检查或控制测试报告，通常是另定的一项业务约定），但由于管理建议书与审计过程中的内部控制检查结果密切相关，管理建议书与内部控制检查报告有类似之处。后者虽可单独提出，但往往可以成为管理建议书的一部分。但不论情况如何，编写管理建议书应对内部控制的问题、意见和建议，实事求是地提出、分析和进行判断，作出切实可行的建议方案。为此，编写管理建议书应遵循一定的要求。

（1）编写管理建议书之前，应做好以下各项工作，并将工作结果和管理建议的形成编制工作底稿，以确保管理建议书具备合理性、客观性：其一，分析、整理对被审计单位内部控制和经营管理评价的各种资料，作出评价结果；其二，从财务资料中研究、识别内部控制和经营管理存在的缺；其三，查阅以前提供的管理建议书，追查其执行的结果；其四，征询参与审计工作的税务咨询、管理咨询及其他方面有关专家的意见；其五，与被审计单位管理人员就有关问题及建议进行讨论和研究。

对以上有关工作的结果在工作底稿中详细加以记录，包括观察到的情况、建议意见、与被审计单位讨论的结果、有关的参照说明和处理情况等。上述各项工作一般可在完成相关内容审计时及时进行。

（2）起草管理建议书时除基本结构按规定要求编写外，还应根据下列要求确定具体内容：仔细分析工作底稿中有关内部控制经营管理问题及建议的详细资料，在此基础上确定管理建议书的基本内容；提出的内部控制和经营管理问题及意见与建议，应按其在内部控制和经营管理中的重要程度，依次排列；对于审计过程中已向被审计单位提出，而被审计单位未调整或未改进的重要事项应作详细说明。

（3）草拟完成的管理建议书，应先经审计小组（或项目）负责人审核，然后将修改后的草稿提交给被审计单位，请被审计单位有关人员确认其内容的真实性。对被审计单位确认后退回的草稿，再斟酌有关内容和文字表达，纠正欠妥之处。

（4）根据修改后的草稿编写正式的管理建议书。对管理建议书应建立审核制度，由会计师事务所主管合伙人或负责人审核签署后，正式提交给被审计单位。

☞ 例 8-7

管理建议书

××有限责任公司经理层：

我们已对贵公司 2016 年度的财务报表进行了审计。在审计中，根据规定的工作程序，我们了解了贵公司内部控制和经营管理中有关会计制度、会计工作机构和人员职责、财产管理制度、内部审计制度等有关方面的情况，并作了分析研究。我们认为，根据贵公司的生产经营规模和管理需要，现有的内部控制系统总体上是有效的，但为了适应贵公司进一步扩大经营和提高管理水平的需要，使内部控制系统更加完善，现将我们发现的内部控制和经营管理方面的某些问题及改进建议提供给你们，希望引起你们的注意，并具有一定的参考价值。

一、关于会计制度方面问题的评价及建议

贵公司的会计核算符合要求，基本上能够全面、正确地反映经济业务，基本遵守了企业会计准则规定；会计科目的设置，包含了会计核算范围内的基本内容；会计凭证及账务处理等方面基本符合有关要求，但在审计中，我们也发现了一些问题。

（一）有关会计科目设置问题

贵公司目前设置的会计科目主要是根据自身管理要求建立的，与我国企业会计准则的设置要求存在一定距离。

根据我国企业会计准则规定，设置会计科目时，应符合会计准则的统一要求，只有对会计准则中没有要求的科目，企业才可依据自身特点和管理需要设置。建议贵公司对照我国企业会计准则的规定，对原有会计科目做必要的调整。

（二）有关会计凭证问题

贵公司在发生销售退回时，只是填制退货发票，退款时没有取得对方的收款收据或汇款银行凭证，会计人员根据退货发票进行了相应的会计处理。

我国会计准则对这一内容已做了明确规定，对这一做法的不当性，我们已向有关人员提出，他们愿意考虑我们的意见。

（三）有关银行存款的清查问题

贵公司的银行存款明细账与银行对账单不按月核对并编制银行存款余额调节表。经查询，由于没有按月编制银行存款余额调节表，公司财务部不能及时了解未达账项，在一定程度上影响了财务分析工作。

二、会计工作机构、人员职责及内部复核制度

贵公司会计机构设置比较健全，会计人员职责规定也较明确。但会计人员数量较少，每个人要承担多项职责，对于凭证的复核工作做得不仔细。在审计过程中，我们发现一些凭证无复核人的签章。我们认为，凭证

是记录企业生产经营业务的基本资料，凭证的审核工作是进行会计核算的基本内容，建议贵公司予以重视。

三、财产管理制度

（一）存货管理中存在的问题

贵公司存货占用的流动资产额度过大。公司流动资产共 19000 万元，其中存货约占 85%，应当成为资产管理的重点。

我们建议贵公司应注意以下几方面的工作：

1. 认真做好存货的定期盘点工作。贵公司自上一会计年度终了对存货进行清查至今，再未进行过盘点。公司的存货账簿与我们审计中的抽查结果出现一定差异。我们认为，只有及时获得存货的实存情况，才能够加强对存货的管理，并及时处理有关问题。

2. 积极处理私压产品。贵公司目前产成品占用达 8500 万元，占全部存货的 45%，为了加速流动资产的周转，减少仓储成本和利息支出，建议公司加强市场预测，及时进行产品的推销和处理。

建议贵公司建立一个专门的市场预测部门，通过对近期、长期的市场情况进行分析预测，控制公司的生产及销售，以求得对存货成本的控制。

（二）固定资产管理中存在的问题

1. 固定资产管理制度不健全。贵公司固定资产一般是根据实际需要购建，对在用及未用固定资产的管理也没有明确的制度规定。我们认为，贵公司固定资产品种较多，价值较大，固定资产管理制度不健全，对固定资产的管理和使用均有不良影响。建议贵公司尽快建立固定资产购建预算制度、固定资产实物管理制度等。

2. 固定资产价值确定不及时。贵公司自开始投入固定资产，直至进入生产期后，固定资产一直按估价入账。作为投资的固定资产，应按投资时各方认定的价格入账；公司购入的固定资产应按照原始价值计算入账。因此，贵公司对于已明确单价的固定资产，应及时进行账面估价的调整。

3. 固定资产计提折旧的起始时间有误。贵公司从开始投入固定资产至今，一直按投入当月计提固定资产折旧。按规定，固定资产投入当月应不计提折旧，报废当月照提折旧。建议贵公司对固定资产折旧账进行调整。

四、内部审计制度方面的问题

贵公司已经建立了内部审计机构和制度。在成立内部审计机构后，内部审计部门发现了公司内部财务管理及其他管理方面的一些问题，提供了一些有价值的意见，对公司加强内部控制起到一定的作用，对我们的审计工作也提供了帮助。目前公司内部审计机构存在的主要问题是：人员配备比较薄弱，审计工作的组织不很合理，一些管理部门的配合存在问题等。

我们建议公司做好以下几个方面的工作：

1. 明确内部审计部门的职责范围，明确各部门相互关系，明确内部审计的性质，使各部门对内部审计部的工作予以支持。

2. 目前内部审计部只有一个人是审计师，一个人从事一些辅助工作。公司应为审计部充实一两名从事过审计工作的人员，并且对现在从事辅助工作的人员进行培训，提高专业能力。

我们提供的这份管理建议书，不在审计业务约定书约定项目之内，是我们基于为企业服务的目的，根据审计过程中发现的内部控制和经营管理问题而提出的。因为我们主要从事的是对财务报表的审计，所实施的审计范围是有限的，不可能全面了解企业所有内部控制和经营管理的内容，所以，管理建议书中也不可能包括所有的内部控制和经营管理弱点，以及由于这些弱点可能或已经造成的影响。对于上述内部控制经营管理问题，我们已经与有关管理部门或人员交换过意见，他们已确认上述问题的真实性。

本管理建议书只提供给贵公司经理层。另外，我们是接受贵公司董事会的委托进行审计工作，根据他们的要求，请将管理建议书内容转达给他们。

××会计师事务所（公章）

中国注册会计师：古××（项目合伙人）

(签名并盖章)

📅 复习思考题

1. 简述终结审计的流程。
2. 简述审计报告的含义及作用。
3. 简述管理建议书的内容和作用。
4. 总结审计报告的种类。简述审计报告的编写步骤和要求。

📑 参考文献

[1] 秦荣生，卢春泉. 审计学 [M]. 第 9 版. 北京：中国人民大学出版社，2018.

［2］叶陈刚．审计学［M］．北京：机械工业出版社，2015.

［3］宋常．审计学［M］．北京：中国人民大学出版社，2014.

［4］李晓慧．审计学：实务与案例［M］．北京：中国人民大学出版社，2014.

［5］吴秋生．审计学［M］．北京：中国财政经济出版社，2014.

［6］叶忠明，阮滢．审计学［M］．北京：清华大学出版社，2013.

［7］杨闻萍．审计学［M］．北京：中国人民大学出版社，2012.

［8］陈力生．审计学［M］．北京：立信会计出版社，2012.

［9］上官晓文．审计学［M］．上海：上海财经大学出版社，2013.

［10］陈淑芳．审计学［M］．北京：立信会计出版社，2015.

［11］雷·惠廷顿，库尔特·帕尼．审计学原理［M］．北京：中国人民大学出版社，2015.

［12］［美］梅西尔．审计学：一种系统的方法［M］．北京：清华大学出版社，2015.

第9章　审计管理与审计发展

✍ 学习目标

了解和掌握审计管理基本理论、基本原理和基本方法，努力做到既具有较强的理论性、科学性和系统性，又有较强的实用性，为从事相关的审计工作培养良好的职业素质。

💬 重点与难点

重点：审计管理的概念，审计管理的内容，审计计划管理，审计资源管理，审计信息管理，审计风险管理，审计质量管理，审计档案管理。

难点：审计计划管理，审计风险管理，审计质量管理。

📋 引导案例

李克强：审计工作要当好公共资金"守护神"

2014年12月25日，国务院总理李克强在北京接见全国审计机关先进集体和先进工作者代表并作重要讲话。

李克强说，今年以来，审计部门紧紧围绕党和国家中心工作，依法履职，积极推动审计监督全覆盖，价钱对公共资金、国有资源审计和权力运行监督，既抓重大问题查处、堵塞漏洞，又要通过深化改革提高审计绩效，在确保改革发展重大政策落实、维护财经秩序和推动廉政建设等方面发挥了重要作用，经济社会发展所缺德的成绩凝聚着大家的心血。

李克强说，做好新形势下审计工作，广大审计工作者身负重任、使命光荣。希望所有审计工作者做到以下三点：一要胸怀全局，牢记责任，适应经济发展新常态，为保持经济运行在合理区间、实现持续健康发展，当好重大政策落实的"监督员"，加强重大工程、重大项目的跟踪审计，完善关键环节的审计监督制度，全力推动改革发展政策和重大项目落地，为稳增长、调结构、惠民生发挥独特的促进作用。二要牢牢盯住公共资金使用，当好人民利益的"守护神"。年号权力运行"紧箍咒"，既不能让资金"趴在账上睡觉"，更不允许资金跑冒滴漏和被挤占挪用。特别是各项民生资金，都是事关群众饥寒冷暖的保命钱、救济款，决不能被"鲸吞蚕食"。要瞪大"火眼金睛"，及时发现和揭露违法违纪问题和重大风险隐患，切实起到审计反腐"尖兵"作用。三要打造一支素质高、业务精、作风优、能打硬仗的"审计铁军"。正人先正己，要不为各种诱惑所迷，不为各种压力所屈，站得直、腰杆硬，秉公用权，依法审计、廉洁审计，做到监督不缺位、履职不越位、用权不错位，引入社会力量参与审计，增强审计的公信力。

李克强进一步强调，面对新的任务和要求，审计系统要苦练内功，用于创新，干预突破不合时宜的条条框框，创新审计方式方法，注重运用信息化、大数据等现代科技手段提高审计效率。审计工作很辛苦，对审计工作者尤其是基层审计人员要多关心帮助。希望审计系统广大干部职工再接再厉，以2勇于担当的敬业精神、精湛过硬的而专业素养，奋发有为，开拓进取，不断提高审计工作水平，当好经济社会发展的"重器"和反腐倡廉的"利剑"，更好地服务于党和国家事业大局。

资料来源：2014 年 12 月 25 日，人民网。

9.1　审计管理概述

审计是一项具有独立性的经济监督活动。审计机构依法对被审计单位的财政收支、财务收支及其他经济活动的真实性、合法性和效益性进行独立的审查和评价的经济活动。

9.1.1　审计管理的概述

1. 审计管理的概念

审计管理是指审计主体为了履行审计职能和实现审计目标，依据相关法律法规和审计准则，采取科学的管理理论与方法，旨在提高审计工作效率和质量，对审计事务及具体审计业务进行计划、组织、指挥、协调和控制的过程。

审计管理有广义和狭义之分。广义的审计管理包括审计机构管理、政府审计机关对审计行政事务的管理以及审计机构对开展具体审计业务的管理。狭义的审计管理仅指政府审计机关及其他审计机构对开展具体审计业务的管理。

我国政府审计机关的最高权力机关是隶属于国务院的审计署，各级审计机关是各级政府的组成部门，履行着政府管理行政事务的行政职能。我国审计行政事务管理采取双重管理模式，即地方各级审计机关对本级人民政府和上一级审计机关负责并报告工作，审计业务以上级审计机关领导为主。政府审计机关依据《中华人民共和国审计法》及其他法律法规所赋予的权力，对本级和下级审计机关的行政事务进行日常管理是其基本职责，同时还要组织开展各项具体的审计业务，履行审计行政事务管理和审计业务管理的双重职能。

依法属于审计机关审计监督对象的单位的内部审计工作，以及审计机关对单位内部审计工作的业务指导和监督，依据《审计署关于内部审计工作的规定》，一般由各单位在内部自行设立，隶属于某个层级的权力机构，在其领导下对本单位及所属单位财政财务收支、经济活动、内部控制、风险管理实施独立、客观的监督、评价和建议，以促进单位完善治理、实现目标的活动。

民间审计组织一般是指会计师事务所，独立审计组织采取行政指导下的行业自律管理模式。中国注册会计师协会是注册会计师行业的全国最高组织，在财政部指导下开展全国注册会计师行业的管理工作；省、自治区、直辖市设立地方注册会计师协会，负责管理各地方注册会计师行业的事务。注册会计师协会不仅管理民间审计组织的日常事务，还要负责制定行业规范、组织会员培训、开展对外宣传与交流等其他事务。

2. 审计管理的基本要素

（1）审计管理的主体

审计管理的主体是指从事审计行政事务管理及具体审计业务管理的各审计机构，包括国家审计机关、内部审计机构和社会审计组织。其中，政府审计机关既是审计行政事务管理的主体，也是审计业务管理的主体。对于每一类审计组织而言，其管理主体是指它的决策机关或领导机构。

（2）审计管理的客体

审计管理的客体，即审计管理的对象，是指审计业务活动及其相关的职能活动，即从审计计划的制订、审计项目的实施、审计报告的编制、做出审计处理与处罚、审计资料的归档等审计业务活动，以及与审计业务相关的人力资源、审计质量控制、审计组织业绩管理等一系列活动。

政府审计机关进行审计管理的客体涉及审计行政事务和具体审计业务两个

方面，而民间审计组织和企事业单位的内部审计机构进行审计管理的客体主要是各项具体的审计业务。

（3）审计管理的目标

审计管理的目标是指各个审计主体通过管理活动所要达到的最终目的。一般管理活动是为了实现组织的既定目标，让有限的资源产生最大的经济效益，同样，审计管理的目标就是在合理成本保证的前提下提高审计工作效率、节约审计工作成本、保证审计工作质量。

9.1.2　审计管理的特征

审计管理与一般管理活动一样具有决策、计划、组织、协调和控制五项职能，也具有一般管理活动的普遍特征，表现如下：

（1）审计管理为完成审计工作服务

审计管理是为了完成审计工作任务而进行的管理。审计目标和审计任务不同，执行审计的机构不同，其审计管理内容和方法也就有所不同。随着经济发展对审计需求和审计目标的变化，审计管理也会随之发生变化。

审计管理是对审计工作的管理，不管是政府审计机关管理审计行政事务，还是各审计机构管理具体审计业务，都是为了更好地履行管理职责或更好地完成工作任务，审计管理是对完成审计工作而进行的服务过程。

（2）审计管理目的是为了提高审计工作质量和效率

审计活动与其他工作一样，需要在保证质量的前提下，尽量提高工作效率，降低工作成本，审计管理的内容、范围和方法都应针对审计管理的这一根本目的来加以确定。

管理的主要目的是提高工作效率，降低工作成本，审计管理也不例外，但前提是保证审计工作质量。因此，加强审计管理，就必须统筹安排人力、财力，科学合理地利用和分配审计资源，发挥最大的效益，达到提高审计工作质量和效率的目的。

（3）审计管理重点是对审计人员的管理

实施审计业务要靠审计人员，审计业务的质量高低和审计工作效率的高低在很大程度上取决于审计人员的素质高低。所以，提高审计人员的素质，培养其对工作的责任感，发挥审计人员主观能动性，是审计管理中至关重要的内容。

审计管理活动主要是由审计人员独立实施的一系列行为过程，除了遵守相关的法律法规之外，审计人员完成工作任务的质量和效率在很大程度上取决于自身的素质。因此，在审计管理活动中应该重点加强对审计人员的管理，需要不断提高其职业道德水平，加强工作责任感，恪守独立性。此外，还应该不断加强业务素质培养，提升工作能力和主观能动性。

（4）审计业务管理贯穿审计业务活动始终

审计管理不能仅限于审计活动的某一个方面或审计过程的某一个阶段，审计计划、审计组织、审计实施、审计报告，直至审计归档等各项工作，均需要进行严密、科学的管理，只有这样才能保证审计工作的高效和优质。

审计行政事务管理属于审计机关的行政职能，包括审计业务约定、审计计划编制、审计业务实施、审计现场管理、审计信息及档案管理等环节。每一个环节都需要进行过程控制，为提高审计管理的工作质量和效率服务。

9.1.3　审计管理的原则

任何管理活动都应该在一定的原则下进行，这样才能保证目标的实现。依据现行的行政管理模式及行业发展现状，审计管理应该遵循以下原则：

（1）合法合规性原则。目前，在审计行政管理及行业发展领域存在一系列的法律、法规、规章及行业准则，审计管理活动必须遵守这些法律法规及准则的规定，依法合规进行。

（2）成本—效益原则。在具体审计业务管理活动中，审计质量和审计成本是一对矛盾，在审计行政事务管理中，也存在类似的问题，因此，在审计管理中必须权衡成本与效益的关系。

（3）合理保证原则。由于审计活动属于提供合理保证的鉴证业务，不可能提供绝对保证的结果，否则将违背成本效益原则，因此，鉴于多种因素的制约，审计管理目标的实现在合理保证的原则下进行即可。

9.1.4　审计管理的内容

审计管理的内容取决于审计管理的对象，随着审计事业的发展，审计管理的内容会不断充实和增加。审计管理的内容与审计管理的客体密切相关。随着社会及经济不断发展，审行政事务及具体审计业务都将不断拓展，审计管理的内容也将不断充实和完善。审计管理内容丰富，本章简要介绍审计计划管理、审计资源管理、审计绩效管理、审计信息管理、审计风险管理、审计质量管理和审计档案管理等。我国审计组织在审计实践中总结了一些审计管理经验，在审计管理方面创造和制定了许多符合我国国情的管理方法和管理制度，收到了一定的效果。

（1）审计计划管理

"凡事预则立，不预则废"，审计管理工作也需要进行周密计划，切实保证审计管理工作的效率性和规范性。审计计划管理主要是指政府审计机关民、间审计组织及内部审计机构每年进行的审计项目计划管理，包括审计计划的制订，审计计划执行情况的检查、考核和计划执行结果的评价。制订审计计划，不仅明确了审计目标，也为检查和评价审计活动提供了依据。只有加强审计计划管理，才能保障审计机构科学、有序和高效运行，避免审计工作盲目、随意开展，同时，也可以为考核和评估审计计划执行情况提供依据。

（2）审计资源管理

审计资源管理是指对可用于审计业务方面的人力、物力、财力资源的有效整合和优化配置。审计资源包括审计人力资源、审计技术资源、审计时间资源和审计信息资源等，这些资源都是开展审计业务的物质基础，需要整合优化，使其充分发挥作用。因此，审计机构要勇于实践、大胆创新，通过改善组织结构、优化人力资源配置、实施审计人才储备、改进审计技术与方法、加强审计信息资源的利用与共享，来提高审计队伍整体能力，适应审计发展需求。

（3）审计绩效管理

审计绩效管理是审计主体为实现组织战略目标，提供审计效率、效果和效益对审计活动及其体现的审计关系所进行的计划、组织、协调和控制。审计绩效管理是审计整体中的一个组成部分，是对审计计划、审计行为、审计成果、审计监督和效益等指标的评测与控制。同时审计绩效管理又是一个相对独立的整体，包括计划、实施、考核与反馈四个环节。审计绩效管理作为一个系统，既可纵向分为不同审计环节的系统层次关系，又可横向分为若干相关联系、相互制约又各自相对独立的平行部分。

（4）审计信息管理

审计信息管理主要是指对审计信息的收集、整理、反馈、存储及利用等。审计信息管理的目的在于保证审计信息资源能够得到有效的开发和利用，更好地发挥审计信息在后续工作中的作用。

审计信息的范畴较为广泛，不仅包括审计业务实施过程中形成的审计计划、审计证据、审计工作底稿、审计报告、审计决定及建议，而且包括经过长期审计工作实务总结形成的工作流程及工作经验等有价值的信息资料。审计信息可能以纸质形式存在，也可能以电子形式存在。审计信息管理就是通过筛选、加工和整理形成共享资源，发挥最大效用。

(5) 审计风险管理

审计风险客观地存在于审计工作之中，如果失之管理，可能导致审计组织和审计人员因承担相应责任而产生物质和精神损失。因此，审计准则应识别来自各项工作中的潜在风险，充分估计各种风险及可能导致风险的各种因素，采取有效措施来加以防范和控制，以便将审计风险降至最低水平。

(6) 审计质量管理

审计质量管理是指审计组织为保证和提高审计质量，建立质量管理体系，综合运用控制手段和方法，控制和影响审计质量全过程各因素，以取得反映情况正确、适应各方面需要的审计结论的审计管理活动。

审计质量是审计工作的生命。审计结论的客观性、公正性，审计工作的权威性以及审计职业的生存与发展，都要受到审计质量的影响，因此，审计质量管理至关重要。审计质量管理应该明确管理的内容，制定控制、检查和评价审计工作质量的措施和方法，以及提供审计工作质量的途径。审计质量管理主要包括质量标准制定、质量状况记录、质量考核与评价等工作。

(7) 审计档案管理

审计档案是审计活动中直接形成的对国家和社会具有保存价值的各种文字、图表等不同形式的历史记录，是审计工作的信息库，也是界定责任、应对审计诉讼的重要证据来源。审计档案的有效利用和管理，有利于维护审计档案的完整与安全，保证审计档案的质量，发挥审计档案的作用。因此，对审计档案的立卷、归档、保管和借阅进行规范管理是非常重要的一项审计管理活动。

9.1.5 审计管理的意义

不论是政府审计机关对审计行政事务的管理，还是各审计机构对具体审计业务的管理，都具有重要意义。

政府审计机关对审计行政事务进行管理，是审计机关必须履行的行政职能，科学管理可以提高工作效率、节约行政成本，进行管理创新可以更好地发挥审计监督的作用。

审计机构对具体审计业务进行管理，有利于减少或避免审计风险、保证审计工作质量、提高审计工作效率、有效利用审计资源。同时，通过对具体审计业务进行管理，也可以形成有效的管理制度，使审计管理逐渐规范化、制度化。

9.2　审计计划管理

9.2.1　审计计划管理的含义

审计计划是根据审计目标，对审计工作拟定并选择恰当（或最优）的行动方案的过程及其结果，是审计组织和审计人员对未来一定时期内，为完成审计任务而进行的一种安排。在审计管理中，审计计划是指导、组织和控制全部审计活动的纲领，能否制订出一个科学、合理、完善的审计计划，是审计管理成败的关键。

依据《中华人民共和国国家审计准则》（以下简称《审计准则》）第二十六条的规定，审计机关应当根据法定的审计职责和审计管辖范围，编制年度审计项目计划。依据《中国注册会计师审计准则第 1201 号—计划审计工作》第三条的规定，计划审计工作包括针对审计业务制定总体审计策略和具体审计计划。计划审计工作有利于注册会计师执行财务报表审计工作。依据《第2101 号内部审计具体准则—审计计划》的规定，审计计划是指内部审计机构和内部审计人员为完成审计业务，达到预期的审计目的，对审计工作或者具体审计项目作出的安排。

综上所述，审计计划是指审计机构综合考虑外部因素和内部资源条件，规划一定时期内其审计业务开展的数量和质量目标，是用于指导、组织和控制审计机构全部审计活动的纲领和行动指南。

9.2.2　审计计划的分类

审计计划可以按不同的标准加以分类。按审计计划编制机构划分，可分为国家审计计划、内部审计计划和社会审计计划；按计划期长短划分，可分为长期审计计划（5 年以上的审计计划）、中期审计计划（2—5 年的审计计划）、短期审计计划（年度审计计划）；按审计计划的作用不同，可分为审计项目计划和审计方案。除上述分类外，审计计划还可以进行下列分类：

1. 按审计计划涉及的层次分类

按审计计划涉及的层次，可以将审计计划分为宏观审计计划和微观审计计划。宏观审计计划一般由最高审计机关及行业协会拟定和编制，主要确定政府审计、社会审计及内部审计行业发展方向、审计业务领域拓展、审计技术方法革新、审计才储备与培训等宏观层面的问题。微观审计计划一般由地方审计机关及行业协会或者具体的审计机构编制，主要涉及某个区域或者具体审计机构审计工作发展思路，审计业务重点、审计人员配备等微观层面的问题。

2. 按审计计划的繁简程度分类

依据内部审计准则，按审计计划的繁简程度，可以将审计计划分为年度审计计划、项目审计计划和审计方案。年度审计计划是对年度审计任务所作的事先规划，是该组织年度工作计划的重要组成部分；项目审计计划是对具体审计项目实施的全过程所作的综合安排；审计方案是对具体审计项目的审计程序及其时间等所作的详细安排。《国家审计准则》重点规定了编制年度审计项目计划的相关要求。注册会计师审计计划分为总体审计策略和具体审计计划。

9.2.3 审计计划管理的内容

以审计机关年度审计项目计划为例，审计计划管理的内容包括：审计计划编制工作的管理、审计计划执行过程的控制和审计计划执行结果的检查和考核。

1. 审计计划编制管理

对审计计划编制的管理是审计计划管理系统的基础环节，它影响和决定审计计划执行和执行结果检查考核的管理，计划制订不当不但难以保证完成审计工作任务、实现审计目标，而且还会造成审计人力、物力、财力等的浪费。

审计项目计划，是指审计机关按年度对审计项目和专项审计调查项目预先做出的统一安排。审计项目计划一般包含上级审计机关统一组织项目、授权项目、领导交办项目和自行安排项目等。审计项目可以是对一个单位的审计，也可对一个单位的某一种活动（如投资活动）的，还可以是对一个跨单位、跨部门的项目的审计。

有些项目是必选项目，审计机关必须将其纳入项目计划。主要包括：法律法规规定每年应当审计的项目；本级政府行政首长和相关领导机关要求审计的项目；上级机关安排或者授权的审计项目。

上级审计机关直接审计下级审计机关审计管辖范围内的重大审计事项，应当列入上级审计机关年度审计项目计划，并及时通知下级审计机关。上级审计机关可用依法将其审计管辖范围内的审计事项，授权下级审计机关进行审计。

对于上级审计机关审计管辖范围内的审计事项，下级审计机关也可以提出授权申请，获得授权的审计机关应当将授权的审计事项列入年度审计项目计划。

根据中国政府及其机构与国际组织、外国政府及其机构签订的协议和上级审计机关的要求，审计机关确定对国际组织、外国政府及其机构援助、贷款项目进行审计的，应当纳入年度审计项目计划。

审计机关应当将年度审计项目计划报经本级政府行政首长批准并向上一级审计机关报告。

2. 审计项目计划执行的管理

审计项目计划执行的管理应是组织和控制计划的落实及对原计划的修改和补充。组织实施审计项目计划应采取相应的措施，如建立计划实施责任制，明确审计机关内部各部门实施计划的责任，使各部门每个审计人员，既明确审计机关总审计计划，又明确部门和本人的审计任务。组织实施审计项目计划还应编制计划执行进度表，以便及时了解各项目执行情况，对计划执行过程中的偏差进行分析和处理。

在审计计划实施过程中，应该建立责任制，审计项目实施单位或项目团队应该有更详细的管理方案，包括审计现场管理、审计质量控制、审计成本控制等。保证按审计计划规定的时间完成任务，在尽可能节约审计成本的前提下提高审计质量。

3. 审计项目计划检查和考核的管理

制订审计项目计划是为了执行，执行的结果如何则需要给予检查和考核审计机关应当定期检查年度审计项目计划执行情况，评估执行效果。各审计机构的审计计划执行完毕后，为了更好地总结工作，吸取经验教训，进步改进审计计划管理方法，可以运用抽样检查、重点检查等方法对审计计划的实施执行情况进行全面总结、检查与考核。检查和考核的主要内容包括计划编报及计划执行情况报告的及时性、完整性，计划安排的科学性、合理性，计划完成的质量和效果等。

对审计项目计划的检查和考核应按责任制分级进行。审计计划执行结果的检查与考核，首先应由各审计小组或审计项目组进行自我检查考核，并撰写实施情况报告；然后由审计机构内各职能部门根据自我检查报告选择若干审计项目进行验证性检查，并写出本部门总结报告；最后由审计机构根据各职能部门的报告进行归纳总结，对涉及的有关重大问题和事项进行重点检查。根据检查评价结果，对各审计项目实施单位或审计项目组进行考核，奖惩结合，对好的做法发扬光大，对存在的问题进行原因分析，找出解决的措施或方案。

9.2.4 审计计划更改、监督与记录管理

《中国注册会计师审计准则第 1201 号—计划审计工作》第五章第十六条和第十七条，对审计业务执行中某些重大事项，发现原计划考虑不周，或者实际情况已发生变化等状况出现，就要对总体审计策略和具体审计计划进行修改。比如，对重要性水平的更新与修改，对于某些交易、账户余额和列报的重大错报风险的评估及进一步审计程序的更新和修改等。由于未预期事项、条件的变化或在实施审计程序中获取的审计证据等原因，注册会计师应当在审计过程中对总体审计策略和具体审计计划作出必要的更新和修改。计划审计工作并非审计业务的一个孤立阶段，而是一个持续的、不断修正的过程，贯穿于整个审计业务的始终。

《中国注册会计师审计准则第 1201 号—计划审计工作》第六章规定，注册会计师应当就对项目组成员工作的指导、监督与复核的性质、时间和范围制定计划，对项目组成员工作的指导、监督与复核的性质、时间和范围主要取决于下列因素：①被审计单位的规模和复杂程度；②审计领域；③重大错报风险；④执行审计工作的项目组成员的素质和专业胜任能力。

《中国注册会计师审计准则第 1201 号—计划审计工作》第七章规定，注册会计师应当记录总体审计策略和具体审计计划，包括在审计工作过程中作出的任何重大更改。注册会计师可以使用标准的审计程序表或审计工作完成核对表，但应当根据具体审计业务的情况作出适当修改。注册会计师对计划审计工作记录的形式和范围，取决于被审计单位的规模和复杂程度、重要性、具体审计业务的情况以及对其他审计工作记录的范围等事项。

9.3 审计资源管理

9.3.1 审计资源的含义

审计资源是指审计机构开展审计业务可以利用的人力、物力、财力、时间及信息等方面的所有资源。审计机构开展审计业务质量的高低与其拥有审计资

源数量的多少密切相关，对审计资源管理的科学有效性也直接影响审计工作效率，因此，优化审计资源管理是审计工作创新发展的基础和前提。

9.3.2 审计资源管理的必要性

1. 审计资源具有稀缺性

任何资源受制于时间、空间的限制，相对于需求而言都是有限的。随着社会及经济发展，相对于审计的大量需求而言，审计资源也是有限的、稀缺的资源，这也是社会现实。无论是政府审计、独立审计还是内部审计，都存在着巨大的社会及市场需求，而政府审计机关、社会审计组织及内部审计机构提供的审计服务都是很有限的，主要原因就是审计资源不能满足社会对审计的需求。因此，有必要对有限和稀缺的审计资源进行管理整合。

2. 审计资源管理是为了实现审计资源的有效利用

审计资源是审计机构开展审计活动的物质基础，各个审计机构利用审计资源开展审计业务活动都是履行法定职责、发挥审计保障国家经济和社会健康运行的"免疫系统"功能、提升组织核心竞争力、提高组织科学管理水平、实现权力制衡的有力工具。加强审计资源管理可以充分发挥审计机构的职能与作用，保障组织目标的顺利实现。因此，审计机构通过充分挖潜、有效整合、合理安排等手段实现审计资源的强化管理，能够充分提高审计资源的使用效益，更加有效地实现审计目标。

3. 审计资源管理是审计管理的必然要求

审计管理的总体目标是保证审计质量，提高审计效率，防范审计风险。审计管理的各个环节都为审计管理的总体目标服务，并且每个环节的管理都不是独立的，而是相互联系、相辅相成的。只有每个环节的管理协调配合，才能实现审计管理的总体目标。

审计资源管理是一项"幕后工作"，其很多管理活动隐藏在审计管理工作的背后，不如审计计划管理、审计现场管理、审计信息管理等显而易见，其发挥的作用也是潜藏在审计业务活动的过程中，所以，审计资源管理是审计管理的必然要求。

9.3.3 审计资源管理的内容

1. 加强审计人力资源开发与管理

审计人力资源是审计资源中最宝贵、最具有开发潜力的资源，是审计管理工作的重中之重，也是审计机构开展审计业务活动的基本保障。加强审计人力资源开发与管理要从以下几个方面着手：

2. 吸引和选拔优秀人才加入审计职业队伍

审计工作业务性强，技术要求高，对审计人员的综合素质和规格标准要求更高，同时，审计人员还应该具备崇高的职业道德水平以及高尚的个人道德情操，确保执业的独立性。因此，需要提高审计职业的社会认同度及社会价值，配合有效的薪酬机制，吸引优秀人才愿意加入审计职业队伍，同时，以高标准进行选拔，确保审计人力资源的优越性。

3. 合理配置审计人力资源的结构

随着社会进步和经济发展，审计人员面对的审计业务越来越复杂，审计业务的专业性也越来越多元化，过去清一色财、会、审专业背景的审计人员已经不适合社会现实的需要。工程管理、造价管理、信息管理、计算机、法学等专业背景的人才已经成为审计业务开展所需要的人才，因此，各审计机构在引进和选拔人才时，必须考虑对整个团队人员的专业结构进行合理配置。

4. 合理储备审计后备人才

随着时间的推移，人总会老去。审计人力资源也会面临老化和替代，没有新的力量补充，审计事业发展将面临巨大挑战。因此，从长远考虑，审计机构应该加强人才储备，对审计人力资源进行不断补充，形成合理梯队。

5. 加强对审计人员后续教育

审计人员的成长和发展也需要不断进行后续教育，不仅要培训专业知识，补充新的审计技术和审计方法，还要针对审计业务的发展不断补充新的审计思路和理念，更要持续培训审计人员的职业素养和职业修养，保持整个队伍过硬的业务能力。

251

6. 合理利用外部专家的工作

利用外部专家的工作其实是审计机构人力资源的延伸，在有些审计业务中，审计机构由于缺乏人手，可能无法独立完成审计任务，这时可以考虑聘用外部专家参与审计活动，提供专业指导，共同完成审计任务。

9.4 审计信息管理

9.4.1 审计信息管理含义

审计信息管理就是指审计机构对各种审计信息进行收集、加工、整理、存储反馈、利用等，用来加强指导和控制审计工作的一系列活动。审计信息有狭义和广义之分。狭义的审计信息仅指审计机构在开展审计工作过程中形成的公文、审计工作底稿、审计报告等规范的档案性文件和资料；广义的审计信息是指在开展审计工作过程中，审计机构收集及产生的以各种形式存储的所有文件、资料、数据等。审计信息的概念向外延伸，有利于更好地为开展审计工作服务。

9.4.2 审计信息管理的意义

审计信息管理的主要目的在于保证审计信息资源能得到有效的开发和利用，以利于改进审计工作方法，提高审计工作效率，保证审计工作质量。在现代社会中，获取和掌握信息既是管理活动的重要内容，又是管理活动的终极目标。作为各类审计机构，由于其工作具有连续性和重复性，收集、开发、利用、反馈各类审计信息对其进行审计管理、开展审计业务具有重要意义。

1. 收集审计信息有利于掌控资源优势

在市场经济环境中，资源优势能够发挥不可替代的作用，谁掌握资源谁就占据主动位置。因此，审计机构注意收集来自各方面的审计信息，就将拥有信息资源优势，对政府审计机关来说可以做到未雨绸缪，对独立审计组织来说可以在市场竞争中处于优势地位，对内部审计机构来说可以提前掌控组织全局，做到有的放矢。

2. 充分利用审计信息可以改进审计方法

对收集的审计信息进行归纳整理并分析，可以从中发现存在的问题，并改进审计方法，从而保证审计结果的准确性，最终保证审计质量。尤其是审计业务信息，审计机构应该充分发挥其应有的价值。

3. 用审计信息可以提高审计工作效率

对审计信息进行梳理和分类后，就可以分门别类地进行使用。比如，对于较为成熟的审计项目所适用的审计方案和审计策略，可以直接采用，节省时间和成本；对于需要继续改进完善的审计信息，进行分析和改进后也可以采用，避免重复工作，大大提高审计工作效率。

4. 交流和反馈审计信息可以提高审计工作的整体水平

政府审计机关、独立审计组织、内部审计机构的业务领域有所差异，但是，审计思想、审计方法、审计技术等方面则是相通的。因此，在保护商业秘密的前提下，各个审计机构之间可以充分交流和反馈审计信息，做到资源共享，取长补短，提高审计行业的整体水平。

9.4.3 审计信息管理的内容

1. 审计信息的收集获取

审计信息的收集获取是指各个审计机构根据审计业务开展和审计管理需要，从各种信息来源渠道取得各类审计信息的过程。审计信息的收集获取可以被理解为审计信息进入审计信息管理系统的过程，处于审计信息管理循环的起点，是审计信息管理过程的开始。

2. 审计信息的梳理加工

审计信息的梳理加工是一个去粗取精、去伪存真的过程，是审计信息管理工作的核心内容和重要环节。对初始收集获取的审计信息进行分析、比较、研究和梳理，实际上就是对审计信息进行全面校验，剔除不真实、不准确的信息，从而大大提高审计信息的真实性、可靠性，同时压缩去除多余审计信息，使审计信息精练清晰。此外，通过审计信息的梳理加工，还可以派生出新的更有价值的审计信息，发挥审计信息的增值效果。

3. 审计信息的输出利用

审计信息的输出利用是指审计机构将收集获取的及经过梳理加工的审计信息，传输给审计信息使用者的过程。审计信息的输出利用是实现审计信息价值的桥梁，通过把有用的审计信息输出给使用者加以利用，才能真正发挥审计信息的作用。同时，审计信息的输出利用也是审计信息梳理加工的必然结果，因为收集加工的审计信息不及时输出利用就不能发挥其应有的价值。

4. 审计信息的反馈循环

审计信息的反馈循环是指将输出利用的审计信息产生的结果与实际情况相比较后再反馈回来，并对审计信息的再输出产生影响的循环过程。审计信息反馈时，应力求准确、可靠、及时和简单。

审计信息反馈循环的目标是评价输出利用的审计信息产生的效益性和效果性，进一步提高审计信息的利用价值，为下一步输出审计信息提供改进措施。因此，审计信息输出机构和审计信息使用机构应该及时沟通反馈审计信息的使用效果，分析审计信息输出利用过程中产生的需要进一步优化的相关问题，提出解决方案和措施，提高审计信息再次输出利用的适应性。

5. 审计信息管理手段升级更新

审计信息管理手段升级更新是指随着信息技术的发展和进步，审计信息管理应该充分利用信息技术的优势，在管理方式和管理手段上不断创新。在信息技术高度发达的背景下，也应该将信息技术优势应用到审计信息管理当中。目前，计算机辅助审计已经得到普遍应用，可以在此基础上开发并实施审计信息系统，融汇更多功能，既便于开展计算机辅助审计，又便于审计信息管理。这样不仅可以提高审计信息管理效率，也可以促进审计信息管理手段不断升级更新。

9.5　审计风险管理

9.5.1　审计风险的来源

审计风险来源于与审计工作相关的多个方面。从审计环境来说，审计风险来源于国家监管、市场环境、社会信用；从审计客体来说，审计风险来源于被审计单位存在的重大错报风险；从审计主体来说，审计风险来源于审计计划的制定与执行、审计程序的合理性、审计证据的充分性、审计工作底稿的完善性，以及审计复核的严格性。随着经济发展和国际贸易的不断深入，审计风险的来源必将越来越广泛和复杂，给审计风险管理提出更高的要求。

9.5.2 审计风险的控制方法

审计风险管理的目的在于控制审计风险，而控制审计风险关键在于采取一些行之有效的控制方法。不同的审计风险，应采用不同的控制方法。对可控风险，审计人员可以针对引发风险的原因，采用相应的防范措施。对于不可控风险，审计人员也应充分评估，认真分析评价，以便确定其对审计工作的影响。综合起来，控制审计风险的方法可归纳为：

1. 自我保护法

对于可以控制的审计风险，审计人员应尽量采取必要的措施加以防范。其主要做法有：

（1）是提高审计人员的业务水平。审计人员的业务水平高低直接影响到审计风险发生的可能性，因此应当加强对审计人员的职业培训和继续教育，提高审计人员的风险意识和风险分析与控制能力，从而降低审计风险。

（2）遵守审计准则。审计人员在执业时一定要严格遵守审计准则，遵守职业道德，保持合理的职业谨慎态度，严格遵守审计程序，避免发生重大疏忽。

（3）深入了解被审计单位的基本情况和财务状况。实践证明，在很多审计诉讼案中，审计人员在审计时未能识别重大错弊的重要原因之一，就是没有了解被审计单位所在行业的特征和被审计单位的业务情况，而是仅限于对会计资料的复核，从而遗漏了重要审计线索。还有很多审计诉讼案都涉及宣告破产或偿债出现问题的被审计单位，因为与这些被审计单位有关的权益遭受损失的投资者和债权人，为了尽量挽回他们的经济损失，经常寻找有支付能力的一方来承担责任，而审计一方常常被认为是有能力赔偿损失的替罪羊。因此，当被审计单位已陷入财务困境时，审计人员应当格外谨慎。

（4）签订业务约定书，取得管理层认定。签订业务约定书，取得管理层认定可以明确划分审计责任和被审计单位的责任，明确审计范围，预防审计风险，一旦审计风险成为现实，也可减少审计赔偿损失。在国家审计中，是指要求被审计单位做出承诺。

（5）保持审计的独立性。在实际工作中，很多诉讼案件都是审计人员屈从于某种压力，失去了审计的独立性，出具不真实的审计报告，使审计风险转化为现实的审计损失失去审计的独立性，就很难做到客观、公正，难免遭受审计损失。

（6）加强审计质量控制。审计风险防范的重要措施之一就是加强审计质量控制，严格执行审计准则和相关职业规范，收集具有充分有效的审计证据，认真严格地编制和复核审计工作底稿，对重大问题实行报告制度，尽可能消除主观因素引起的审计风险。

2. 风险回避法

审计人员应尽量回避风险大而自身又无法加以控制的审计项目。如会计账目混乱、内部控制系统薄弱、管理人员缺乏正直的品格等。因为在这些情况下，出现差错和舞弊的可能性很大，固有风险很高，即使扩大审计测试范围，也难以降低审计风险水平，出现法律纠纷的可能性也就很大。因此，审计机构在接受委托或安排计划时，应对被审计单位进行调查评价，了解被审计单位是否具备审计的基本条件，否则不可轻易进行审计。

3. 风险转移法

随着诉讼风暴愈演愈烈，为了规避风险，很多审计机构都采取了购买保险等等形式，在出现诉讼案件时以减轻赔偿损失。另外，在审计报告中应尽可能分清审计机构、被审计单位、其他相关单位应负的责任，在审计时应分清审计人员与被审计单位管理部门的责任，如果日后发生了复议和诉讼，便于区分责任，转移风险。

4. 风险承受法

对于不可控的审计风险，审计人员应提高风险承受能力。比如建立风险基金制度，办理职业保险。虽然这些措施不能防范审计风险，但可减少诉讼失败时的经济损失。审计组织还可聘请法律顾问，对可能发生的法律责任问题及时同法律顾问商洽，以便采取合理的对策。

引发审计风险的因素很复杂，因而，审计风险控制的措施既涉及审计机构和审计人员，也涉及社会各方面。随着审计事业的发展，审计人员法律责任越突出，审计风险管理就越重要。

9.6 审计质量管理

9.6.1 审计质量管理的含义

质量是指产品或工作的优劣程度。审计的产品是审计报告和审计结论。审计质量有两方面内容：一是指作为审计最终成果的审计报告的质量，二是指审计工作的质量。审计工作质量是基础，它决定着审计报告的质量，而审计工作质量的优劣又要通过审计报告加以反映。人们通常所讲的审计质量，往往是指审计报告的质量，也就是审计结论的质量。

审计质量是审计工作的生命，审计质量是衡量审计工作成败的唯一标准，因此，审计质量管理是审计管理工作的核心和主线。从社会对审计信息的需求来看，注重的是审计结果质量；而审计机构在审计管理中注重的则是审计工作质量。审计机构只有加强审计工作质量，才能够保证审计结果质量，满足社会对审计信息的期望和需求。

9.6.2 审计质量管理的意义

1. 有利于确保审计监督的权威性

审计监督的权威性除了要依赖于国家法律所赋予的独立性地位之外，更重要的还是取决于审计工作的质量和审计监督的效果。只有审计监督工作的质量高、效果好，其权威性才能得到保证和提高。因此，加强审计质量管理是确保审计监督权威性的必然要求。

2. 有利于防范审计风险

提高审计质量、防范审计风险是审计工作的永恒目标，而进行审计质量管理就是防范审计风险的主要途径。由于审计工作本身的局限性，审计风险无法全部予以规避，只能采取必要措施进行合理控制，将审计风险降到审计人员可接受的低水平。当然，审计管理的各方面内容都是为防范审计风险服务的，而审计质量管理正是防范审计风险的核心和主线。

随着国家各项法律的建立和健全，审计人员在履行审计职责时应负的职业责任越来越被社会上各种利益相关人所认识，审计人员失职越来越容易引发复议和诉讼，审计人员对此应引起足够的重视。加强审计质量管理，提高审计工作质量，是防范、控制、降低审计风险的最有效手段。

3. 有利于提供高质量的审计信息

审计报告和其他审计业务文书含有大量的信息。由于审计具有高度的独立性，审计信息被社会认为是最可靠、最公正、最可信赖的信息，被政府管理机构和社会组织广泛采纳和应用，具有较强的影响力和较宽的影响面。因此，审计机构通过审计质量管理，加强审计工作的过程控制，保证审计结果的客观与公正，可以充分满足社会对高质量审计信息的需求。可以向国家有关方面反馈带有规律性、倾向性的问题，并提出相应的建议，作为国家宏观经济调控和宏观经济决策的重要参考依据。

4. 有利于审计事业的长远发展

只有通过审计质量管理，确保审计机构一如既往地提供高质量的审计结果信息，社会公众才能够树立对审计机构的信心，坚持对审计工作给予支持，审计机构开展审计工作才能够有动力，审计事业才会不断发展。

9.6.3　审计质量管理的要求

审计质量管理实质上贯穿于审计工作的全过程，是一项系统性工作，只有对每环节都进行质量控制，才能够保证整体审计工作及审计结果的质量。审计机关应当在审计项目的各个阶段、各个环节上建立审计质量分级责任制度，明确审计组成员、审计组主审、审计组组长、审计机关业务部门、审理机构和审计机关负责人在审计项目质量控制中应当负有的职责，以保证参与审计项目实施和管理的相关人员能够各司其职，确保质量控制目标的实现。同时，审计机关通过项目计划执行控制、方案控制、现场控制、复核、审理、总审计师审核、审计业务会议审定、审计机关负责人签发等一系列措施对审计业务执行进行控制，保证审计人员安置审计法律法规和国家审计准则的要求执行审计业务。审计质量控制制度能否发挥作用，关键看制度是否得到有效执行。因此，应当建立审计质量监控措施，持续检查、评价和改进审计质量控制制度，以合理保证审计质量控制制度的有效性。建立审计质量岗位责任追究制度，有利于督促审计人员增强质量意识、风险意识和责任意识，严格遵守审计法律法规和国家审计准则，促进规范审计行为，提高审计质量。因此，审计质量管理必须达到全面、连续、及时的要求，应该进行全要素质量管理、全方位质量管理及全过程质量管理。

1. 全要素审计质量管理

审计质量是多个因素综合影响的结果，控制审计质量就要综合考虑各个因素，全面建立审计质量控制制度。依据《国家审计准则》，政府审计质量控制的要素包括：审计质量责任、审计职业道德、审计人力资源、审计业务执行和审计质量监控。依据《注册会计师审计准则》，独立审计质量控制的要素包括：对业务质量承担的领导责任、相关职业道德要求、客户关系和具体业务的接受与保持、人力资源、业务执行和监控。依据《内部审计具体准则》，内部审计质量控制的要素包括：内部审计机构的组织形式及授权状况、内部审计人员的素质与专业结构、内部审计业务的范围与特点、成本效益原则的要求和其他。尽管各审计机构开展的审计业务呈现出一定的差异，进行审计质量控制的要素也略有不同，但是，都需要针对各自不同的影响因素建立全要素的质量管理机制。

2. 全方位审计质量管理

审计工作是一项专业性较强的复杂工作，不仅包括审计计划、审计组织、审计人员、审计业务、审计信息和审计研究等业务工作，还包括审计后勤保障等行政性工作，以及审计财务等经济性工作。保证和提高审计质量，必须对所有工作实施全方位的质量管理，如果每一项工作质量都有了切实保证，审计结果的质量也就有了可靠保证。因此，需要建立各项工作的质量管理责任制。

3. 全过程审计质量管理

审计业务活动过程包括审计准备阶段、审计实施阶段和审计报告阶段三个基本过程。全过程审计质量管理需要对这三个过程分别进行质量控制，把好每个环节的质量关，保证和提高整体审计工作质量，保证最终的审计结论客观、可靠。

9.6.4 审计质量管理的内容与方式

政府审计、社会审计及内部审计的总体目标与业务特点具有一定的差异，但是，三种审计活动的业务程序基本是规范统一的。按照控制论的原理，审计质量管理是对审计工作质量全面的、系统的和连续的控制，按照各项管理措施发生的时间可分为事前管理、事中管理和事后管理三部分。

1. 审计质量事前管理

审计质量事前管理不仅仅指审计计划管理，还包括建立并完善必要的审计标准、构建审计机构、培训审计人员等内容。

（1）建立并完善审计工作的制度和标准。审计工作的制度和标准包括审计法律法规、审计准则、审计规范、审计实务指南等，这些制度和标准既是审计机构和审计人员履行法定审计职责的行为规范，也是执行审计业务的职业标准，更是评价审计质量优劣的基本尺度，需要在审计业务开始前完整地建立起来，并且需要随着审计环境的发展不断进行完善和更新。

（2）制订完善、合理的审计项目计划。审计机构根据年度审计计划，需要针对具体的审计项目及其审计目标，依照国家有关法律、法规和制度，依照审计准则的规范要求，结合被审计单位的基本情况，研究制定相应的审计项目计划及审计方案，确保审计质量事前准备工作充分。

（3）配备合适的审计人员并进行培训。根据具体审计项目计划及审计目标的需要，结合审计项目的难易程度，选拔配备合适的审计人员，成立审计项目组，并对配备的审计人员进行必要的培训。

2. 审计质量事中管理

审计质量事中管理主要是指对审计过程的管理，应该从审计项目组进入被审计单位开始，到出具审计报告后审计项目组撤离被审计单位结束，需要做好三个方面的管理：

（1）确保按审计项目计划和审计方案实施审计工作。审计人员应该严格按照预先确定的审计项目计划和审计方案开展审计现场作业，除非例外情况或特殊事项，否则不得随意改变预先确定的方案。

（2）进行审计现场管理，加强信息沟通。审计项目负责人要切实履行工作职责开展审计现场管理，确保审计人员认真进行现场作业，收集充分的审计证据，客观地进行评价，保证实事求是、客观公正。

（3）配备合适的审计人员并进行培训。根据具体审计项目计划及审计目标的需要，结合审计项目的难易程度，选拔配备合适的审计人员，成立审计项目组，并对配备的审计人员进行必要的培训。

3. 审计质量事后管理

审计质量事后管理是指审计质量的反馈与审计结果的利用。审计机构应该将审计质量管理的工作向后延伸，现场审计工作结束出具审计报告后，审计机构可以进行审计回访，或者进行后续审计以检查审计建议的落实情况，以及审计决定的执行情况，从而决定采取相应措施。另外，如果有必要的话，审计机构可以将审计信息公开，并与相关部门沟通对审计结果的利用，提升审计结果的使用价值。

审计质量的事前管理、事中管理和事后管理相互联系、相互制约，共同构成完整的审计质量控制体系，核心是对审计人员行为的管理。

9.6.5 审计质量管理的方法

1. 分层次分阶段质量控制法

分层次分阶段质量控制法是按照审计机构的内部层次和工作顺序进行审计质量控制的方法。运用此方法时，审计机构内部的各层次和各阶段的审计人员首先应根据质量管理的责任目标，对本层次和本阶段审计业务活动进行质量控制。同时，各级审计负责人应对审计活动进行定期或不定期的质量检查，做出评价，并就提高审计质量问题加以指导。国家审计准则将质量控制体系划分为五个层次，对每一个层级的职责和责任做出了明确的规定。通过分层级的控制体系来保证审计质量。

2. 关键点质量控制法

所谓关键点是指对审计质量具有重大和直接影响的审计业务环节。关键点质量控制法就是对列作关键点的环节和要素采取必要措施，对其进行重点监督和控制，通过确保关键点的审计质量来达到保证整个项目审计质量的目的。运用此法的重点是正确地确定关键点。不同的审计，不同的审计项目其关键点不尽相同。在一次审计的各个审计阶段，其关键点也不相同。例如，审计准备阶段的关键点之一是编制切实可行的审计实施方案，这就需要对审计实施方案的编制环节设置相应的控制机制和控制措施，如对重要审计实施方案的逐级审批制度等。

3. 质量检查控制法

质量检查控制法就是专职或专门的检查小组（或人员）对正在进行的审计活动或已经结束的审计活动中的重要问题进行有目的的或例行的检查和评价。为了保证审计工作底稿的真实、完整和可靠，还应对审计工作底稿建立严格的复核制度。无论是国家审计还是社会审计都明确规定了对审计工作底稿的三级复核制度。所谓的三级复核制度，是指审计工作底稿应由项目经理、部门经理和审计机构的主任会计师或专职的复核机构或复核人员对审计工作底稿进行逐级复核的一种复核制度。

审计机关实行审计业务质量检查制度，对其业务部门、派出机构和下级审计机关的审计业务质量进行检查。审计机关可以通过查阅有关文件和审计档案、询问相关人员等方式、方法，检查下列事项：一是建立和执行审计质量控制制度的情况；二是审计工作中遵守法律法规和审计准则的情况；三是与审计业务质量有关的其他事项。审计业务质量检查应当重点关注审计结论的恰当性、审计处理处罚意见的合法性和适当性。

内部审计同样要重视质量管理，内部审计机构要制定相关的质量控制措施，以确保其工作符合内部审计准则的要求，确保审计质量。同时，内审职业组织也要开展相应的质量检查和指导。

社会审计组织的审计质量管理，除了通过事务所自身的质量控制体系进行控制外，还应通过注册会计师协会等行业组织对其质量进行监督检查，包括同业检查。此外，事务所接受委托，对国家审计机关监督对象的单位实施审计的，其出具的报告还应接受审计机关的监督检查。

9.6.6　审计质量管理的措施

1. 建立分层次责任制度

一般情况下，审计机构开展业务活动都需要成立项目小组，项目负责人对审计业务的总体质量负责是第一个层次的责任制度；如果审计机构规模较为庞大，可能还会根据业务属性设立多个业务部门，部门负责人对该部门开展的所有审计业务的总体质量负责就是第二个层次的责任制度；最后由审计机构负责人对该机构所有审计业务的总体质量全部负责。

建立分层次的责任制度，并且进行相应的责任考核以及业绩评价，形成良好的审计质量管理环境，树立质量至上的工作宗旨，这样才能激励所有审计人员全身心投入，为保证审计质量尽心工作。

2. 培养合格的项目负责人

在审计实务中，项目负责人应当充分发挥示范作用和领导作用，除了带头遵守法律法规、职业道德规范和审计准则，按照规范执行审计业务之外，还要组织、协调和管理好整个项目组成员的工作，因此，合格的项目负责人对于审计质量的管理和控制至关重要。

3. 进行分阶段质量控制

审计工作具有明显的阶段性特点，每个阶段的工作内容不尽相同，但每个阶段的工作质量都会对审计工作的总体质量造成影响，因此，需要对每个阶段的工作进行事前筹划，统筹安排。尤其要发挥项目负责人的领导作用，管理好现场审计工作。项目负责人应该熟知项目组每个成员的能力和特点，安排工作时应该发挥每位成员的业务能力和特长，做到人尽其才，并及时检查和指导他们的工作。项目负责人对其他审计人员反映的问题应及时解决，对有疑虑的情况应及时追加审计程序，收集充分、适当的审计证据，能够现场解决的问题果断解决，一时难以解决的问题及时与被审计单位沟通，并向部门负责人、质监人员及主管领导汇报，在保证审计质量的前提下，确保审计工作按进度如期完成。

4. 进行关键点质量控制

所谓关键点就是指对审计质量具有重大和直接影响的业务环节。进行关键点质量控制就是要求对整个审计业务过程中列为关键点的环节和要素采取强有力的措施进行管理和控制，确保关键点的审计质量达到审计业务的整体质量要求。

进行关键点质量控制的核心是确定某项审计业务的关键点。不同的审计项目不同的审计业务范畴，以及同一审计业务的不断阶段，都有不同的关键点。因此，确定审计业务的关键点，需要经验丰富的审计人员或者项目负责人发挥职业判断能力，对审计项目进行全面评估，把需要重点控制的关键点纳入审计策略及具体审计计划，进行重点监控。

5. 进行审计质量监督检查

审计质量监督检查是指由审计机构派出专门的检查小组或人员对正在执行或已经结束的审计项目的审计质量进行有目的的检查和评价。这种监督和检查也可以建立相关制度，成为审计机构的一项例行工作。

审计质量监督检查可以在审计现场进行，发现问题及时纠正，时效性较高；也可以事后进行，以检查审计档案为主要形式，可以查漏补缺，为以后的审计质量管理提供借鉴和参考。

9.7　审计档案管理

9.7.1　审计档案的含义

审计档案是指审计机关进行审计（含专项审计调查）活动中直接形成的对国家和社会具有保存价值的各种文字、图表等不同形式的历史记录。审计档案是国家档案的组成部分。审计机关的审计档案管理工作接受同级档案行政管理部门的监督和指导审计机关审计档案应当实行集中统一管理。审计机关应当设立档案机构或者配备专职（兼职）档案人员，负责本单位的审计档案工作。

按审计体系分类，可以将审计档案分为国家审计档案、独立审计档案和内部审计档案。按审计档案的属性分类，可以将审计档案分为结论类、证明类、立项类、备查类。按审计档案的载体分类，可以将审计档案分为纸质审计档案和电子审计档案。

9.7.2　审计档案管理的内容

1. 审计档案的收集

审计档案的收集一般从审计案卷的收集开始。审计案卷是审计档案的一个单元，审计档案就是由若干审计案卷组成的。审计案卷的收集一般以归档形式来完成。审计档案的收集应该注意以下事项：

（1）明确审计档案收集的范围，保证归档文件资料的完整性和系统性。根据《审计署审计文件材料立卷归档操作规程》的规定："审计文件材料，是指审计机关和审计人员在审计或专项审计调查活动中直接形成的各种文字、图表等形态的纸质记录材料。"

（2）坚持完整与精练的原则，保证审计档案的质量。审计档案的收集既要确保与审计事项密切相关的文件资料必须全部收集、立卷、归档，避免遗漏，甚至予以补救，确保审计档案的完整性；又要对收集的审计档案进行鉴别和挑选，并加以取舍，对不必归档的作为资料保存，避免重复，力求精练。

（3）审计档案的立卷。审计档案的立卷是指将收集完毕的具有保存价值和密切关联的审计文件资料经过系统整理组成案卷的过程。具体工作内容包括：组卷、案卷内文件资料的排列与编号、案卷编目与装订等。

①审计档案案卷质量的基本要求。审计项目文件材料应当真实、完整、有

效、规范，并做到遵循文件材料的形成规律和特点，保持文件材料之间的有机联系，区别不同价值，便于保管和利用。审计文件材料的归档时间应当在该审计项目终结后的 5 个月内，不得迟于次年 4 月底。跟踪审计项目，按年度分别立卷归档。

②审计归档工作实行审计组组长负责制。审计组组长应当确定立卷人。立卷人应当及时收集审计项目的文件材料，并在审计项目终结后立卷归档。审计复议案件的文件材料由复议机构逐案单独立卷归档。档案机构或人员应当将审计复议案件归档情况在被复议的审计项目案卷备考表中加以说明，以便查找和利用。

③审计归档材料的顺序。审计文件材料应当按照结论类、证明类、立项类、备查类 4 个单元进行排列。审计文件材料按审计项目立卷，不同审计项目不得合并立卷。四类文件材料的归档范围和排列顺序依次为：

第一类是结论类文件材料。包括审计报告、审计决定书、审计移送处理书等结论类报告，及相关的审理意见书、审计业务会议记录、纪要、被审计对象对审计报告的书面意见审计组的书面说明等。该类文件材料采用逆审计程序并结合文件材料的重要程度排列。

第二类是证明类文件材料。包括被审计单位承诺书、审计工作底稿汇总表、审计工作底稿及相应的审计取证单、审计证据等。该类文件材料按与审计实施方案所列审计事项对应的顺序排列。

第三类是立项类文件材料。包括上级审计机关或者本级政府的指令性文件、与审计事项有关的举报材料及领导批示、调查了解记录、审计实施方案及相关材料、审计通知书和授权审计通知书等。该类文件材料按形成材料时间结合材料重要程度排列。

第四类是备查类文件材料。包括被审计单位整改情况、审计项目审计过程中产生的信息等不属于前三类的其他文件材料。该类文件材料按形成材料时间的顺序排列。

2. 审计档案的保管

审计机关审计档案应当实行集中统一管理。审计机关应当设立档案机构或者配备专职（兼职）档案人员，负责本单位的审计档案工作。审计档案的保管是指审计档案管理人员依据相关制度及采取有效措施保证审计档案的安全、完整，尽可能延长审计档案的使用寿命，发挥审计档案的使用价值。

（1）审计档案的保管期限。审计档案的保管期限由审计机关业务部门负责划定。审计档案的保管期限应当根据审计项目涉及的金额、性质、社会影响等因素划定为永久、定期两种。永久保管的档案，是指特别重大的审计事项、列入审计工作报告、审计结果报告或第一次涉及的审计领域等具有突出代表意义的审计事项档案。定期又分为 30 年、10 年。保管 30 年的档案，是指重要审计事项、查考价值较大的档案。保管 10 年的档案，是指一般性审计事项的档案。审计档案的保管期限自归档年度开始计算。

审计档案的密级及保密期限，按卷内文件的最高密级及其保密期限确定，由审计业务部门按有关规定做出标识。凡未标明保密期限的，按照绝密级 30 年、机密级 20 年、秘密级 10 年认定。

审计机关应按国家有关规定配置专用、坚固的审计档案库房，配备必要的设施和设备，确保审计档案的安全。审计档案按"年度—组织机构—保管期限"的方法排列、编目和存放。审计案卷排列方法应当统一，前后保持致，不可任意变动。省级以上（含省级）审计机关应当将永久保管的、省级以下审计机关应当将永久和 30 年保管的审计档案在本机关保管 20 年后，定期向同级国家综合档案馆移交。

对已超过保管期限的审计档案，审计机关应按有关规定成立鉴定小组定期进行鉴定，准确地判定档案的存毁。确无保存价值的，应对相关审计档案进行登记造册，经审计机关分管负责人批准后销毁。销毁审计档案，应当指定两人负责监销。

（2）审计档案保管的责任。对审计机关工作人员损毁、丢失、涂改、伪造、出卖、转卖、擅自提供审计档案的，由任免机关或者监察机关依法对直接责任人员和负有责任的领导人员给予行政处分；涉嫌犯罪的，移送司法机关依法追究刑事责任。档案行政管理部门可以对相关责任单位依法给予行政处罚。

3. 审计档案的利用

审计档案的利用是指审计档案管理部门为了满足社会需要，向审计档案使用者提供审计档案的服务活动。审计档案的利用既是审计档案管理工作的出发点，又是审计档案管理工作的归宿，同时也是审计档案发挥其价值的体现。

审计机关应当加强审计档案信息化管理，采用计算机等现代化管理技术编制适用的检索工具和参考材料，积极开展审计档案的利用工作。

审计机关应当建立健全审计档案利用制度。借阅审计档案，仅限定在审计机关内部。审计机关以外的单位有特殊情况需要查阅、复制审计档案或者要求出具审计档案证明的，须经审计档案所属审计机关分管领导审批，重大审计事项的档案须经审计机关主要领导审批。

4. 审计档案的移交与销毁

省级以上（含省级）审计机关应当将永久保管的、省级以下审计机关应当将永久和 30 年保管的审计档案在本机关保管 20 年后，定期向同级国家综合档案馆移交审计机关应当按照有关规定成立鉴定小组，在审计机关办公厅（室）主要负责人的主持下定期对已超过保管期限的审计档案进行鉴定，准确地判定档案的存毁。

审计机关应当对确无保存价值的审计档案进行登记造册，经分管负责人批准后销毁。销毁审计档案，应当指定两人负责监销。

9.7.3 审计档案管理的意义

审计档案管理，是指各审计机构对审计业务活动及审计管理活动中所形成的文件资料等进行收集、整理、编制、保管、鉴定、利用、统计及移送等工作，使审计档案条理化、规范化，维护其实物形态及使用价值不受损坏的一系列活动。

审计档案是各审计机构在审计活动中积累的专业档案，是执行审计任务的真实记录，也是考察审计工作质量、研究审计历史的依据和必要条件。其中，国家审计机关的审计档案属于国家档案的重要组成部分，独立审计组织及内部审计机构的审计档案不仅是该审计机构的重要文献资料，也是其从事审计活动的真实记录及法律凭证。因此，收集、整理、保管、利用好审计档案是各审计机构的重要任务，也是审计管理工作中不可缺少的重要环节。审计档案对于提供可靠的查证资料、提高审计工作质量、促使审计管理工作规范化、促进审计理论研究等方面都具有重要意义。

📅 复习思考题

1. 简述审计计划的一般程序。
2. 简述审计资源的内容。
3. 简述企业风险管理的要素。
4. 什么是审计质量控制？审计质量控制的基本要素有哪些？
5. 什么是审计档案？审计档案如何分类？

参考文献

[1]　王会金．审计学［M］．北京：中国时代经济出版社，2014．

[2]　审计理论研究课题组著．审计基本理论比较：前后一贯的理论结构［M］．上海：立信会计出版社，2009．

[3]　于玉林，项文卫．审计管理学［M］．北京：中国时代经济出版社，2009．

[4]　王会金．审计心理学［M］．北京：中国财政经济出版社，2010．

[5]　何恩良，闫焕民，饶曦．审计学［M］．北京：清华大学出版社，2018．

[6]　刘成立，伦旭峰，史玉贞．审计学［M］．大连：东北财经大学出版社，2017．

[7]　郝北平．审计［M］．北京：北京理工大学出版社，2016．

[8]　陈汉文．审计［M］．第 2 版．北京：中国人民大学出版社，2017．

[9]　秦荣生．审计学［M］．第 9 版．北京：中国人民大学出版社，2017．

[10]　阿尔文·阿伦斯，兰德尔·埃尔德，马克·比斯．审计学：一种整合方法［M］．北京：中国人民大学出版社，2017．

[11]　王会金，许莉．审计学基础［M］．北京：中国时代经济出版社，2014．

[12]　李凤鸣，王会金，李华．审计学原理［M］．上海：复旦大学出版社，2011．

[13]　中国注册会计师协会．2018 年注册会计师全国统一考试辅导教材［M］．北京：中国财政科学出版社，2018．

[14]　审计专业技术资格考试辅导教材［M］．北京：中国时代经济出版社，2018．

[15]　《会计研究》《审计研究》《审计与经济研究》《中国审计》《审计文摘》等杂志。

[16]　中华人民共和国审计署网站、中国审计学会网站、中国内部审计学会网站、中华财会网等。

[17]　胡泽君主编．中国国家审计学［M］．北京：中国时代经济出版社，2019．

后　记

编写这部全新结构的《审计学原理》的初衷在于，为大学审计系学生及相关业界人员，提供能真正反映审计学基础原理及相关知识的广度与深度的基础教材。

本书的目标效用被界定为：对审计学大部分专业课程的学习均能产生导读的效用，同时，文本价值取向力争达到密切联系世界，及时反映科学技术与经济社会发展对学科带来的影响，从而达到兼具学理性、实用性、延展性、交互性的统一。

本书各项工作的承担者如下：

全书纲目由党夏宁教授拟定。第一章内容由刘聪粉博士执笔，蓝莎副教授修改；第二章内容由李丹丹副教授执笔，冯颖副教授修改；第三章内容由李普玲副教授执笔，刘聪粉博士修改；第四章内容由冯颖副教授执笔，李丹丹副教授修改；第五章内容由党夏宁教授执笔，冯颖副教授修改；第六章内容由党夏宁教授执笔，刘维政博士修改；第七章内容由蓝莎副教授执笔，刘聪粉博士修改；第八章内容由蓝莎副教授执笔，刘维政博士修改；第九章内容由刘维政博士执笔，李普玲副教授修改。全书总结、校对、整理由党夏宁教授担任，文字润色和标点符号等细微工作由全体编著人员共同完成。

感谢西北政法大学对本教材立项的大力支持，感谢商学院领导对编写工作的关心和肯定，感谢商学院财务审计系原系主任李红兵副教授以及各位同事曾在不同场合审阅本书部分章节内容，本书中的部分最新理论内容出自与此相关的审计项目基金课题成果。

感谢武汉大学出版社所推出的此项系列教材出版计划，它是先进的教材出版理念的表现；感谢本书的编辑，他们的勤勉和敬业是这项工作成功的保证；尤其要感谢负责此项工作的主编詹蜜老师，她的真诚、细致和支持，给编写组的成员们留下了深刻印象。